浙江财经学院学术专著出版资金资助
浙江省“新世纪 151 人才工程”资助

中国保护性用地体系的规划理论和实践

祁黄雄　著

商　务　印　书　馆
2007 年 · 北京

图书在版编目(CIP)数据

中国保护性用地体系的规划理论和实践/祁黄雄著. —北京：商务印书馆,2007

ISBN 7-100-05050-2

Ⅰ.中… Ⅱ.祁… Ⅲ.土地规划-研究-中国 Ⅳ.F321.1

中国版本图书馆CIP数据核字(2006)第058776号

中国保护性用地体系的规划理论和实践

祁黄雄 著

商 务 印 书 馆 出 版

(北京王府井大街36号 邮政编码100710)

商 务 印 书 馆 发 行

北京市白帆印务有限公司印刷

ISBN 7-100-05050-2/K·941

2007年8月第1版　　开本880×1230 1/32

2007年8月北京第1次印刷　　印张7⅞ 插页4

定价:28.00元

目　录

前　言

伴随着人类社会的发展，人口不断增加，工农业生产和科学技术日益发展，人类对自然的开发利用和改造也日益广泛。但是，环境污染、资源枯竭和生态失衡等诸多问题也逐一浮出水面，并有愈演愈烈之势，从而影响甚至威胁着人类生产和生活的安全。

从全球角度来看，当今世界正面临着以下十大环境问题（钱易，2003）。

（1）全球气候变暖。不断增加的二氧化碳、甲烷和氮氧化合物等温室气体，阻碍了地球表面热量散发的平衡，使全球气候变暖。这会引起两极冰川的融化，带来频繁的暴风雨，导致生物物种的减少，更会使海平面上升，使沿海地区受淹。

（2）臭氧层破坏。20 世纪中叶以来，人们发现北极圈的臭氧浓度明显降低，南极圈的臭氧层还出现了空洞。臭氧层位于距离地面 10～50 公里范围的大气平流层内，能吸收太阳的大部分紫外线，一旦遭破坏，将增高人类皮肤癌和白内障的发病率，使人类的免疫系统受到损害，并会严重地破坏海洋和陆地的生态系统，阻碍植物的正常生长。

（3）生物多样性减少。据统计表明，目前每年要有 4 000～6 000 种生物从地球上消失，更多的物种正受到威胁。1996 年世界动植物保护协会的报告指出："地球上 1/4 的哺乳类动物正处于濒临灭绝的危险，每年还有 1 000 万公顷的热带森林被毁坏。"

（4）酸雨蔓延。全世界有三大著名的酸雨区，一个在北美的五大湖地区，一个在北欧，另一个就在中国。人类的生活和生产活动排放出大量二氧化硫和氮氧化合物，降雨时溶解在水中，即形成酸雨。酸雨具有腐蚀性，降落地面会损害农作物的生长，导致林木枯萎，湖泊酸化，鱼类死亡，建筑物及名胜古迹遭受破坏。

(5) 森林锐减。据统计，近 50 年，森林面积已减少了 30%，而且其锐减的势头至今不见减弱。森林的减少导致了水土流失、洪灾频繁、物种减少、气候变化等多种严重恶果。

(6) 土地荒漠化。过度的放牧及重用轻养使草地逐渐退化，开荒、采矿、修路等建设活动对土地的破坏作用甚大，加上水土流失的不断侵蚀，世界上每天都有大片土地沦为荒漠。

(7) 资源短缺。近数十年来，自然资源的消耗量与日俱增，已有很多资源呈现出短缺的现象。如水资源方面，目前全球有约 1/3 的人口已受到缺水的威胁。由于人口总量的增加，为供应粮食所需的耕地日益紧张。很多矿产的储量在近数千年内迅速减少。专家预计，再有 50～60 年即可耗去石油储量的 80%，某些贵金属资源则已经消耗殆尽。

(8) 水环境污染严重。人口膨胀和工业发展所制造出来的越来越多的污水废水终于超过了天然水体的承受极限，清澈的水体变黑发臭，细菌滋生，鱼类死亡，藻类疯长。更为严重的是，本来足以滋养人体的水，常因含有有毒物质而使人染病，甚至致人于死地。工农业生产当然也因为水质的恶化而受到极大损害。水环境的污染使原来就短缺的水资源更为紧张。水资源的短缺、水环境的污染和水的洪涝灾害构成了足以毁灭人类的水危机。

(9) 大气污染肆虐。最普遍的大气污染是燃煤过程中产生的粉尘造成的，细小的悬浮颗粒被吸入人体，十分容易引起呼吸道疾病。现代都市还存在光化学烟雾，这是由于工业废气和汽车尾气中夹带大量化学物质，如碳氢化合物、氢氧化合物、一氧化碳等，它们与太阳光作用，会形成一种刺激性的烟雾，能引起眼病、头痛、呼吸困难等。

(10) 固体废弃物成灾。固体废弃物包括城市垃圾和工业固体废弃物，是随着人口的增长和工业的发展而日益增加的，至今已成为一大灾害。垃圾中含有各种有害物质，任意堆放不仅占用土地，还会污染周围空气、水体，甚至地下水。有的工业废弃物中含有易燃、易爆、致毒、致病、放射性等有毒有害物质，危害更为严重。

由于生境遭到破坏，动植物的生存受到严重威胁。世界保护联盟指出，全球已有 12.5%的维管束植物、11%的鸟类和 25%的哺乳类动物陷入受威胁的境地，不能不为我们敲响警钟。根据他们对现在已知的维管束植物 511 个科 21 900 个属的评估，其中有 369 个科的 5 555 个属存在受威胁的种。只有 1 属 1 种的单型科，100%的种受到威胁，它们共有 19 个。据统计资料表明，有 380 种植物已在野外条件下灭绝，371 种处于极危状态，还有 6 522 个濒危种，7 951 个渐危种，14 505 个罕见种。如果对它们不注意保护的话，很快就会有大量的物种加入到绝灭种的行列中(Walter and Gillett，1998；王献溥等，2003)。

从中国大陆来看，情况如下。

(1) 在过去 50 年间，中国森林覆盖率从 30%下降到 10%左右。由于近年来人工造林，森林覆盖率上升到 16.55%，但大多是一些针叶幼林，森林质量并没有得到应有的改善，天然森林面积仍在不断减少。长江上游的四川森林覆盖率在 20 世纪 50 年代约为 20%，云南约为 47%。经过 50 年的砍伐，四川已降到 13.3%，云南则降到 24%。长江上游三峡山地、嘉陵江流域、川西地区、云南金沙江流域的重点林区，森林覆盖率也只有 22.1%。这些变化明显地影响到各地的降雨、地下水位、洪水的影响范围、湖泊和荒漠化问题(国家林业局科技司，2000)。

(2) 水土流失严重，面积已达 492.6 万平方公里，约占全国面积的

51%，每年流失土壤 50 亿吨以上，相当于每年创造 75 万公顷未开垦的土地。所流失的肥力相当于 4 000 多万吨化肥，与中国化肥的年产量相差无几。水土流失以黄土高原为最，东北、华北山地和南方丘陵山地等也相当严重(王占礼，2000)。

(3) 中国有荒漠化土地 262.23 万平方公里，其中风蚀荒漠化土地 160.74 万平方公里，水蚀荒漠化土地 20.46 万平方公里，冻融荒漠化土地 36.33 万平方公里，盐渍化土地 23.32 万平方公里，还有由其他因素引起的荒漠化土地 21.38 万平方公里。荒漠化不仅造成可利用土地数量减少，也使土地质量下降。20 世纪末沙尘暴的发生愈来愈频繁，已威胁到首都和东部许多城市的安全(孙保平、关文彬等，2000)。

(4) 受三废污染的陆地和海洋日益扩大，海洋赤潮频繁发生，海水倒灌严重威胁着海岸地带人民的生产和生活。目前中国人均水资源约为 2 220 立方米，只有世界平均水平的 3/10，低于人均 3 000 立方米的轻度缺水标准。许多地方水资源紧缺情况严重，不同地区出现不同的缺水类型，例如资源缺水、生态缺水、环境缺水、城市缺水等。当前，中国有 2/3 的城市缺水，缺水引起了农业、水电、工业方面的经济损失，生活用水出现困难，大大制约了经济的发展，造成生态环境退化，黄河下游断流时间日益增加，1999～2000 年间甚至长江下游水域也出现了水资源紧缺情况(吴季松，2000)。

(5) 中国是世界上生物多样性最丰富的国家之一。据粗略估计，中国约有 2 300 种陆生脊椎动物，占全世界的 10%，其中包括近 1 200 种鸟类、500 种哺乳类、380 种爬行类和 280 种两栖类。在这为数众多的物种里，自然会包括很多特有成分，如大熊猫(Ailuropodamelanoleuca)就是其中著名的例证。中国的水生脊椎动物约有 800 种，其中近半数为特有种，且多是具有较高经济价值或科研价值的物种(马敬能等，1998)。由于生境遭到破坏，动植物的生存受到严重威胁。值得注意的是,许多受威胁的物种在人类食用、药用、材用、纤维、香料、观赏、环境绿化和遗传材料的利用上都有较高的价值,一旦灭绝,损失无法弥补。

中国2003年的环境状况,形势也不容乐观。

(1) 在淡水方面,全国工业和城镇生活废水排放总量为460.0亿吨。海河、辽河、黄河、淮河、松花江、长江、珠江七大水系407个重点监测断面中,38.1%的断面满足Ⅰ～Ⅲ类水质要求,32.2%的断面属Ⅳ、Ⅴ类水质,29.7%的断面属劣Ⅴ类水质。在28个重点湖库中,Ⅱ类、Ⅲ类、Ⅳ类、Ⅴ类和劣Ⅴ类水质的湖库分别占3.6%、21.4%、25.0%、14.3%和35.7%。

(2) 海洋总体污染趋势有所减缓。全海域二类海水面积约8.0万平方公里,三类约2.2万平方公里,四类约1.5万平方公里,劣四类约2.5万平方公里,其余为一类海水。近岸海域污染有所减轻,在237个监测点位中,一、二类海水比例占50.2%,四类、劣四类海水比例占30.0%,2003年全海域共发现赤潮119次,累计面积约14 550平方公里。

(3) 在大气环境方面,全国城市空气质量总体上有所好转。在监测的340个城市中,142个城市达到国家环境空气质量二级标准,占41.7%;107个城市达到三级,占31.5%;劣于三级标准91个,占26.8%。但城市空气污染依然严重,全国废气中二氧化硫排放总量达2 158.7万吨。烟尘排放总量达1 048.7万吨。酸雨区范围基本稳定,487个市(县)的降水监测结果显示,出现酸雨的城市达265个,占上报城市数的54.4%;年均pH值小于和等于5.6的城市达182个,占上报城市数的37.4%。湖南、浙江和江西的部分区域污染进一步加重。

(4) 在声环境方面,在统计的401个城市中,道路交通噪声属重度污染、中度污染、轻度污染、质量较好和质量好的城市分别占3.2%、5.2%、12.5%、35.2%和43.9%。在统计的352个城市中,区域环境噪声属重度污染、中度污染、轻度污染、质量较好和质量好的城市分别占0.6%、2.5%、42.6%、50.6%和3.7%。

(5) 在工业固体废物方面，全国产生量为10.0亿吨，排放量为1 941万吨，综合利用量为5.6亿吨。危险废物产生量1 171万吨。全国生活垃圾清运量为14 857万吨，其中生活垃圾无害化处理量为7 550万吨，生活垃圾无害化处理率为50.8%。

(6) 中国辐射环境监测网环境γ辐射空气吸收剂量率为37.5～69.8毫戈雷/小时(nGy/h)，在天然放射性水平调查时的本底水平内。

(7) 中国2003年净减少耕地达253.74万公顷。水土流失总面积为356万平方公里，占国土总面积的37.1%，其中水蚀面积为165万平方公里，风蚀面积为191万平方公里。

“良鸟择木而栖”，“兔子不吃窝边草”。树上的飞鸟，地上的走兽，它们不但会选择自己的栖息地，建立自己的巢穴，并且会努力维护自己的巢穴以及周边的环境，建立安全舒适的栖息地。蜜蜂，营建着自己的蜂巢，许多个多边形里居住着成千上万只同类，而依然井然有序。蚂蚁，建设着自己的蚁穴，数以万计的同类生活在一起，却有序地忙碌着。无论是林中的鸟儿，还是水边的旱獭，还有那些勤劳的蜜蜂和蚂蚁，无不勤奋地建造自己的居住环境。

人类自出现以来，从原始洞穴到现在的摩天大楼，也一直在营造自己的居住环境。两百多万年的演变历史，数千年的文明，也留下了许多典范，例如有许多的古建筑、古城堡和古遗址，都成为了世界遗产。但是，随着现代文明的出现，人类拥有的现代技术越多，带来的负面影响也越来越大。消失的物种，莫名的毒素，日益严重的污染，这些不是人类所希望的却恰恰又是人类自己制造出来的危机，一直威胁着我们努力营造的家园，同时也伤害到我们生活在其中的“自然”——人类家园存在和发展的基础。

土地在退化，环境在恶化，生态在失衡，面对人类自己制造的诸多危机，不禁让人迷茫：人类是在营建自己的家园？还是在毁灭自己的家园？

人类该往何处去，才能走上一条持续发展的道路？

当今众多的危机，与人类对自然无限和无序的攫取不无关系！冰川极地，大洋深处，人类已经进入到地球的每一块土地，无所不及，无所不为。恣意妄为的后果，使得土地根本没有喘息的机会。

如何营造健康、安全而持续发展的人居环境？人类一直都没有停止对理想家园追求的脚步。“桃花源”、“香格里拉”、“理想国”、“太阳城”，这些在文学和宗教等各种文献中跳跃的字眼，是人类内心深处对理想人居环境的渴望！也许，神话中长满糌粑的神树，似乎有不劳而获懒惰的一面。但是，雪山深处，一个衣食无忧、长生不老的世界，永远是人类梦中的家园。

理论来源于实践。从“雅典宪章”到“马丘比丘宪章”再到“北京宣言”，从“田园城市”到“有机疏散”再到“共生城市”，反映了学科的蓬勃发展。许多学者作过研究，不仅仅是建筑师和规划师，更多的学者如地理学家和生态学家，正不断地围绕着“建设人居环境”进行深入的研究，提出了众多的理论方法，理论体系正在不断地发展之中。

我们需要不断地去理解自然，重新审视自然，在规划中积极倡导尊重自然的理念。在《世界自然宪章》中，提出了体现尊重自然精神的“指导和判断人类一切影响自然的行为”的五项原则。①应尊重大自然，不得损害大自然的基本过程。②地球上的遗传活力不得加以损害；不论野生或家养，各种生命形式都必须至少维持其足以生存繁衍的数量，为此目的应该保障必要的生境。③各项养护原则适用于地球上一切地区，包括陆地和海洋；独特地区、所有各种类生态系统的典型地带、罕见或有灭绝危险物种的生境，应受到特别保护。④对人类所利用的生态系统和有机体以及陆地、海洋和大气资源，应设法使其达到并维持最适宜的持续生产率,但不得危及与其共存的其他生态系统或物种的完整性。⑤应保护大自然,使其免于因战争或其他敌对活动而退化。

尊重自然的探索在不断地进行之中。有许多人正在努力从全球战略的角度,建立全球性的生态保护网络,例如"人与生物圈计划",以及现在为世人所熟知的"自然文化遗产公约"、"生物多样性公约"和"湿地公约"等。这些公约和计划,目的是要在地球有限的空间上,在关键地段和区域,有选择地建立起维护生态系统平衡所需要的最少面积的保护区,在这些土地的基础上建立起保护区网络。这些公约和计划的核心内容,是通过全球保护性用地体系的建立,来维护生物多样性,为全球生态安全提供保障。

本书受到这些思想的启发,研究设计的基本思路来源于此。

当前,人口在增长,城市在扩张,大地的景观被任意改变着。在追求发展的热情中,在建设用地高速扩展中,必须给这片紧张的土地留有一定的空间。这需要从时间和空间上进行规划,为土地的持续利用制订科学的战略。本书目标即从规划的角度,探讨建立保护性用地体系的理论和方法。具体目标有五个方面。

(1) 历史的回顾总结。保护性用地体系概念的提出得力于自然保护运动兴起和国家公园理念在世界的传播。本文的目标之一,是对保护性用地的历史进行回顾,在整理来龙去脉的同时,总结经验教训。

(2) 保护性用地体系的梳理。保护性用地体系的梳理是本文的目标之二。国家公园和保护区是保护性用地体系的核心。中国保护性用地以自然保护区和风景名胜区为主体,涉及地质公园、森林公园、水利风景区和历史文化景观保护区。当前,对保护性用地的认识不足,特别是中国管理部门林立,利益纷争,无序导致低效,甚至无效。当务之急,必须对各类保护性用地进行梳理,特别是对中国的现状和情况进行必要的整理,建设完善保护性用地,维护国家生态安全。

(3) 理论的探索。人与生物圈计划和相关国际公约是基于这样的生态学认识，即当生态系统中关键环节和点建立了保护，则整个生态系统得以保护。本文在总结前人研究的基础上，探讨保护性用地体系构建的理论，指导保护性用地体系的建设，构建土地的保护网络，建立土地利用的生态安全格局。

(4) 技术方法的探寻。与理论探讨紧密相关的是相应的技术方法的研究。在理论探索的同时，本文在此方面的目标，是围绕保护性用地体系的规划建设，探寻相关的技术方法，如对土地的评价方法，结合山脉和水文等寻找战略点和关键区域的方法技术，建立安全景观格局的方法，以及环境影响评价等。

(5) 实践中的尝试。本文在实践方面的目标，是在历史经验教训总结和理论及技术方法探讨的基础上，以北京市风景名胜区体系规划为案例，进行理论和技术方法的应用尝试，建立北京市保护性用地体系。需要说明的是，尽管名称是风景名胜区体系，但是在规划和思考的过程中，仍然是从更广义的保护性用地的概念出发的。

本文研究的意义在于理论和现实两方面。面对经济的迅猛发展，特别是旅游业的发展，全球化和网络时代的到来，快速城市化和工业化的推进，如何保护遗产地和相关保护性用地，以及发展相关的规划理论，对于保护性用地的可持续发展、区域经济发展及整体自然生态和国土安全，都具有非常重要的战略意义。

中国的各类保护性用地的整体状况令人担忧。其突出表现为保护与开发的矛盾，当地居民与开发商的矛盾，局部利益和整体利益的矛盾，短期利益与长期利益的矛盾。这些矛盾现实而紧迫，直接关系到中国保护性用地的可持续发展，关系到中国生态环境保护和生态安全的建设。

在国外，美国曾于20世纪70年代提出了国家公园体系规划，加拿大也曾作过国家公园和保护区体系的规划，这些体系规划对指导全国保护性用地的建设和发展起到了纲领性的作用。国内保护性用地体系规划的研究目前尚属起步阶段。自然保护区作为保护性用地的一种类型，中国在 20 世纪 90 年代曾有环保部门组织作过全国自然保护区发展规划，各省普遍作过省域自然保护区发展规划，这些工作是体系规划研究的雏形，均带有部门工作计划的色彩。在国内，风景名胜区作为保护性用地的另一重要类型，仅贵州、四川、北京开展了或正在进行风景区体系规划研究和编制工作。至于森林公园、地质公园等其他类型均未有过体系规划研究。把各类保护性用地纳入一个统一体系进行统筹研究在全国鲜有学者涉及，在省域尺度上的研究工作尚属空白。

本书基于前述五方面的目标，研究意义具体体现在以下三个方面。

(1) 贯彻科学发展观。科学研究是科学规划的基础，而科学规划是科学发展的前提。保护性用地体系的理论研究和实践，将国际学术界对自然和文化保护的概念、理论与方法引入国内，了解并把握世界保护联盟(IUCN)和世界遗产委员会(WHC)等国际专业性自然和文化保护机构新的趋势和研究进展。通过相应的理论方法，构建景观安全格局，使土地得以持续发展，体现“强调生态环境保护和发展相协调”的科学发展观。

(2) 多学科综合研究。国内关于自然和文化保护的研究长期以来积累了大量的资料，常常是各自领域相对隔离，特别是存在着部门堡垒。而针对体系研究更是近几年的事情。涉及的学科包括地学、生物学、城市规划、旅游以及经济学和管理学等，以保护性用地这样综合的概念，对各类相关类型的保护性用地进行跨学科、跨部门的综合研究，而这样的综合是促进学科交叉的重要手段。

(3) 指导规划实践。理论和技术方法的研究和总结，其目的在于对实践的指导，同时在实践中对其检验和校正。本文以北京市为例，对保护性用地体系的构建进行了思考和探索。对实践的指导意义，还不仅仅体现在北京市的规划实例中，也体现在作者近几年保护性用地的规划调查研究之中，特别是近两年来所参与的诸多风景名胜区和保护区等规划实践之中。

本文的研究主要应用以下三种研究方法。①文献研究方法。本书收集整理国内外相关文献资料，在前人研究成果的基础上进行研究。②实地调研方法。本书主要结合研究所的规划项目工作，进行实地调研，收集资料并和不同利益相关方的人士访谈。同时借助参加会议等提供的机会，向专家咨询，进行实地调研。③比较研究方法。本书分别进行国内外情况的对比，不同历史时期的对比、不同类型保护性用地之间的比较等等。

研究的过程始终在"实践—理论—实践"的循环之中前进，边实践，边总结，边探索。研究立足于实践，在实践中思考，从理论上总结，又返回到实践中去指导实践，同时也在实践中重新整理思路，再从理论上进行提升总结。基本的过程见图 1 和表 1。

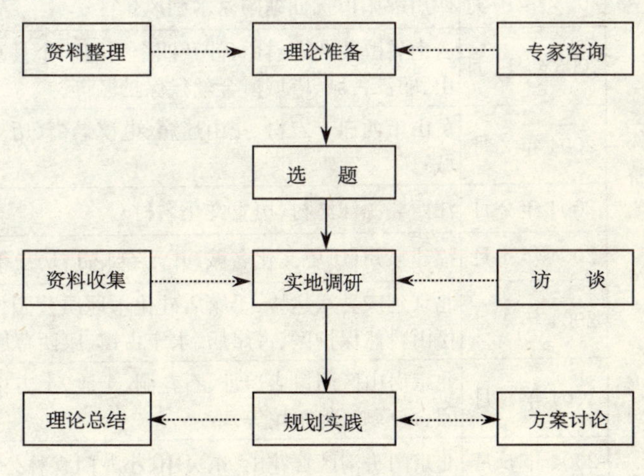

图 1　研究基本过程示意图

表 1 研究的基本过程

<table>
<tr><th>阶段</th><th>主题</th><th colspan="2">主要内容</th></tr>
<tr><td rowspan="5">第一阶段(准备阶段)</td><td>选题背景</td><td colspan="2">国家公园、保护区和风景区等保护性用地的规划实践,规划管理理论和方法的学习和探讨。</td></tr>
<tr><td>定题</td><td colspan="2">保护性用地体系规划研究。</td></tr>
<tr><td>资料收集</td><td colspan="2">国内外研究资料收集分析,国内外发展现状,相关研究进展。</td></tr>
<tr><td>专家咨询</td><td colspan="2">左川(城市规划、风景区)、杨锐(景观规划设计、风景区)、党安荣(GIS 技术)、谢凝高(世界遗产、风景区)、陈安泽(地景、地质公园)、陈昌笃(生态学)、蔡运龙(自然地理、土地利用)、王仰麟(自然地理)、王秉洛(风景区)、余新晓(水土保持)、姜建军(地质公园)、崔海亭(植物地理)、Laurie Olin(景观设计)、许学工(自然地理)等。</td></tr>
<tr><td>研讨</td><td colspan="2">魏遐(风景地貌)、陈喜波(历史地理)、刘松(土地整理)、林伟立(环境)、廉毅锐(建筑学)、龙花楼(土地利用)、吴秀芹(土地利用)、张茵(自然保护区生态旅游)、乌恩(森林旅游)等。</td></tr>
<tr><td rowspan="11">第二阶段(实践阶段)</td><td rowspan="11">野外调研</td><td>2003 年 7 月</td><td>黄山风景名胜区调研。</td></tr>
<tr><td>2003 年 9 月</td><td>四川海螺沟景区初步调研,提供开发建设建议。</td></tr>
<tr><td>2003 年 10 月</td><td>四川海螺沟景区详细调研。</td></tr>
<tr><td>2003 年 10 月</td><td>四川绵阳市抚仙湖国家水利风景区。</td></tr>
<tr><td>2003 年 11 月</td><td>云南省滇西北老君山(涉及四个州的四个县)、玉龙雪山、丽江古城、塔城滇金丝猴保护区等。</td></tr>
<tr><td>2004 年 2 月</td><td>黄山市西递—宏村、花山迷窟、屯溪老街(历史文化名城)。</td></tr>
<tr><td>2004 年 2 月</td><td>江西婺源江湾村(历史文化名村)。</td></tr>
<tr><td>2004 年 4 月</td><td>福建泉州(历史文化名城)开元寺、古厝历史街区。</td></tr>
<tr><td>2004 年 4 月</td><td>北京延庆县八达岭、千家店硅化木地质公园、龙庆峡、松山自然保护区、古崖居、永宁古镇、康西草原等。</td></tr>
<tr><td>2004 年 5 月</td><td>北京房山区周口店遗址、石花洞、十渡、上方山森林公园、百草畔、将军坨等。</td></tr>
<tr><td>2004 年 5 月</td><td>北京门头沟区百花山、东灵山、小龙门森林公园等。</td></tr>
</table>

续表

阶段	主　题	主　要　内　容	
第二阶段（实践阶段）	野外调研	2004年5月	北京昌平区十三陵、莽山森林公园、大杨山森林公园、虎峪、白草涧等。
		2004年6月	北京密云县司马台、云蒙山、白龙潭、黑龙潭、云峰山等。
		2004年6月	北京怀柔区慕田峪长城风景区、雁栖湖、青龙湖等。
		2004年6月	北京顺义区唐指山、龙凤山、北大沟森林公园、杨镇湿地（京东湿地）等。
		2004年7月	北京平谷区金海湖、大溶洞、大峡谷、丫吉山等。
		2004年7月	北京大兴区南苑麋鹿园、团和行宫、大兴野生动物园等。
		2004年7月	北京海淀区凤凰岭自然风景区、鹫峰国家森林公园、小西山、稻香湖湿地等。
		2004年7月	黄山风景区、太平湖旅游度假区。
		2004年9月	云南迪庆香格里拉县、三江并流风景区、千湖山景区、松赞林寺等。
		2004年10月	杭州西湖、梅家坞村、灵隐寺等。
		2004年11月	北京怀柔区喇叭沟门自然保护区、怀九河风景区等。
	项目实践	2003年1月至2004年7月	黄山风景名胜区总体规划（修编）。
		2003年9月至2004年1月	四川省贡嘎山风景名胜区海螺沟景区磨西一新兴总体规划和控制性详细规划。
		2003年11月至2004年3月	云南省老君山资源综合管理区总体规划。
		2004年1月至2005年6月	北京市风景名胜区体系规划。
		2004年9月至2005年1月	云南三江并流世界遗产地千湖山景区总体规划。
	编写报告	编写项目报告共10个，详细内容见本文附录中的科研成果。	

续表

<table>
<tr><th>阶段</th><th>主　题</th><th colspan="2">主　要　内　容</th></tr>
<tr><td rowspan="8">第三阶段(总结阶段)</td><td rowspan="3">参加会议</td><td>2004 年 2 月 28～29 日</td><td>“世界遗产论坛——明清皇家陵寝”研讨会，南京。提交论文。</td></tr>
<tr><td>2004 年 4 月 18～19 日</td><td>“山地住宅建设与发展”研讨会，福建泉州，作主题发言。提交论文。</td></tr>
<tr><td>2004 年 6 月 27～29 日</td><td>第一届世界地质公园大会，中国北京。国际会议。</td></tr>
<tr><td rowspan="3">学术报告</td><td>2004 年 4 月</td><td>“山地住宅建设与发展”研讨会，主题发言：山岳风景名胜区村落景观的保存与发展。</td></tr>
<tr><td>2004 年 9 月</td><td>北京大学环境学院研究生进修班，旅游目的地规划建设的理论与实践。</td></tr>
<tr><td>2004 年 12 月</td><td>清华大学建筑学院建研 31 班学术活动，北京风景名胜区体系规划进展。</td></tr>
<tr><td>发表论文</td><td colspan="2">共 8 篇。</td></tr>
<tr><td>总结</td><td colspan="2">撰写博士后出站报告。</td></tr>
</table>

研究内容（因受资料所限，不包括港澳台地区）和步骤主要分为五个方面。①问题的提出、研究目标的确定和研究的设计。依据发展的现状，提出研究的问题，在现有资料分析基础上确定研究目标，通过相关专家的咨询和指导，设计解决问题的研究路线。②建立概念，同时回顾历史，总结发展过程中的经验教训，并着重分析中国保护性用地的发展现状和趋势。③体系规划理论的探讨，寻找并探讨相关学科理论对建立保护性用地体系的指导意义。④技术方法的研究，着重探讨体系规划相应的步骤（程序）和相关的技术方法，特别是新技术和方法的整理和介绍。⑤以北京市风景名胜区体系规划为研究实例，应用地理信息系统技术、遥感技术和全球定位技术，把从实践中概括总结的理论以及相关的技术方法，应用于具体的规划实践之中。

研究的各部分内容如图 2 所示。

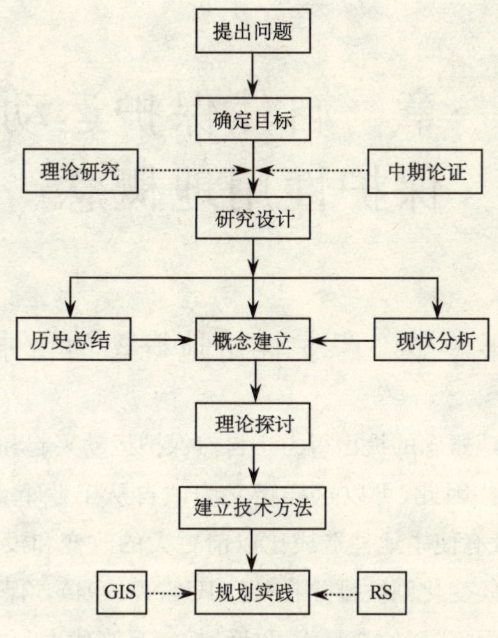

提出问题
确定目标
理论研究
中期论证
研究设计
历史总结
概念建立
现状分析
理论探讨
建立技术方法
GIS
规划实践
RS

图 2　研究内容的框架

第一章　自然保护运动和保护性用地概念

第一节　保护性用地概念的由来

保护性用地概念的提出得力于自然保护运动兴起和国家公园理念在世界的传播。因此，可以这样定义为，“自从工业革命（1750 年）以来，人类影响没有使本地种造成比以前更大的改变和没有影响生态系统的结构。气候变化则被排除在外”（IUCN，1994）。保护是对人类利用生物圈进行管理，以使在最大可持续性满足当代人利益的同时，满足后代人的需要及其发展的潜力。因此，保护（Conservation）是积极的，包括保存（Preservation）、维护、可持续利用、恢复和自然环境的提高（IUCN）。

自然保护运动可以追溯到古代。历代帝王设置的“狩猎区”和“苑囿”，这种地区虽为帝王狩猎、娱乐之地，一般不允许外人进入，实际上起到了自然保护的目的。而传统聚落附近的“风水林”等成为附近居民崇拜的自然之物，实际上也是自然保护之地。欧洲同样也有帝王为狩猎而建立的自然保护地。1569 年，瑞士 Glarus 州禁止在 Karpfstock 地区狩猎。1576 年，荷兰人设立了海地林地保护区。同样的保护活动也在非洲和墨西哥印第安人居住区展开。

到了 19 世纪后，近代的自然保护运动开始兴起。1872 年 3 月 1 日，经美国国会批准，建立了世界上第一个国家公园——黄石国家公园,并颁布了《黄石公园法案》。这时期对国家公园及其作用的认识比较肤浅。直到19世纪末,才提出保护植物区系及其生境的保护目的。第二次世界大战以后,最具有里程碑意义的是1948年国际自然保护联盟的成立,使自然保护运动从自由发展迈向了有组织发展的阶段。在北美,国家公园的数量扩大了7倍(从50个扩大到356个);在欧洲,扩大了15倍(从25个扩大到了379个);其他大陆(特别是非洲和亚洲)同样也很显著,自然保护运动国际化趋势日益明显。

2003年,第五届国家公园大会在《德班行动计划宣言》中指出,全球保护区数量已达102 102个,面积达1 876万平方公里,占地球陆地总面积的12.5%(IUCN、UNEP,2003),并且还有10%在南极被严格保护着。2004年,全球共有134个国家的788处遗产地已被列入《世界遗产目录》(第28届世界遗产委员会,2004)。

自然保护运动和国家公园理念的传播,推动了全球保护区等保护性用地的发展。这种发展可以通过保护性用地的数量和面积得以反映。图1—1即是对1872～2003年之间全球保护区数量和面积增长情况的反映(IUCN、UNEP,2003)。

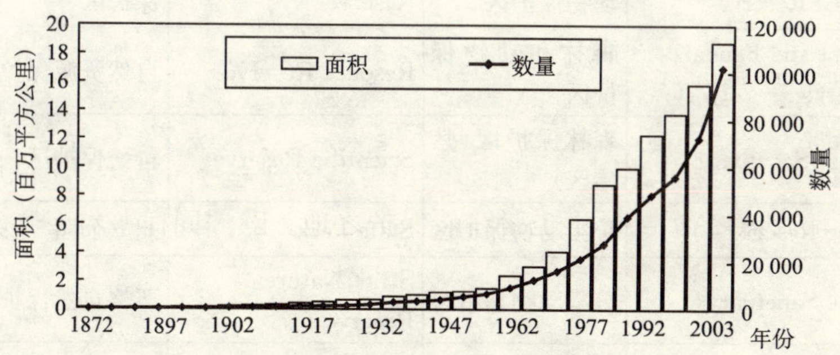

图1—1 1872～2003年全球保护区数量和面积的变化

(资料来源:IUCN、UNEP,2003)

在自然保护运动中，从最初的国家公园概念逐步延伸为复杂的保护区概念体系，但在实际的发展过程中和各国不同的国情，出现了大量的相关概念，与自然遗产地相关的名称如表1—1。

表1—1 国际上常用的与自然遗产地相关的名称

英文名	中译名	英文名	中译名
Anthropological Reserve	人类学保护区	Natural Landmark	自然景物保护区
Biological Reserve	生物保护区	Natural Monument	自然纪念物保护区
Biosphere Reserve	生物圈保护区	Nature Conservation	自然保护区
Bird Sanctuary	鸟类保护区（禁猎区）	Nature Park	自然公园
Conservation Area	保护（地）区	Nature Reserve Park	自然保护公园
Conservation Park	保护公园	Protected Landscape	景观保护区
Federal Biological Reserve	国家（联邦）生物保护区	Protected Region	保护地区
Fauna and Flora Reserve	动植物保护区	Provincial Park	省立公园
Faunal Reserve	动物保护区	Reserve	保护区
Forest and Faunal Reserve	森林和动物保护区	Resouce Reserve	自然资源保护区
Forest Sanctuary	森林保护区（禁猎区）	Scientific Reserve	科研保护区
Game Reserve	狩猎动物保护区	State Park	州立公园
Game Sanctuary	狩猎动物禁猎区	Strict Nature Reserve	严格自然保护区
Managed Nature Reserve	受控自然保护区	Strict Reserve	绝对保护区

续表

英文名	中译名	英文名	中译名
Managed Reserve Area	资源经营管理受控资源区	Wildlife Managent Area	野生生物经营区
Multiple Use Management Area	多种经营管理区	Wildlife Reserve	野生生物保护区
National Faunal Reserve	国家动物保护区	Wildlife Sanctuary	野生生物保护区
National Game Reserve	国家狩猎动物保护区	Wildness Area	荒野区
National Natural Reserve	国家自然保护区	World Heritage Site	世界遗产地
National Park	国家公园		
Natural Area	自然区		
Natural Biotic Reserve	自然生物保护区		

资料来源:金鉴明等,1990。

第二节 IUCN的保护性用地概念

国家公园建立以来的130年间,国家公园制度已广为全世界大部分国家所效仿和推行,国家公园运动从美国一个国家发展到世界上225个国家和地区(李光中、李培芬,2004),从单一的国家公园发展为"国家公园与保护区体系",并衍生出"世界遗产"、"生物圈保护区"、"地质公园"等相关概念。这些概念已广为世界大部分国家所接受和推行。在20世纪60年代以前,世界各国关于国家公园及保护区的认识与概念十分混乱,造成彼此间了解和沟通上的困难,不利于世界国家公园运动的健康持续发展。

有鉴于此,联合国教科文组织和世界保护联盟(IUCN)于1969年在新德里的IUCN第十次大会上初步统一了国家公园的内涵，并将其发展成为以国家公园为代表的“国家公园与保护区体系”，划分为十大类：I. 科学保护区或绝对保护区。II. 国家公园。III. 自然遗产或自然景物保护区。IV. 人工管理的自然保护区和野生生物保护区。V. 景观保护区。VI. 自然资源保护区。VII. 自然生物和人类学保护区。VIII. 多种经营管理区。IX. 生物圈保护区。X. 世界自然和文化遗产地。到了1985年，IUCN将保护区系统调整划分为八大类：I. 科学研究保护区/严格自然保护区。II. 国家公园。III. 自然纪念地/自然地标。IV. 自然管理区/野生动物栖息地。V. 景观保护区。VI. 资源保护区。VII. 自然生物区/遗址保护区。VIII. 多种经营管理区/资源管理区。

1994年，IUCN的保护区分类系统成为当时全世界最为普及的分类系统，被世界上100多个国家广泛认可。IUCN将“国家公园和保护区体系”根据主要的管理目标划分为六大类，取消了1985年分类中的第七类和第八类，并对其类别的名称、定义等进行了调整。狭义的国家公园是在国家政权的框架中，由中央级政府认定，并指导管理的目标，专门为国民大众的户外游憩活动、欣赏自然遗产与文化遗产服务的专门性公用土地，属国家公园与保护区体系中的六类保护区中的第二类。1994年IUCN的分类、目的、定义和功能如表1—2。

表1—2 国家公园及保护区体系分级分类

类别	名称	定 义	管理目标
Ia类	严格自然保护区	拥有杰出的或有代表性的生态系统、地质地理现象或物种的陆地和海域，主要为科学研究或环境监测服务。	为供科学研究所用。
Ib类	荒野保护区	大面积未经人为改变的或仅受轻微改变的陆地或海洋地区，仍保留着自然的特性和影响。区内没有永久性的或明显的(人类)居住现象。	保护及管理目标以保留其自然状态。

续表

类别	名称	定 义	管理目标
Ⅱ类	国家公园	是指那些陆地和(或)海洋地区,它们被指定用来:a. 为当代或子孙后代保护一个或多个生态系统的生态完整性;b. 排除与保护目标相抵触的开采或占有行为;c. 提供在环境上和文化上相容的精神的、科学的、教育的、娱乐的和游览的机会。	为保护生态系统和提供游憩机会。
Ⅲ类	自然纪念区	本区拥有特殊自然或文化现象,它因为天生稀少,具有代表性或美学上的品质或文化上的意义等,而具有杰出的或独特的价值。	保护特殊的自然现象。
Ⅳ类	栖息地/种群管理地区	指那些陆地或海洋上的区域,在这些区域内通过积极的管理行为的介入以确保(特定物种群的)栖息地和(或)满足特定物种群的需要。	通过积极的管理措施保护特定物种群。
Ⅴ类	陆地/海洋景观保护区	指那些包括适当的海岸或海洋的自然长时间的相互作用,使得这些区域变成一个具有重要的美学生态和文化价值,同时经常也是生物多样性密集的、具有不寻常特征的地区。	保护陆地/海洋景观和提供游憩机会。
Ⅵ类	资源管理保护区	这些区域包括没有受到严重改变的自然系统。可以通过管理来保护和保持这些地区的生物多样性,同时提供满足当地社区需要的自然资源供应。	主要是为了实现对生态系统的可持续利用。

资料来源:IUCN. 1994. *Guidelines For Protected Area Management Categories*.

各类保护区和各种经营管理目标的关联性如表1—3。保护区的经营管理目标一般包括科学研究、原野保护、物种与基因资源保护、维持环境功能、特殊自然/文化现象保护、旅游与游憩、教育、自然生态系统的永续利用、文化/传统资源的维持等。

表1—3 IUCN保护区类别与经营管理目标间的关系

经营管理目标	保护区类别						
	Ia	Ib	Ⅱ	Ⅲ	Ⅳ	Ⅴ	Ⅵ
科学研究	1	3	2	2	2	2	3

续表

经营管理目标	保护区类别						
	Ia	Ib	Ⅱ	Ⅲ	Ⅳ	Ⅴ	Ⅵ
原野保护	2	1	2	3	3	—	2
物种与基因资源保存	1	2	1	1	1	2	1
维持环境功能	2	1	1	—	1	2	1
特殊自然/文化现象保护	—	—	2	1	3	1	3
旅游与游憩	—	2	1	1	3	1	3
教育	—	—	2	2	2	2	3
自然生态系统资源的永续利用	—	3	3	—	2	2	1
文化/传统资源的维持	—	—	—	—	—	1	2
数字说明:1是主要目标;2是次要目标;3是可能适用的目标;—是不适用							

资料来源:李光中、李培芬,2004。

第三节　中国的保护性用地概念

保护性用地是基于一些特定的保护目标,在空间上有较为明确的范围,是经过选择的特定类型的土地,具备特有的功能,如生态保护和物种栖息地等,也可以提供国民教育、游憩和体验等机会。在不同的社会发展阶段和不同的社会经济水平,人们的认识水平和价值观念有所不同,对保护性用地的理解和认识也不尽相同。目前,中国的保护性用地主要包括自然保护区、风景名胜区、森林公园、国家地质公园、水利风景区和历史文化区等,此外还包括水源地保护区和湿地等。历史文化区在空间上包括文物保护单位、历史街区与地段和历史文化名城等不同层次的范围。

中国现有的这些保护性用地分属不同的部门,类型不一,级别不同，从县市级到国家级，有些已经成为世界遗产，具有世界级的价值。这些用地因其特定的保护对象有着其特定的保护目标，在空间利用上尤其是建设上受到一定的限制，这些保护性用地构成了中国现有的保护性用地体系。

以自然保护区为例，环境保护部门在1996年曾作过分属不同部门情况的统计（表1—4）。由于历史原因，各部门的建设很不平衡。1980年以前仅中国科学院和林业部门建立了保护区，特别是1978年和1980年城乡建设环境保护部环境保护局承担了全国自然保护区管理工作和召开了全国自然保护区区划工作会议。以后，环保、农业、地矿和海洋部门先后建立了自然保护区。在中国参加了《保护世界文化和

表1—4　自然保护区分部门情况统计

部门		数量（个）	比例（%）	面积（公顷）	比例（%）
中国科学院		2	0.41	14 856	0.04
林业部门		405	85.1	23 235 864	71.12
农业部门	草原	11	2.30	1 082 002	3.30
	水产	14	2.90	547 256	1.66
	其他	2	0.41	3	—
海洋部门		7	1.45	68 136	0.20
环保部门		13	2.70	7 518 240	22.91
地矿部门		16	3.33	154 812	0.47
城建部门		6	1.25	51 266	0.15
总计		476	100	32 672 435	100

注：①铜鼓岭自然保护区的林业与环保部门都选划了；大洲岛自然保护区的林业与海洋部门都选划了，锡林郭勒草原、腰井子羊草草原自然保护区的环保与农业部门都选划了。②在476个保护区中，不包括台湾省3个国家公园和香港米埔自然保护区，其隶属部门不详。③由于部门统计口径等原因，总计面积不相等。

资料来源：中国的自然保护区，1996。

自然遗产国际公约》以及黄山、泰山被批准列入世界自然遗产名录和参与贵州省保护区建设后，城建部门也成为保护区的管理部门。

从表中可以看出，在参与自然保护区建设的7个部(局)、10个部门中，林业部门建立的保护区数量最多，面积最大，共计405个，面积323.6万公顷，占保护区总数的83.3%、总面积的72.48%。其他部门依次排列为农业部门、地矿部门(现国土部门、海洋局)、环保部门(面积属第二位)、海洋部门(包括海岸和海洋)、城建部门和中国科学院。

保护性用地体系不仅仅包括自然保护区，而且由于国务院机构改革，以及保护性用地体系的不断发展，现在主管的部门也在不断发展变化之中，涉及的部门情况更为复杂。相关主管部门还有教育部、财政部、外交部(公约协调)、公安机关、工商行政管理部门、海关和其他有关国家机关。具体情况如表1—5。

表1—5 中国保护性用地主管部门情况一览表

保护性用地类型	直接主管部门
自然保护区	环保总局、国家林业局、农业部(畜牧、渔业水产)、国家海洋局、建设部、国土部、中国科学院、高等院校、国家文物局、国家宗教局
风景名胜区	建设部、国家文物局、国家宗教局
地质公园	国土部
森林公园	国家林业局、高等院校
水利风景区	水利部
历史文化区	建设部、国家文物局、国家宗教局

资料来源：整理自相关部门的网站和部分访谈资料，资料截至2004年10月。

注：例如，鹫峰森林公园(也是自然保护区)是直属于北京林业大学的正处级事业编制单位。云居寺风景区主管部门为市文物局，也受区宗教局、园林部门和旅游局等部门指导。

在中国的现实情况中，一处保护地常常戴好几顶帽子，通常是一套人马，几块牌子，行政上归属于不同部门。各类保护性用地作为一个区域整体，直接的上级主管部门具体情况如表 1—5 所示。需要说明的是，在一块保护性用地的内部管理中，涉及几乎全部的国家各个部门，是“麻雀虽小，五脏俱全”，这一难点无论是管理委员会还是管理局都无法避免，以至在如张家界和井冈山等一些风景区和保护区，直接成立地方一级政府来进行管理。笔者认为，这一现象和中国保护性用地内常常有大量人口直接相关。

一、自然保护区

国务院于 1994 年颁布的《中华人民共和国自然保护区条例》指出，自然保护区“是指对有代表性的自然生态系统、珍稀濒危野生动植物物种的天然集中分布区、有特殊意义的自然遗迹等保护对象所在的陆地、陆地水体或者海域，依法划出一定面积予以特殊保护和管理的区域”。条例规定“国家对自然保护区实行综合管理与分部门管理相结合的管理体制。国务院环境保护行政主管部门负责全国自然保护区的综合管理。国务院林业、农业、地质矿产、水利、海洋等有关行政主管部门在各自的职责范围内，主管有关的自然保护区”。

二、风景名胜区

建设部于 1987 年颁发的《风景名胜区管理暂行条例实施办法》中提到：“风景名胜区系指风景名胜资源集中、自然环境优美、具有一定规模和游览条件，经县级以上人民政府审定命名、划定范围，供人游览、观赏、休息和进行科学文化活动的地域。”同时规定：“城乡建设环境保护部和地方县级以上城乡建设部门主管风景名胜区工作，对各级风景名胜区实行归口管理。”风景名胜区是以自然景观为基础的规模化、多样化旅游资源的凝聚地，是自然与人文构景因素的美感协调统一体，是中国历代人民对千百万甚至上亿年来所形成的宝贵自然遗产加以不断定向开发、保护和完善的结果。风景区是中国壮美山河的精华，中华民族的瑰宝，也应是世界自然与文化遗产的重要组成部分。

三、森林公园

原林业部（现国家林业局）1994 年颁布的《森林公园管理办法》中指出："本办法所称森林公园，是指森林景观优美，自然景观和人文景观集中，具有一定规模，可供人们游览、休息或进行科学、文化、教育活动的场所。"1996 年颁布的《森林公园总体设计规范》进一步指出："森林公园是以良好的森林景观和生态环境为主体，融合自然景观与人文景观，利用森林的多种功能，以开展森林旅游为宗旨，为人们提供具有一定规模的游览、度假、休憩、保健疗养、科学教育、文化娱乐的场所。"国家林业局已将森林公园和自然保护区明确划定为社会公益林。

四、地质公园

1999 年 2 月 9 日，联合国教科文组织（UNESCO）在巴黎召开的会议上，首次提出了"地质公园"一词，英文为 Geo-park，意为 Geological Park。地质公园是国家公园的一种，它是指具有特殊地质意义、珍奇或秀丽景观特征的自然保护区。这些特征是该地区地质历史、地质事件和形成过程的典型代表。地质公园的建立主要是为保护重要的地质遗迹，即保护在地球演化的漫长地质历史时期，由于内外力的地质作用，形成、发展并遗留下来的珍贵的、不可再生的地质自然遗产。

五、水利风景区

2004 年，水利部分别颁布了《水利风景区管理办法》和《水利风景区评价标准》，明确指出："水利风景区是指以水域(水体)或水利工程为依托，具有一定规模和质量的风景资源与环境条件，可以开展观光、娱乐、休闲、度假或科学、文化、教育活动的区域。"水利风景区以培育生态，优化环境，保护资源，实现人与自然的和谐相处为目标，强调社会效益、环境效益和经济效益的有机统一。这里提到的水利风景资源，是指水域(水体)及相关联的岸地、岛屿、林草、建筑等能对人产生吸引力的自然景观和人文景观。

六、历史文化区

历史文化区主要指由不可移动文物组成的文物保护单位、历史文化街区、村镇和历史文化名城。

2002 年新修订的《文物保护法》第三条规定："古文化遗址、古墓葬、古建筑、石窟寺、石刻、壁画、近代现代重要史迹和代表性建筑等不可移动文物，根据它们的历史、艺术、科学价值，可以分别确定为全国重点文物保护单位，省级文物保护单位，市、县级文物保护单位。"同时规定："各级文物保护单位，分别由省、自治区、直辖市人民政府和市、县级人民政府划定必要的保护范围，作出标志说明，建立记录档案，并区别情况分别设置专门机构或者专人负责管理。"并"根据保护文物的实际需要，经省、自治区、直辖市人民政府批准，可以在文物保护单位的周围划出一定的建设控制地带，并予以公布"。

根据《文物保护法》相关条款规定，保存文物特别丰富并且具有重大历史价值或者革命纪念意义的城镇、街道、村庄，由省、自治区、直辖市人民政府核定公布为历史文化街区、村镇，并报国务院备案。保存文物特别丰富并且具有重大历史价值或者革命纪念意义的城市，由国务院核定公布为历史文化名城。

第四节　土地分类与保护性用地

一、土地利用现状分类

1984年9月，由全国农业区划委员会在《土地利用现状调查技术规程》中，制订了《土地利用现状分类及含义》，主要依据土地的用途、经营特点、利用方式和覆盖特征等因素分为两级：第一级划分是根据国民经济各部门用地构成或者是土地在国民经济中所起的作用来划分的，共8类；第二级主要根据土地利用过程中的经营方式为依据划分，共46类，并采用统一编码。在国内各地，结合当地情况，制订了适宜于本地的三、四级分类，有些地区如天津，在二级分类中删去了本市没有的地类（望天田、茶园、橡胶园、湖泊和冰川）。此一分类系统得到普遍使用，现在国土部门土地利用调查和管理工作使用的分类系统，仍是在这一分类系统的基础上的修订。

具体的分类和编码见表1—6。每一类具体的定义，则可以见本章第六节。保护性用地可以是其中的一类，也可以是其中某几类的组合。例如，历史文化区就涉及居民点及工矿用地。而自然型保护性用地，如自然保护区，涉及更多的则是林地。

表1—6　土地利用现状分类体系与编码

一级编码	一级分类	二级编码	二级分类	一级编码	一级分类	二级编码	二级分类
1	耕地	11	灌溉水田	6	交通用地	61	铁路
		12	望天田			62	公路
		13	水浇地			63	农村道路
		14	旱地			64	民用机场
		15	菜地			65	港口、码头

续表

一级编码	一级分类	二级编码	二级分类	一级编码	一级分类	二级编码	二级分类
2	园地	21	果园	7	水域	71	河流水面
		22	桑园			72	湖泊水面
		23	茶园			73	水库水面
		24	橡胶园			74	坑塘水面
		25	其他园地			75	苇地
3	林地	31	有林地			76	滩涂
		32	灌木林			77	沟渠
		33	疏林地			78	水工建筑物
		34	未成林造林地			79	冰川及永久积雪
		35	迹地	8	未利用地	81	荒草地
		36	苗圃			82	盐碱地
4	牧草地	41	天然草地			83	沼泽地
		42	改良草地			84	沙地
		43	人工草地			85	裸土地
5	居民点及工矿用地	51	城镇			86	裸岩、石砾地
		52	农村居民点			87	田坎
		53	独立工矿用地			88	其他
		54	盐田				
		55	特殊用地				

资料来源：全国农业区划委员会：《土地利用现状调查技术规程》，测绘出版社，1984 年。

二、城市用地分类

1991 年 3 月，国家建设部颁布了《城市用地分类与规划建设用地标准》。为了科学地编制城市规划，做到合理地利用城市土地，对城市用地分类采用了三个层次的分类体系，依据土地使用的主要性质将城镇土地划分为10大类、46中类、73小类。采用统一编码排列，大类用大写英文字母，中类、小类均用阿拉伯数字（表1—7）。每一分类的具体含义，见本章第六节。

这一分类体系的主要特点是：①城市用地完全按土地利用的主要性质和功能划分、归类，使各类土地具有可比性；②城市用地采用大类、中类、小类三个层次的分类体系，共分10大类、46中类、73小类，每类用地的内涵都有明确的范围，可操作性强；③除对所有用地进行划分外，还提出了城市建设总用地的人均指标及居住用地、工业用地、道路广场用地、绿地的用地标准；④对规划建设用地的结构也提出了参考指标。

保护性用地可以是城市用地分类其中的一类，也可能是其中某几类的组合。例如，历史文化区涉及C7文物古迹用地，同时可能会涉及绿地和道路广场用地等类型。但是，本分类系统由于主要针对城市用地，故自然型保护性用地未能适用，为此建设部专门为其主管的风景名胜区这类保护性用地规定了一套用地分类（表1—8）。

表1—7　城市用地的分类与简化代号

<table>
<tr><th>大类</th><th>中类</th><th>小类</th><th>大类</th><th>中类</th><th>小类</th></tr>
<tr><td rowspan="8">R居住用地</td><td rowspan="4">R1 一类居住用地</td><td>R11 住宅用地</td><td rowspan="8">T对外交通用地</td><td>T1 铁路用地</td><td></td></tr>
<tr><td>R12 公共服务设施用地</td><td rowspan="3">T2 公路用地</td><td>T21 高速公路用地</td></tr>
<tr><td>R13 道路用地</td><td>T22 一、二、三级公路用地</td></tr>
<tr><td>R14 绿地</td><td>T23 长途客运站用地</td></tr>
<tr><td rowspan="4">R2 二类居住用地</td><td>R21 住宅用地</td><td>T3 管道运输用地</td><td></td></tr>
<tr><td>R22 公共服务设施用地</td><td rowspan="2">T4 港口用地</td><td>T41 海港用地</td></tr>
<tr><td>R23 道路用地</td><td>T42 河港用地</td></tr>
<tr><td>R24 绿地</td><td>T5 机场用地</td><td></td></tr>
</table>

续表

大类	中类	小类
R居住用地	R3 三类居住用地	R31 住宅用地
		R32 公共服务设施用地
		R33 道路用地
		R34 绿地
	R4 四类居住用地	R41 住宅用地
		R42 公共服务设施用地
		R43 道路用地
		R44 绿地
C公共设施用地	C1 行政办公用地	C11 市属办公用地
		C12 非市属办公用地
	C2 商业金融业用地	C21 商业用地
		C22 金融保险业用地
		C23 贸易咨询用地
		C24 服务业用地
		C25 旅馆业用地
		C26 市场用地
	C3 文化娱乐用地	C31 新闻出版用地
		C32 文化艺术团体用地
		C33 广播电视用地
		C34 图书展览用地
		C35 影剧院用地

大类	中类	小类
S道路广场用地	S1 道路用地	S11 主干路用地
		S12 次干路用地
		S13 支路用地
		S14 其他道路用地
	S2 广场用地	S21 交通广场用地
		S22 游憩集会广场用地
	S3 社会停车场库用地	S31 机动车停车场库用地
		S32 非机动车停车场库用地
U市政公用设施用地	U1 供应设施用地	U11 供水用地
		U12 供电用地
		U13 天燃气用地
		U14 供热用地
	U2 交通设施用地	U21 公共交通用地
		U22 货运交通用地
		U23 其他交通设施用地
	U3 邮电设施用地	
	U4 环境卫生设施用地	U41 雨水、污水处理用地
		U42 粪便垃圾处理用地
	U5 施工与维修设施用地	
	U6 殡葬设施用地	
	U7 其他市政公用设施用地	

续表

大类	中类	小类	大类	中类	小类
C 公共设施用地		C36 游乐用地	G 绿地	G1 公共绿地	G11 公园
	C4 体育用地	C41 体育场馆用地			G12 街头绿地
		C42 体育训练用地		G2 生产防护绿地	G21 园林生产绿地
	C5 医疗卫生用地	C51 医院用地			G22 防护绿地
		C52 卫生防疫用地	D 特殊用地	D1 军事用地	
		C53 休疗养用地		D2 外事用地	
	C6 教育科研设计用地	C61 高等学校用地		D3 保安用地	
		C62 中等专业学校用地	E 水域和其他用地	E1 水域	
		C63 成人与业余学校用地		E2 耕地	E21 菜地
		C64 特殊学校用地			E22 灌溉水田
		C65 科研设计用地		E3 园地	
	C7 文物古迹用地			E4 森地	
	C8 其他公共设施用地			E5 牧草地	
M 工业用地	M1 一类工业用地			E6 村镇建设用地	E61 村镇居住用地
	M2 二类工业用地				E62 村镇企业用地
	M3 三类工业用地				E63 村镇公路用地
W 仓储用地	W1 普通仓库用地				E64 村镇其他用地
	W2 危险品仓库用地			E7 弃置地	
	W3 堆场用地			E8 露天矿用地	

资料来源：中华人民共和国建设部：《城市用地分类与规划建设用地标准》，中国计划出版社，1991 年。

三、风景名胜区用地分类

风景区用地分类，是以风景区用地特征和作用及规划管理需要为基本原则，同时还要考虑全国土地利用现状分类和相关专业用地分类等常用方法，使其分类原则和分类方法协调，以便调查成果和相关资料可以互用与共享。分类依照土地的主导用途进行划分和归类，在规划的不同阶段，可依据工作性质、内容、深度的需求，采用本分类中的全部或部分分类。其中，在详细规划中，多使用小类。风景区用地分类系统分10大类、50中类；用地分类的代号，大类采用中文表示，中类和小类各用一位阿拉伯数字表示(表1—8)。每一分类的具体含义，见本章第六节。

风景区各类用地的增减变化，应依据风景区的性质和当地条件，因地制宜与实事求是地处理。通常应尽可能地扩展甲类用地、配置相应

表1—8 风景名胜区用地分类(简化)

类别代号			用地名称	类别代号			用地名称
大类	中类	小类		大类	中类	小类	
甲			风景游赏用地	己			园地
	甲1		风景点建设用地		己1		果园
	甲2		风景保护用地		己2		桑园
	甲3		风景恢复用地		己3		茶园
	甲4		野外游憩用地		己4		胶园
	甲5		其他观光用地		己5		其他园地
乙			游览设施用地	庚			耕地
	乙1		旅游点建设用地		庚1		菜地
	乙2		游娱文体用地		庚2		水浇地
	乙3		休养保健用地		庚3		水田
	乙4		购物商贸用地		庚4		旱地
	乙5		其他游览设施用地		庚5		其他耕地

续表

类别代号			用地名称	类别代号			用地名称
大类	中类	小类		大类	中类	小类	
丙			居民社会用地	辛			草地
	丙 1		居民点建设用地		辛 1		天然牧草地
	丙 2		管理机构用地		辛 2		改良牧草地
	丙 3		科技教育用地		辛 3		人工牧草地
	丙 4		工副业生产用地		辛 4		人工草地
	丙 5		其他居民社会用地		辛 5		其他草地
丁			交通与工程用地	壬			水域
	丁 1		对外交通通讯用地		壬 1		江、河
	丁 2		内部交通通讯用地		壬 2		海域
	丁 3		供应工程用地		壬 3		海域
	丁 4		环境工程用地		壬 4		滩涂
	丁 5		其他工程用地		壬 5		其他水域用地
戊			林地	癸			滞留用地
	戊 1		成林地		癸 1		滞留工厂仓储用地
	戊 2		灌木林		癸 2		滞留事业单位用地
	戊 3		苗圃		癸 3		滞留交通工程用地
	戊 4		竹林		癸 4		未利用地
	戊 5		其他林地		癸 5		其他滞留用地

资料来源：中华人民共和国建设部："风景名胜区规划规范"，1999 年。

的乙类用地，控制丙类、丁类、庚类用地，缩减癸类用地。这样可以更加充分地利用风景区的土地潜力，表达风景用地特征，增强风景区的主导性效益。

这一用地分类，为保护性用地建立了相对独立的一套用地分类系统，具有开创性的意义，在风景名胜区的规划中发挥了积极的作用。但是，在实际的规划中，由于受各方面条件的限制，如许多风景区处于山区，土地利用现状数据普遍缺乏，较难获得用地分类中所需的数据，使这一分类系统的作用受到了一定的影响。其与国土部门所采用的现行用地分类也存在着不尽一致的问题，如有些类型在国土部门的分类中未能找到，需要在实践中进一步完善。

第五节　融合城乡的新土地分类

中国两大部门的土地利用分类系统需要融合，才能达到城乡统筹发展的目的。随着新的《土地管理法》的颁布实施，需要依照法律的规定，进一步明确农用地、建设用地和未利用地的范围及与土地分类的衔接。同时，根据近年来市场经济的发展和土地使用制度的改革，尤其是土地有偿使用以及第三产业用地的发展，也要求对原有城市土地分类进行适当调整。随着城乡一体化进程的加快，科学实施全国土地和城乡地政统一管理已提到议事日程，实施统一管理的基本条件亦已基本具备，普遍要求在原有两个土地分类和调查成果的基础上，进行城乡土地统一分类，汇总出全国城乡统一的土地数据成果和其他调查成果，以利于全国城乡土地的统一管理和调查成果的扩大应用。根据上述要求，在研究、分析两个现行土地分类的基础上，修改、归并成城乡统一的全国土地分类体系。

土地分类的基本框架，采用三级分类体系。①一级类设 3 个，即《土地管理法》规定的农用地、建设用地、未利用地。三大类的界定严格按照《土地管理法》第四条第三款的规定。②二级类设 15 个。原土地利用现状分类 8 个一级类中的耕地、园地、林地、牧草地及新设的“其他农用地”5 个地类共同构成农用地；原城市土地分类的商服、工矿仓储、公用设施、公共建筑、住宅 5 个一级类及原来两个分类中都有的特殊用地、交通用地(除农村道路)和从土地利用现状分类的水域中分离出来的水利建设用地等共 8 个地类构成了建设用地;原土地利用现状分类的未利用土地(除田坎)和未进入农用地、建设用地的其他水域共同构成未利用地。③三级类设 71 个。是在原来两个土地分类的二级地类基础上调整、归并、增设而来的。

全国土地分类系统(试行)是在新形式下,在国土资源部的组织下,综合了城市用地和原土地利用分类,是对国土部门和建设部门两部门土地分类的一次统一,可以说是城乡一体的分类系统(表 1—9)。新分类系统与实际管理工作中的情况更为吻合,能够更好地服务于土地管理。因此,在保护性用地的土地规划和管理工作中,引入城乡一体的新土地分类系统,能够同土地管理部门和建设部门都尽可能取得更多的统一,减少不一致的地方。因此可以说,新分类系统与保护性用地更融合。目前,分类系统已经开始试行,国土部门和建设部门两个系统之间的协调是最大的难点。

表 1—9 全国土地分类系统(试行)

一级类		二级类		三级类		一级类		二级类		三级类	
编号	大类	编号	名称	编号	名称	编号	大类	编号	名称	编号	名称
1	农用地	11	耕地	111	灌溉水田	2	建设用地	21	商服用地	211	商业用地
				112	望天田					212	金融保险用地
				113	水浇地					213	餐饮旅馆业用地
				114	旱地					214	其他商服用地
				115	菜地			22	工矿仓储用地	221	工业用地
		12	园地	121	果园(含可调整121k)					222	采矿地
				122	桑园(含可调整122k)					223	仓储地
				123	茶园(含可调整123k)			23	公用设施用地	231	公共基础设施用地
				124	橡胶园(含可调整124k)					232	瞻仰景观休闲用地
				125	其他园地(含可调整125k)			24	公共建筑用地	241	机关团体用地

续表

一级类		二级类		三级类	
编号	大类	编号	名称	编号	名称
1	农用地	13	林地	131	有林地(含可调整131k)
				132	灌木林地
				133	疏林地
				134	未成林造林地(含可调整134k)
				135	迹地
				136	苗圃(含可调整136k)
		14	牧草地	141	天然草地
				142	改良草地
				143	人工草地(含可调整143k)
		15	其他农用地	151	畜禽饲养地
				152	设施农业用地
				153	农村道路
				154	坑塘水面
				155	养殖水面(含可调整155k)
				156	农田水利用地
				157	田坎
				158	晒谷场等用地
3	未利用地	31	未利用土地	311	荒草地
				312	盐碱地
				313	沼泽地
				314	沙地
				315	裸土地
				316	裸岩石砾地
				317	其他未利用土地
		32	其他土地	321	河流水面
				322	湖泊水面
				323	苇地
				324	滩涂
				325	冰川和永久积雪

一级类		二级类		三级类	
编号	大类	编号	名称	编号	名称
2	建设用地	24	公共建筑用地	242	教育用地
				243	科研设计用地
				244	文体用地
				245	医疗卫生用地
				246	慈善用地
		25	住宅用地	251	城镇单一住宅用地
				252	城镇混合住宅用地
				253	农村宅基地
				254	空闲宅基地
		26	交通运输用地	261	铁路用地
				262	公路用地
				263	民用机场
				264	港口码头用地
				265	管道运输用地
				266	街巷
		27	水利设施用地	271	水库水面
				272	水工建筑用地
		28	特殊用地	281	军事设施用地
				282	使领馆用地
				283	宗教用地
				284	监教场所用地
				285	墓葬地

注：指生态退耕以外，按照国土资发（1999）511号文件规定，在农业结构调整中将耕地调整为其他农用地，但未破坏耕作层，不作为耕地减少衡量指标。按文件下发时间开始执行。

资料来源：国土资源部关于印发试行《土地分类》的通知，国土资发【2001】255号。

第六节 四大土地分类系统

一、土地利用现状分类及其含义

全国农业区划委员会在《土地利用现状调查技术规程》中，制定了“土地利用现状分类及含义”，依据土地的用途、经营特点、利用方式和覆盖特征等因素分为两级。第一级划分是根据国民经济各部门用地构成或者是土地在国民经济中所起的作用来划分的，共八类，分别为耕地、园地、林地、牧草地、居民点及工矿用地、交通用地、水域和未利用地。

(1) 耕地。是指种植农作物的土地，包括新开垦地、休闲地、轮歇地、草田轮作地，及以种植农作物为主，间有零星果树、桑树或者其他树木的土地；耕种三年以上的滩地和海涂。耕地中包括南方宽小于 1.0 米，北方宽小于 2.0 米的沟、渠、路、田埂。有灌溉水田、望天田、水浇地、旱地和菜地五种二级类型。

(2) 园地。是指种植以采集果、叶为主的集约经营的多年生木本和草本作物，覆盖度大于 50%，或每亩株数大于合理株数 70%的土地，包括果树苗圃等用地。有果园、桑园、茶园、橡胶园和其他园地五种二级类型。

(3) 林地。是指生长乔木、竹类、灌木、沿海红树林等林木的土地，不包括居民绿化用地，以及铁路、公路、河流、沟渠的护路、护岸用地。有林地、灌木林、疏林地、未成林造林地、迹地和苗圃六种二级类型。

(4) 牧草地。是指生长草本物为主，用于畜牧业的土地。有天然草地、改良草地和人工草地三种二级类型。

(5) 居民点及工矿用地。是指城乡居民点、独立居民点以外的工矿、国防、名胜古迹等企业事业单位用地，包括其内部交通、绿化用地。有城镇、农村居民点、独立工矿用地、盐田、特殊用地五种二级类型。

(6) 交通用地。是指居民点以外的各种道路及其附属设施和民用机场用地，包括护路林用地。二级类型有五种，分别是铁路、公路、农村道路、民用机场、港口及码头。

(7) 水域。是指陆地水域和水利设施用地，不包括滞洪区和多年种的滩区耕地、林地、居民点、道路等。有河流水面、湖泊水面、水库水面、坑塘水面、苇地、滩涂、沟渠、水工建筑物和冰川及永久积雪九种二级类型。

(8) 未利用地。是指目前还未利用的土地，包括难利用的土地。二级类型有八种，分别是荒草地、盐碱地、沼泽地、沙地、裸土地、裸岩与石砾地、田坎和其他。

二、城市用地分类含义

建设部 1991 年颁布了《城市用地分类与规划建设用地标准》，其目的是为了科学地编制城市规划，做到合理地利用城市土地。城市用地分类采用了三个层次的分类体系，依据土地使用的主要性质将城镇土地划分为 10 大类、46 中类、73 小类。城市用地 10 大类分为居住用地、公共设施用地、工业用地、仓储用地、对外交通用地、道路广场用地、市政公用设施用地、绿地、特殊用地、水域和其他用地。

(1) 居住用地。指居住小区、居住街坊、居住组团和单位生活区等各种类型的成片或零星的用地。包括四个中类：一类居住用地、二类居住用地、三类居住用地、四类居住用地。

(2) 公共设施用地。指居住小区及小区级以下的小游园等公共设施用地，居住区及居住区级以上的行政、经济、文化、教育、卫生、体育以及科研设计等机构和设施的用地，不包括居住用地中的公共服务设施用地。包括八个中类:行政办公用地、商业金融业用地、文化娱乐用地、体育用地、医疗卫生用地、教育科研设计用地、文物古迹用地、其他公共设施用地。

(3) 工业用地。指工矿企业的生产车间、库房及其附属设施等用地。包括专用的铁路、码头和道路等用地。不包括露天矿用地,该用地应归入水域和其他用地。包括三个中类:一类工业用地、二类工业用地、三类工业用地。

(4) 仓储用地。指仓储企业的库房、堆场和包装加工车间及其附属设施等用地。包括三个中类:普通仓库用地、危险品仓库用地、堆场用地。

(5) 对外交通用地。指铁路、公路、管道运输、港口和机场等城市对外交通运输及其附属设施等用地。包括五个中类:铁路用地、公路用地、管道运输用地、港口用地、机场用地。

(6) 道路广场用地。指市级、区级和居住区级的道路、广场和停车场等用地。包括三个中类:道路用地、广场用地、社会停车场库用地。

(7) 市政公用设施用地。指市级、区级和居住区级的市政公用设施用地,包括其建筑物、构筑物及管理维修设施等用地。包括七个中类:供应设施用地、交通设施用地、邮电设施用地、环境卫生设施用地、施工与维修设施用地、殡葬设施用地、其他市政公用设施用地。

(8) 绿地。指市级、区级和居住区级的公共绿地及生产防护绿地,不包括专用绿地、园地和林地。包括两个中类:公共绿地、生产防护绿地。

(9) 特殊用地。指特殊性质的用地。包括三个中类:军事用地、外事用地、保安用地。

(10) 水域和其他用地。指除以上各大类用地之外的用地。包括八个中类:水域、耕地、园地、森地、牧草地、村镇建设用地、弃置地、露天矿用地。

三、风景名胜区用地分类含义

风景区用地分类系统是建设部1999年颁布的《风景名胜区规划规范》规定的。分类系统是以风景区用地特征和作用及规划管理需要为基本原则，依照土地的主导用途进行划分和归类，分10大类、50中类。风景区用地分类系统的10大类分为风景游赏用地、游览设施用地、居民社会用地、交通与工程用地、林地、园地、耕地、草地、水域、滞留用地。

(1) 风景游赏用地。指游览欣赏对象集中区的用地，向游人开放。包括五个中类：风景点建设用地、风景保护用地、风景恢复用地、野外游憩用地、其他观光用地。

(2) 游览设施用地。指直接为游人服务而又独立于景点之外的旅行游览接待服务设施用地。包括五个中类：旅游点建设用地、游娱文体用地、休养保健用地、购物商贸用地、其他游览设施用地。

(3) 居民社会用地。指间接为游人服务而又独立设置的居民社会、生产管理等用地。包括五个中类：居民点建设用地、管理机构用地、科技教育用地、工副业生产用地、其他居民社会用地。

(4) 交通与工程用地。指风景区自身需求的对外、内部交通通讯与独立的基础工程用地。包括五个中类：对外交通通讯用地、内部交通通讯用地、供应工程用地、环境工程用地、其他工程用地。

(5) 林地。指生长乔木、竹类、灌木、沿海红树林等林木的土地，风景林不包括在内。包括五个中类：成林地、灌木林、苗圃、竹林、其他林地。

(6) 园地。指种植以采集果、叶、根、茎为主的集约经营的多年生作物的土地包括五个中类：果园、桑园、茶园、胶园、其他园地。

(7) 耕地。指种植农作物的土地。包括五个中类：菜地、水浇地、水田、旱地、其他耕地。

(8) 草地。指生长各种草本植物为主的土地。包括五个中类:天然牧草地、改良牧草地、人工牧草地、人工草地、其他草地。

(9) 水域。指未列入各景点或单位的水域。包括五个中类:江河、海域、滩涂、其他水域用地。

(10) 滞留用地。指非风景区需求,但滞留在风景区内的各项用地。包括五个中类:滞留工厂仓储用地、滞留事业单位用地、滞留交通工程用地、未利用地、其他滞留用地。

四、新版全国土地分类的含义

随着城乡一体化进程的加快,科学实施全国土地和城乡地政统一管理已提到议事日程。2001 年,国土资源部发布关于印发试行《土地分类》的通知。在研究、分析两个现行土地分类的基础上,修改、归并成城乡统一的全国土地分类体系。土地分类的基本框架,采用三级分类体系。①一级类设 3 个,即《土地管理法》规定的农用地、建设用地、未利用地。②二级类设 15 个。③三级类设 71 个。

(1) 农用地。指直接用于农业生产的土地,包括耕地、园地、林地、牧草地及其他农用地。①耕地。指种植农作物的土地,包括熟地、新开发复垦整理地、休闲地、轮歇地、草田轮作地;以种植农作物为主,间有零星果树、桑树或其他树木的土地;平均每年能保证收获一季的已垦滩地和海涂。耕地中还包括南方宽小于 1.0 米,北方宽小于 2.0 米的沟、渠、路和田埂。有五个三级类:灌溉水田、望天田、水浇地、旱地、菜地。②园地。指种植以采集果、叶、根、茎等为主的集约经营的多年生木本和草本作物(含其苗圃),覆盖度大于 50%或每亩有收益的株数达到合理株数 70%的土地。有五个三级类:果园、桑园、茶园、橡胶园、其他园地。③林地。指生长乔木、灌木、竹类、沿海红树林的土地。不包括居民点绿地，以及铁路、公路、河流、沟渠的护路、护岸林。有六个三级类：有林地、灌木林地、疏林地、未成林造林地、迹地、苗圃。④牧草地。指生长草本植物为主，用于畜牧业的土地。有三个三级类：天然草地、改良草地、人工草地。⑤其他农用地。指上述耕地、园地、林地、牧草地以外的农用地。有八个三级类：畜禽饲养地、设施农业用地、农村道路、坑塘水面、养殖水面、农田水利用地、田坎、晒谷场等用地。

（2）建设用地。指建造建筑物、构筑物的土地。包括商服地、工矿、仓储、公用设施、公共建筑、住宅、交通运输、水利设施、特殊用地等。①商服用地。指商业、金融业、餐饮旅馆业及其他经营性服务业建筑及其相应附属设施用地。有四个三级类：商业用地、金融保险业用地、餐饮旅馆业用地、其他商服用地。②工矿仓储用地。指工业、采矿、仓储业用地。有三个三级类：工业用地、采矿地、仓储地。③公用设施用地。指为居民生活和二、三产业服务的公用设施及瞻仰、游憩用地。有两个三级类：公共基础设施用地、瞻仰景观休闲用地。④公共建筑用地。指公共文化、体育、娱乐、机关、团体、科研、设计、教育、医卫、慈善等建筑用地。有六个三级类：机关团体用地、教育用地、科研设计用地、文体用地、医疗卫生用地、慈善用地。⑤住宅用地。指供人们日常生活居住的房基地（有独立院落的包括院落）。有四个三级类：城镇单一住宅用地、城镇混合住宅用地、农村宅基地、空闲宅基地。⑥交通运输用地。指用于运输通行的地面线路、场站等用地，包括民用机场、港口、码头、地面运输管道和居民点道路及其附属设施。有六个三级类：铁路用地、公路用地、民用机场、港口码头用地、管道运输用地、街巷。⑦水利设施用地。指用于水利、水工建筑的土地。有两个三级类：水库水面、水工建筑用地。⑧特殊用地。指军事设施、涉外、宗教、监教、墓地等用地。有五个三级类：军事设施用地、使领馆用地、宗教用地、监教场所用地、墓葬地。

（3）未利用地。指农用地和建设用地以外的土地。①未利用土地。指目前还未利用的土地，包括难利用的土地。有七个三级类：荒草地、盐碱地、沼泽地、沙地、裸土地、裸岩石砾地、其他未利用土地。②其他土地。指未列入农用地、建设用地的其他水域地。有五个三级类：河流水面、湖泊水面、苇地、滩涂、冰川和永久积雪。

第二章　全球保护性用地的发展

第一节　全球化的国际组织

一、世界保护联盟(IUCN)

世界保护联盟(IUCN)成立于 1948 年,原名国际自然与自然资源保护同盟,总部设在瑞士日内瓦。是由各国政府、非官方机构、科学工作者及自然保护专家联合组成的半官方组织,在自然保护领域里是一个公认的权威性的国际组织。它的宗旨是在世界范围内促进对生物资源的保护和持续利用。受世界遗产委员会的委托,IUCN 对提名列入《名录》的自然遗产地进行考察并提交评价报告。其网站(http://www.IUCN.org)提供了非常丰富的相关资料。

该组织成员包括分布在 120 个国家的官方机构、民间团体、科研和保护机构,有 100 多个国家的 450 个政府和非政府会员的机构。这个组织设有濒临灭绝物种、保护区、生态学、环境规划、环境政策和法律以及环境教育六个委员会,共有科学家和专业人员 700 多人。根据国务院的批示,中国以中国环境科学学会的名义,申请加入"国际自然与自然资源保护同盟"。

二、世界野生生物基金会(WWF)

世界野生生物基金会是一个国际性的民间组织。它利用各种渠道筹募基金，致力于保护大自然。基金会已先后拨款 4 000 多万美元，协助世界各地建立各种自然保护区，开展有灭绝危险的动植物保护的研究，至今已有 2 000 多个自然保护项目。现有 28 个国家参加了该基金会。

1979 年，中国以环境科学学会的名义，与该会签订了“关于保护野生生物资源的合作协议”，确定了双方合作的范围主要是：自然资源保护工作者的互访、考察和情况资料的交流，为在中国境内保护野生生物执行合作项目，为中国参与适当的国际野生生物保护活动提供方便。

三、国际古迹遗址理事会(ICOMOS)

国际古迹遗址理事会(ICOMOS)是 1956 年联合国教科文组织在印度开会时决定成立的非政府组织。是联合国教科文组织正式认定的专业咨询机构，专门从事人类不可移动文化遗产的保护与研究，世界文化遗产的理念便是由 ICOMOS 提出的。总部设在巴黎，是国际上唯一从事文化遗产保护理论、方法、科学技术的运用与推广的非政府国际机构，有 80 多个国家会员和 4 500 多名个人会员(http://www. gzms. southcn. com/travel/travelzhuanti/sjyc/200307060074. htm)。

根据《世界遗产公约》，联合国世界文化遗产的申报项目必须首先得到 ICOMOS 的评估。对提名列入《名录》的文化遗产地，受世界遗产委员会的委托，必须由 ICOMOS 派出专家进行考察并提交评价报告。有关决策以国际社会共同通过的干预原则为基础，在过去的 40 年中得到了不断的发展。ICOMOS 可以提供主要的相关文件，或者通过网站(http://www. international. icomos. org)提供有关材料的查询，介绍政策条文是如何适应于一些具体区域的社会实际情况。

第二节　国际公约和计划

一、生物多样性公约

1992 年,联合国最大规模的环境与发展大会在巴西的里约热内卢召开,由各国首脑参加的此次"地球峰会"上,签署了一系列有历史意义的协议,其中包括一项具有约束力的协议——《生物多样性公约》。这是第一项生物多样性保护和可持续利用的全球协议,公约的目标广泛,在处理关于人类未来的重大问题上成为了国际法的里程碑。《生物多样性公约》获得快速和广泛的接纳,150 多个国家在里约大会上签署了该文件,此后共有 175 个国家批准了该协议。

生物多样性公约有三个主要目标:保护生物多样性,生物多样性组成成分的可持续利用,以公平合理的方式共享遗传资源的商业利益和其他形式的利用。公约第一次取得了保护生物多样性是人类的共同利益和发展进程中不可缺少的一部分的共识。公约涵盖了所有的生态系统、物种和遗传资源,把传统的保护努力和可持续利用生物资源的经济目标联系起来。公约建立了公平合理地共享遗传资源利益的原则,尤其是作为商业性用途。公约涉及了快速发展的生物技术领域,包括生物技术发展、转让、惠益共享和生物安全等,尤为重要的是,公约具有法律约束力,缔约方有义务执行其条款。

在 1992 年的联合国环境与发展大会上,中国政府签署了《生物多样性公约》,成为《公约》第 64 个签字国。自签署《公约》以来,中国在履约方面做了大量的工作,成立了"中国履行《生物多样性公约》工作协调组",由国家环保总局牵头,有国务院所属 20 个部门参加。中国已经建立了《公约》国家联络点、资料交换机制联络点、《生物安全议定书》政府间会议联络点和全球分类倡议协调机制；派出多部门参加的具有代表性的高级政府代表团出席了六次缔约方大会；参加了《生物安全议定书》十轮工作组会议和谈判，对议定书的通过发挥了积极作用，并于2000年8月8日签署了《生物安全议定书》。派政府代表和专家参加了大量全球、区域和次区域活动，参加了科咨机构（SBSTTA）历次会议；积极支持《公约》秘书处的工作，提交了第一次和第二次国家履约报告、有关专题报告以及大量建设性建议和意见。

二、国际湿地公约

《湿地公约》于1971年2月2日在伊朗拉姆萨尔签订，全名为《关于特别是作为水禽栖息地的国际重要湿地公约》，又称《拉姆萨尔公约》。它是当时针对一种特定生态系统的自然保护全球性公约。在冷战时代签署这样一个公约，充分表明了人类对其赖以生存的共同环境资源的重视。《湿地公约》的诞生，有力地促进了国际湿地保护工作，特别是强调了人类应当合理开发利用湿地资源。

湿地与森林、海洋并称为全球三大生态系统，具有维护生态安全、保护生物多样性等多种功能，被称为“地球之肾”、天然水库和天然物种库。湿地是一种独特而又重要的生态系统，人类的发展历史已表明湿地具有巨大的经济、社会和环境价值。经《湿地公约》确定的国际重要湿地，是在“生态学、植物学、动物学、湖沼学或水文学方面”具有独特的国际意义的湿地地区。《湿地公约》已经成为国际上重要的自然保护公约，受到各国政府的重视。截至1997年2月，已有约100个国家成为该公约缔约国，800多块湿地进入《国际重要湿地名录》，面积超过6 000万公顷。目前，缔约国则已经超过120个，超过1 000块湿地的地区加入《国际重要湿地名录》，总面积达到8 000万公顷（http://sdep.cei. gov. cn/shcun/files/2002042401c. htm）。

中国在1992年加入《湿地公约》，认真履行《湿地公约》的各项义务，积极与《湿地公约》缔约国开展交流与合作，在保护湿地的国际事务中发挥着越来越重要的作用。中国政府成立了国家林业局《湿地公约》履约办公室，随着国家对生态保护和建设的力度不断加大，加强湿地保护已成为统筹人与自然和谐发展的一项重要举措，湿地保护工作取得了重要进展。国家在2000年发布《中国湿地保护行动计划》的基础上，于2001年将湿地保护作为六大林业重点工程中野生动植物保护及自然保护区建设工程的主要内容之一，纳入国家重点工程建设。截至目前，中国已有黑龙江扎龙等21块湿地被列入《湿地公约》的国际重要湿地名录，达赉湖等四个湿地类型保护区还加入了国际人与生物圈网络。全国已有近40%的天然湿地纳入保护区范围得到了较好保护(http://www.nmgnews.net.cn/news/article/20040204/20040204027000_1.html)。

三、世界遗产公约

1972年10月16日，联合国教科文组织大会在巴黎通过了《保护世界文化与自然遗产公约》，并于1975年12月17日生效。“世界文化与自然遗产”从此逐步受到各国政府和全世界公众的重视。公约的“宗旨”为“依照现代科学方法建立一个永久性的有效制度，共同保护具有杰出和普遍价值的文化和自然遗产”。按公约的规定，设立世界遗产委员会，并由该委员会发行《世界遗产名录》和《危险状态的世界遗产表》。还要求“缔约国确认关于文化与自然遗产的辨明、保护、养护和移交给未来世世代代主要是该国的责任”。

在公约中，“文化遗产”由以下数项组成。①文物。从历史、艺术或科学角度看，具有突出的普遍价值的建筑物、碑雕和碑画，具有考古性质的成分或结构、铭文、洞窟以及联合体。②建筑群。从历史、艺术或科学角度看，在建筑式样、分布均匀或与环境景色结合方面，具有突出的普遍价值的单立或连接的建筑群。③遗址。从历史、审美、人种学或人类学角度看，具有突出普遍价值的人类工程或自然与人工联合工程以及考古地址等地方。“自然遗产”由以下三项组成。①构成这类结构群组成的自然面貌。②从科学或保护角度看，具有突出的普遍价值的地质和自然地理结构以及明确划为受威胁的动物和植物生境区。③从科学、保护或自然美角度看，具有突出的普遍价值的天然名胜或明确划分的自然区域。

拯救和保护人类文化古迹是教科文组织从20世纪60年代以来开展的一项重要活动，它发起的拯救和修复努比亚、威尼斯、婆罗浮屠的国际运动，在国际上赢得了普遍赞誉。教科文组织于1972年通过了“保护世界文化和自然公约”，于1975年成立了“世界遗产委员会”，并建立了“世界遗产名录”，在监督和保护世界文化和自然遗产方面发挥了重要作用。中国于1985年11月批准参加了“遗产公约”。中国长城、北京故宫、周口店北京人遗址、秦始皇陵、敦煌莫高窟和泰山六处遗产于1987年12月被批准列入《世界遗产名录》。

迄今包括中国在内的缔约国已达145个，从1978年公布第一批世界文化遗产的名单起，截至1998年12月已公布了22批计582项，当时中国占21项。2000年11月，世界遗产委员会公布了690项世界遗产名录，包括529项文化遗产，138项自然遗产和23项其他综合遗产，分布于世界122个国家和地区。

四、人与生物圈计划

1970年，联合国教科文组织(UNESCO)通过了“人与生物圈计划”(简称MAB计划)。计划开始执行以来，已有100多个国家和地区参加了这项计划。30多年来，先后有10 000多名科学家直接参加了研究工作，研究课题数超过1 000项。世界各国建立的具有不同代表性的生物圈保护区已经有 200 多个，形成了一个全球性的生物圈保护网。计划的实施将增进人类对整个生物圈的了解，加强对各种区域生态结构和功能的系统研究，帮助预测人类活动将如何影响生物圈和资源，而生物圈和资源的变化又对人类产生什么样的影响。研究成果将为合理利用和保护生物圈资源，保存遗传基因的多样化，以及改善人类与环境的关系提供科学依据。

生物圈是指地球表面的一层：底部在太平洋最深处，大约为海平面以下 11 公里；顶部大约在大气层距地面 18 公里的地方，总共不到 30 公里。这里有水、空气、土壤和阳光，温度比较适中，能够维持生命。生物圈是人类生存和活动的基地，它不仅构成了人们生活的环境，而且还是资源的主要来源。人类要在地球上生存和发展，就必须保护好生物圈，珍惜现有的各种资源，充分利用生态系统的相互作用，让资源能够有效地循环使用。

“人与生物圈计划”是针对人口、资源与环境问题发起的一项政府间的国际科学研究计划。生物圈保护区的产生是为了解决保护生物多样性与生物资源可持续利用之间的关系。生物圈保护区的概念于 1974 年由联合国教科文组织人与生物圈（MAB）的一个工作小组提出，是得到国际上承认的“陆地生态系统和沿海/海洋生态系统的综合地带”。具体说来，每个生物圈保护区应包括三个部分：一个或几个核心区，核心区是根据明确的保护目的，受到严格保护的或极少受到人为干扰的生态系统，该区只能从事没有什么干扰的研究和其他影响较小的活动（例如教育）；一个具有明确边界的缓冲带，这一地带通常环绕或与核心区毗邻，可用于开展与生态实践相应的合作活动，包括环境教育、娱乐、生态旅游与基础研究；一个灵活的过渡区（或合作区域），这个区域可包括各种农业活动、居民区和其他开发活动，在这一区域中，当地社区、管理部门、科学家、政府组织、文化团体、经济团体和其他合作者可为管理和持续开发该地的资源通力合作。虽然这三个地带起初被构想为一系列同心圆，但为适应当地的条件和需要，最后则是按多种不同的形式建立的。

事实上，生物圈保护区概念的一个强大功能就在于其在实施时可根据各种不同的情况所表现出来的灵活性和创造性。1976 年，“人与生物圈计划”开始建立生物圈保护区网络。1992 年以来，“人与生物圈计划”的重点集中于通过生物圈保护区网络的建设，来研究和保护生物多样性，促进自然资源的可持续利用。1995 年 3 月网络已拥有分布在 82 个国家的 324 个保护区。2001 年全球有 411 个保护区列入“世界生物圈保护区网”，分布在 94 个国家(UNESCO,2001)。

五、世界地质公园计划

在地球演化的漫长地质历史时期，由于内外营力的综合作用，形成了众多不可再生的地质遗产。它们是有重大观赏和重要科学研究价值的地质地貌景观、有重要科考价值的古人类遗址、古生物化石遗迹、典型的地质灾害遗迹等。为了对这些地质遗产进行保护和合理开发，1991 年 6 月 13 日，在法国迪涅如召开的“第一届国际地质遗产保护学术会议”上，来自 30 多个国家的 100 多位代表共同签发了《国际地球记录保护宣言》。该宣言指出，地球的过去，其重要性绝不亚于人类自身的历史，现在是保护珍贵的地质遗产的时候了。

作为对《国际地球记录保护宣言》的响应，联合国教科文组织于 1999 年 2 月，正式提出了“创建具有独特地质特征的地质遗址全球网络，将重要地质环境作为各地区可持续发展战略不可分割的一部分予以保护”的地质公园计划，并创立了 Geopark(Geological Park)——地质公园这一名称。同年 4 月 15 日，在巴黎联合国教科文组织常务委员会第 156 次会议上，提出创建“世界地质公园计划”，并制订了《世界地质公园工作指南》，建立了世界地质公园专家组，通过了筹建“全球地质公园网”的倡议。

“世界地质公园计划”由联合国教科文组织直接领导，由设在教科文组织地学部的世界公园秘书处负责日常工作。近期目标是每年在全世界建立 20 个世界地质公园，以期将来实现全球建立 500 个地质公园的远景目标，建立全球地质遗迹保护网络体系。

地质公园的产生是为了解决当今世界存在的重大问题之一：怎样保护地球珍贵的地质遗迹，并将保护与可持续发展结合起来。建立地质公园的意义主要体现在以下四个方面。①地质公园是地质研究的基地，园内地质遗迹能代表该地区的地质历史、事件或演化过程，具有很高的考古、生态学、历史或文化价值。②地质公园是地质遗迹保护的重点。所在国政府必须依照本国法律、法规对公园进行有效的管理，探索和验证对各种地质遗迹的保护方法。③地质公园是社会可持续发展的重要保障。它支持所在地区文化、经济和环境的可持续发展，改善当地居民的生活条件和环境，加强居民对居住区的认同感和促进当地的文化复兴。④地质公园是科普教育的基地，可用来作为教育的工具，进行与地学各学科有关的可持续发展教育、环境教育、培训和研究。

第三节 各大洲的保护性用地*

1872 年，美国建立了世界上第一个国家公园——黄石公园。自此自然保护运动在世界各国蓬勃发展，在 20 世纪扩展至全世界，并逐步走向成熟。到 2001 年，国家公园运动从美国一个国家发展到世界上 225 个国家和地区，从单一的国家公园概念衍生出“国家公园与保护区

* 本部分内容的研究得到北京大学环境学院资料室诸位老师的大力协助。

体系”、“世界遗产”和“生物圈保护区”等相关的保护性用地概念。全世界各大洲的发展情况不尽相同(王维正,2000)。

一、北美洲和南美洲

美洲保护性用地是以国家公园为主,并以其壮观的天然景观著称,历史久远,面积广大。这里是国家公园的发源地。现代居民对于荒野地,有种来自内心深处的需要。美国是在一块新大陆上建立起来的国家,短暂的历史和广阔的土地,使其有条件建立具有原始风景的国家公园。美国国家公园体制具体实现了这项需求,并将这种思想与理念影响至全世界。充足的财政预算经费、完整的立法体系、完善的解说体系等,美国的这种国家公园模式被世界上 100 多个国家所效仿。

美国和加拿大保护性用地的总体情况,有以下四个特点。①数量多。加拿大有 48 个,美国有 290 个。②丰富多姿。动物、植物都受到良好的保护。动物有野牛、熊、鳄鱼、松鼠等,植物如巨杉、仙人掌、红树等。还有天然景观,如山区、沙漠、草原、峡谷等。③管理良好。北美国家公园的管理都掌握在强有力的国家机构手中(美国是联邦国家公园及自然保护区管理局),管理条例很完善;宣传资料也很丰富,如有关的书籍、广告、图片、电视、电影等。④交通方便,旅游发达。大部分国家公园都拥有舒适的野营地、服务周到的饭店、豪华的宾馆等设施,因此每年前来旅游的国内外游客络绎不绝。加拿大的国家公园游客每年有 200 万人次,美国有 2 000 万人次。相对于美国国家公园的发展,加拿大也毫不逊色(表 2—1)。

表 2—1 美国和加拿大两国国家公园的发展过程

	美 国	加拿大
第一座国家公园的设立	Yellowstone,1872 年设立	Banff,1885 年设立

续表

	美　国	加拿大
设立于19世纪至今仍存在的国家公园	Yellowstone, 1872 Sequoia, 1890 Yosemite, 1890 Mount Rainier, 1899	Rocky Mountain（已更名为Banff），1885 Glacier, 1888 Yoho, 1888 Waterton Lakes, 1895
目前国家公园的数目	52	39
国家公园系统属性（官方用词）	多元性（含自然、历史、游憩三类区域共23类子系统）	单纯性（仅含国家公园与国家海洋公园两类，属自然区域）
国家公园行政隶属	内政部(Department of Interior)	遗产部(Department of Canadian Heritage)
国家公园管理署的设立	1916年	1911年
国家公园管理机构层次	四级制：国会；中央－总署；区域－区域管理处；地方－公园管理处	四级制：国会；中央－总署；区域－区域管理处；地方－公园管理处
国家公园法的制订	单性法（每个国家公园均由个别法令的制定而成立）	于1930年制定通则性之国家公园法（National Park Act）
国家公园政策	具有完整的管理指导与运作步骤且具法律效力	具有完整的管理指导与运作步骤，但仅为行政文件，不具法律效力

资料来源：宋秉明，2001。

美国以南的美洲大陆保护性用地以国家公园为主，其主要特点是规模小、历史较短，多数管理水平一般。其中，墨西哥、阿根廷、委内瑞拉等国的几个公园建立较早，面积较大，委内瑞拉的卡马纳国家公园面积达100万公顷；秘鲁的马努大公园面积达153.28万公顷。其他大多数拉美公园都是在20世纪60年代以来在国际组织的干预下建立的，这些公园往往徒有虚名，达不到保护的目的，在统计上往往被列为“非正式的”。中美洲的洪都拉斯、萨尔瓦多等小国还没有建立国家公园或自然保护区。

据统计，墨西哥共有 15 个国家公园，哥斯达黎加有 4 个，哥伦比亚有 7 个，委内瑞拉有 9 个，巴西有 12 个，阿根廷有 13 个，乌拉圭有 4 个，智利有 27 个，秘鲁有 4 个。其他国家如多米尼加、巴拿马、危地马拉、圭亚那、厄瓜多尔、巴拉圭、玻利维亚等都只有 1 个，而且多是近年来建立的。

美国以南的美洲大陆国家公园的保护对象，除某些天然植物群落之外，景观、动物远较北美逊色，动物主要是美洲豹、狮子、貘、刺豚鼠、鹳、海龟等。较著名的有危地马拉的蒂卡尔国家公园，那里动物种类较丰富，还有玛雅文化遗址等。

二、亚洲

国家公园和保护区等保护性用地在亚洲的情况，除印度等个别情况外，绝大多数都是近 20 年内建立的，一个明显的特点是面积都不大（最大的只有几十万公顷）。大致可分为以下三种类型（宋朝枢、张清华等，1988）。

(1) 印度、斯里兰卡及东南亚等国家和地区。国家公园或自然保护区一般较多，历史稍长，经营管理较好，以保护野生动物为主，公园旅游也较发达。如印度有 7 个国家公园，面积多为数万公顷，它们的前身是英国在 20 世纪初划立的野生动物保护地。最著名的是卡齐兰加国家公园。斯里兰卡有 4 个自然保护区，完全禁止旅游；有 3 个国家公园，最大的是威卢柏托公园。印度尼西亚有 27 个大型自然保护区，共计 131.5 万公顷，另外有 20 个面积都在 500 公顷以下的小型自然保护区。缅甸有 3 个野生动物保护区。泰国有 29 个国家公园，共计 130 万公顷，占国土面积的 2.6%。柬埔寨有 1 个著名国家公园，即吴哥公园，另外有1个动物保护区。马来西亚有1个保护区及1个国家公园。菲律宾有23个自然保护区。巴基斯坦有1个国家公园。尼泊尔有3个国家公园。

（2）中东地区。国家公园或自然保护区建立得既少且晚，全部都是在近20余年内建立的，而且多为私人倡导和国际组织帮助。以色列有1个国家公园，面积700公顷，另外有2个自然保护区保护沙漠野驴及瞪羚等动物。土耳其有12个国家公园，管理人员都在美国受过训，因此较重视旅游。伊朗有5个国家公园，其中最美丽的是穆罕默德礼萨沙阿公园，面积9.2万公顷，保护着岩羊、波斯螈羊、波斯黄鹿及一个稀有瞪羚变种。

（3）日本。共有23个国家公园，占国土总面积的5%。因该国地狭人多，工业化程度很高，从北到南气候及景观也很复杂，这些条件决定了日本自然保护事业独树一帜。日本国家公园有三个特点：①公园面积一般较大，通常在园内特设专门保护地，保证其天然的特点，这样的面积占公园总面积的一半，而公园其他区内则容许人类活动或限制较少；②日本的国家公园主要用于保护自然景观，如山峰、湖泊、火山等，但也保护动物，如黑熊等；③近年来日本又大力发展便于旅游的近海公园。

三、欧洲

欧洲由于人口稠密，工业发展较早，环境和自然资源都经受过数百年的开发利用，因此动植物种类较少，自然景观也较差。欧洲开展自然保护工作较早，如瑞典的第一批自然保护区是1909年划定的，随后瑞士、西班牙也相继建立国家公园。在二战前，意大利、德国、芬兰等国也建立了一批国家公园。

欧洲的自然保护区和国家公园的特点是：原始天然森林植被类型

较少，在次生植被基础上加人工保护得较多，面积一般也较小，最小的只有 5 公顷，但数量较多。各国也有所不同。前苏联没有正式的国家公园，约有 80 个类似的保护区。波兰有 24 个自然保护区和 11 个国家公园。罗马尼亚有 15 个自然保护区和 1 个国家公园。捷克斯洛伐克有 3 个国家公园，18 个景观保护区，670 个国有自然保护点，206 个其他类型的自然保护地段或自然对象。自然保护区的总面积约占全国领土面积的 8.45%。保加利亚有 30 个小型自然保护区。匈牙利有 1 个国家公园和 8 个自然保护区。南斯拉夫有 22 个国家公园或类似保护区。阿尔巴尼亚只有 4 个小型国家公园，总面积只有 9 000 公顷。

西欧自然保护区的最显著特点是严格与松散结合，重点与一般结合，形成了自己独特的自然保护体系。严格与松散是指管理条例方面。西欧有些保护区完全禁止开发利用或居住，排除人类的任何干预。但有些保护区或公园却又允许经济利用，乃至开矿、修路或建筑等。所谓重点与一般是指管理体制方面，通常自然保护区及公园是保护重点，而国家公园其他地带和地方设立的自然公园，仅要求一般性保护。这些特点是由西欧特殊的经济、社会、地理、历史条件决定的，它符合西欧诸国的国情。正因为如此，西欧国家公园或自然保护区很少有符合联合国统计标准的。

西欧以法国为代表。法国设三级自然保护体系。最高标准是自然保护区，有 41 个。其次是国家公园，有 6 个。较差的是地区自然公园，有 21 个。这样，就较好地处理了人多地少和工业发达与自然保护之间的矛盾。英国有 74 个国立自然保护区，其中有 52 个小于 500 公顷。另外，英国还有 7 个地区自然保护区、3 个森林保护区和 8 个私人设立的自然保护区。爱尔兰只有 1 个自然保护区。荷兰有 4 个国家公园和 18 个自然保护区，占国土总面积的 3.5%。比利时只有 5 个自然保护区(最大的一个只有 3 651 公顷)，总面积占国土总面积的 0.3%。西班牙只设3个国家公园，保护得都不好。葡萄牙只在1971年设立了1个国家公园，有70 000公顷。

欧洲不同地区情况也不尽相同。北欧的国家公园和自然保护区，一般数量较多，管理较好。如瑞典有10个国家公园、13个自然保护区。芬兰有9个国家公园、15个自然保护区。冰岛有2个国家公园、1个海岛保护区。挪威有12个国家公园。丹麦制定了一种综合自然保护制度。中欧的代表性国家是瑞士，有1个国家公园和2个自然保护区。奥地利只有7个自然保护区。德国有20个自然保护区。南欧的意大利有10个小型自然保护区和5个地区自然公园。希腊有5个国家公园和3个小型海岛自然保护区。

四、非洲

非洲国家公园主要以保护种类繁多的野生动物著称于世界，萨王纳植被及热带密林的风光也很诱人。非洲国家公园有以下特点。

(1) 历史较久。如南非的库尔格国家公园，创建于1898年，面积达194.8万公顷，大量的非洲国家公园出现于20世纪初。

(2)所保护的动物种类繁多，数量丰富。非洲和亚洲大型哺乳动物占全世界的2/3，但非洲的分布较亚洲更广。这些动物如大象、犀牛、长颈鹿、野牛、狮子、河马等。

(3)面积广大。非洲国家公园超过百万公顷的有很多，如博茨瓦纳的卡拉哈尔野兽中心保护区，面积达528万公顷；赞比亚的卡富公园，面积达365.6万公顷；苏丹的南方国家公园，面积达199.68万公顷；乍得的里得—阿杀姆动物保护区，面积达489.25万公顷；象牙海岸的科莫埃国家公园，面积达115万公顷。非洲有不少国家的国家公园，面积占整个国土面积的百分之十几或百分之几十，如博茨瓦纳竟占到50%。

（4）非洲的国家公园大多向全世界开放，成为所属国家的重要经济支柱。肯尼亚的12个国家公园以其动物繁多著称，国际旅游业相当发达。内罗毕国家公园离首都近在咫尺，这儿有很多野牛、斑马、长颈鹿、羚羊、黄羊、鸵鸟、犀牛等。南非8个国家公园都配备有现代旅游设施，尤其是公园旅馆素享盛名。纳库鲁湖国家公园是非洲第一个鸟类保护区。

非洲南部及东部国家公园较多，经营管理也较好，而北部有些国家较差。中、西部非洲国家也较差，这些国家在独立前几乎没有设立国家公园，20世纪60年代以来，虽划立了不少，但多数徒有虚名，没有得到有效的保护。

五、大洋洲

大洋洲国家公园和自然保护区的特点是数量多、历史长，保护对象也较丰富多彩，管理水平高，与北美相当。

澳大利亚位于南半球的大洋洲，是与世界其他各洲隔离的大陆与岛屿，因而导致其特有的自然景观和动植物自然资源。澳大利亚的国土面积为768万平方公里，比中国国土面积只小200万平方公里，而人口近2 000万。近200年来，大自然不断受到破坏，尤其天然森林植被破坏严重。澳大利亚政府为了保护其自然景观和自然资源，采取了建立国家公园和自然保护区的有效方式。目前，全国有国家公园618处，自然保护区1 014处。此外，还有自然遗迹保护地、古迹保护地、天然动物园等277处，被保护的大自然总面积共达1 673万公顷，约占国土面积的2.2%。

澳大利亚早在1879年就建立了全国第一个国家公园，即现在的皇家国家公园。它在悉尼市附近，面积36 750公顷。参观游览者首先在公园接待室得到各种图片、书刊、标本和免费供应的公园导游及游人入园须知。在100多年中，澳大利亚国家公园和自然保护区曾有过曲折的发展历史。每一个历史阶段，对国家公园的意义、任务和作用都有不同的概念。20世纪初期，他们将国家公园和城市公园同等看待，以为在国家公园中只需多引进一些动植物就行了。到20世纪50年代，又想将国家公园建成英国式的公园，即在园内搞一些运动场、高尔夫球场等设施，使国家公园不仅可供游览，还可供爱好者进行各项体育活动。自70年代以来，才逐步明确了国家公园的主要任务是保护典型的大自然景观和自然资源。在这一方面，他们已累积了不少经验，主要有以下几点：①有健全的管理组织机构和体制；②有行之有效的管理法规、条例和措施；③广泛深入地开展宣传教育工作；④国家公园和自然保护区设施完善。

大洋洲的另一个国家新西兰，是由南、北两大岛和附近一些小岛组成。人口约300多万。森林面积630万公顷，约占国土面积的24%。新西兰有10处国家公园，有18处森林公园，有1 000多处自然保护区。

新西兰的管理经验和澳大利亚相似，但全国没有统一的归口管理部门，有关业务由三个部门分管。国家土地和土地资源调查局负责全国的国家公园和自然保护区的管理工作；国家林业局负责森林公园的经营管理和全国森林的防火、营林、林区开发以及控制林区内野生动物的工作；国家内政部负责全国渔业和野生动物经营管理及科学研究工作。三个单位分工明确，紧密配合，协调一致。

第四节　全球发展的趋势

一、从消极到积极

全球保护性用地发展的趋势之一，是在保护理念上，从消极保护走向积极保护，从绝对保护走向相对保护。在20世纪30年代，保护主义者曾经提出一种排斥人类的保护方法，即将保护区的整个管理范围圈起来，完全保持自然的原始状态和自然过程，认为人类的介入只会对资源保护起到负面的作用。这种完全排斥人类影响的消极的、绝对的保护方法后来遭到了摒弃，因为这种方法是不现实的，尤其是在一些发展中国家或经济落后的国家。在国家公园相关社区的温饱还没有解决的情况下，资源保护的目标是不可能顺利实现的。另一方面，随着分区管理等技术和方法的出现与发展，国家公园和保护区是可以通过技术手段在一定程度上实现"保护与利用统筹"这一目标的(张松，2001)。

二、从单一到整体

全球保护性用地发展的趋势之二，是保护对象由视觉景观保护转向"真实性"、"完整性"和生物"多样性"的保护。从 1872 年到 20 世纪 60 年代的近 100 年间，世界上的自然遗产地主要是保护视觉美学价值，人类对生态系统和生物多样性与人类的关系认识得还不够深刻。随着环境运动的蓬勃发展，生态系统和生物多样性保护成为重要的保护内容。最有说服力的例子是，1969 年通过的国家公园的定义，将国家公园的管理目标定义为两项，即保护生态系统和提供游憩机会(杨锐，2003)。

三、从点状到网络

全球保护性用地发展的趋势之三，是从"岛屿状"保护走向"网络状"保护，即将国家公园和保护区作为一个完整的系统进行保护、利用和管理，而不是若干散点或单体(杨锐，2003)。科学家们发现，即使是以美学价值为主的地质地貌保护区，"岛屿式"的保护也不适合。国际上"人与生物圈计划"、"世界遗产"、"世界地质公园"等建设与管理都出现了网络化发展的趋势，目的是资源与信息技术共享，加强保护方面的合作。各大洲的发展情况不尽相同。到了 20 世纪 60 年代，人们开始明确地提出了在自然遗产地之间用廊道将其连接成网络(Shafer，1999；Bennett，2001)。国家尺度的网络已经在世界上许多国家实行，例如美国、加拿大、荷兰、匈牙利、法国、坦桑尼亚、乌干达、澳大利亚、新西兰等国。在欧洲，目前已经有三个生态网络系统，包括欧盟的 Diploma Sites(指欧洲自然遗产保护中具有重要作用的保护区网络，源于 1965 年)、欧盟的 Biogenetic Research(指欧洲自然遗产的代表性名录，源于 1976 年)和 EECONET(指组织和实体层次上的自然保护的和谐案例)(Jongman，1995)。

四、从忽视到关注原住民的社区参与

在国家公园、保护区和历史文化区等保护性用地的早期发展阶段，在规划和发展中，常常忽视社区原住民的利益和他们的参与。随着保护运动的发展，众多的学者和政府都注意到原住民参与对保护区实现保护目标的重要性。世界上大约有 2.5 亿原住民生活在边远地区。他们所居住的大部分地区由于地区偏远、原始等已经被划为国家公园或其他类型的保护地(Beltram，2000)。在 1992 年第四届世界公园大会上号召保护原住民的利益，考虑他们的传统资源生产活动和传统的土地利用形式。原住民由于长期的人与自然的互动而保留了许多脆弱的生态系统，因此原住民和自然保护之间在本质上不存在冲突。保护地必须与他们达成协议，确保他们充足、平等地享受保护区的收益，融入保护区的管理和决策。事实证明，原住民较早介入自然遗产地的管理决策，就能使双方受益，参与程度越高，其矛盾冲突越少。原住民在历史街区等的保护中更是发挥了积极的作用，他们自身也常成为历史文化区保护规划中的保护对象，是文化活生生的传承者。

五、新的发展范式

人类对自然和文化保护的认识正不断加深，尤其是进入 20 世纪 80 年代以来，保护性用地的功能和作用日益受到人们的重视，其保护的范式发生了不少根本的改变（表 2—2），既是全球也是中国保护性用地今后的发展方向。

表 2—2 保护的新范式

以前：保护区是	将来：保护区是
规划和管理排斥当地人	同当地人合作，有些是当地人自己管理
中央政府管理	许多合作伙伴共同管理
单独为了保护	也为社会、经济目标
不考虑当地社区	管理过程中满足当地社区需求
独立设置	与国际、国家和地方规划相融合
岛屿式管理	网络式发展（严格保护区、缓冲区并由廊道相连）
设立的目的主要是保护风景	也常常为社会、经济和文化而设立
主要是为旅游者和游憩而管理	更关心当地居民
在短时间内反应性保护	长时间的适应性保护
关注保护	同时关注恢复和更新
主要将其看做是国家财产	也看做是社区财产
只考虑国家目标	也考虑国家目标

资料来源：Beresford and Philips，2000。

六、今后的任务

根据 1982 年第三次世界国家公园大会巴黎行动计划、大会建议和 1984 年与 1988 年《联盟》第 16 届与第 17 届全体会员大会报告的有关内容，保护性用地今后的任务主要有以下几方面。

（1）现有保护区网的完善。当前，首要任务是健全世界保护区网。例如陆地，根据世界陆地生物地理省的分区，全球有些主要的、有代表性的生态系统、濒危珍稀物种、遗传资源等尚未得到保护，许多是尚未建立保护区的。各国对其境内空白，生物地理省根据生物资源保护的三个目的完善其保护区网，并建议各国根据其资源和要求制定各自的生物地理分区及其保护区网。这方面的工作由 IUCN、CNPPA 负责，帮助各国政府对于保护区系统进行评价和技术指导等。而海洋、海岸自然生物的分区系统制定出来不久，许多自然生物界、区还是空白，陆地中泛域的河流、湖泊、湿地生态系统多数还未保护，要求各国重视水域生物资源的保护。联合国开发规划署(UNDP)和 IUCN 执行南亚海域海岸和海洋保护区规划的建设项目。工程项目的官员为南亚诸国以及其他国家海岸保护战略(包括保护区工作)提供咨询。

（2）监测的加强。IUCN 及其保护监测中心的工作，包括对植物、动物、生物贸易和保护区四方面的监测，还包括如促进完善世界保护区体系、提高世界保护区体系的经营管理、为世界遗产和其他国际协议提供技术咨询等工程项目，以及出版如“生物圈保护区指南”、“Ramsar 生境指南”等。其任务是：确定有关新的自然保护区；制定全球性植物保护计划，协助自然保护组织说服政府采取合理的行动；提供有关自然保护措施的重要统计资料、援助项目的规划工作，以及出版各种书籍如动植物红皮书、专项报告等。CMC 数据库已掌握了 14 000 种濒危植物的基本情况，29 000 次野生生物贸易的记录，9 500 个保护区生境的概况资料与 3 200 个保护区生境的详细资料。因此，CNPPA 要求各国按它提出的统一标准搜集数据以便纳入它的数据库中，同时通过它的数据库贮存的数据和出版物向各国保护组织提供有关信息。为世界环境状况变化的监测也是保护区的重要功能之一。

（3）教育培训和信息交流。教育是引起公众对自然资源保护和达到完成持续发展项目的基础。它与培训一起为自然保护和保护区长期发展提供合格人才等。该委员会还和其他委员会如生态委员会以及有关组织如该委员会的西北欧委员会或东欧委员会合作召开一系列的区域规划会议或出版物。

此外，还有诸如争取更多的赞助者、多渠道筹集基金、加强国际合作、如何发挥保护区在农村社会发展中的作用、建立南极国家公园、订立一些有关保护区建设和国际性的保护公约，如兽类保护公约等。

第三章　中国保护性用地体系的发展

中国保护性用地的名称较多，这与保护性用地管理机构的不同有关，其中与“国家公园与保护区”关系最为密切的用地为风景名胜区和自然保护区，相关的保护性用地还包括“地质公园”、“森林公园”和“水利风景区”等，在空间上存在一定的重叠。截至 2002 年 11 月，全国已建立了风景名胜区 689 个（赵宝江，2002）；截至 2004 年 11 月，全国已建立了国家级风景名胜区 177 个，总面积占国土面积的 1%以上。截至 2001 年年底，全国不同类型和级别的自然保护区达 1 551 个，总面积为 12 989 万公顷，占陆地国土面积的 12.9%，其中国家级自然保护区 171 个（国家环境保护总局自然生态保护司，2002）。截至 2002 年 12 月，全国林业系统建立了各类自然保护区 1 405 处，总面积达 1.09 亿公顷，占国土面积的 10.8%，其中林业系统内的国家级自然保护区 134 个。目前，全国共有人与生物圈保护区 22 处，世界遗产 30 处，国家地质公园 85 处（国土资源部地质环境司，2004），国家森林公园 439 处，国家水利风景区 139 个（详见本章所附的保护性用地名录）。另外，我国现有这些不同类型不同级别的保护性用地，构成了中国特色的保护性用地体系雏形。需要说明的是，本章内容和数据因为资料来源的难易等各方面的原因，均未包括中国的港澳台地区。

第一节 历史时期的保护性用地*

全球近代的保护区是1872～1886年在美、澳、加等国兴起，但距中国最早建立的各类“保护地”至少要晚2 000多年，只是延续到近代由于种种原因中国的各类保护地没有得到及时的正名，及时走出国门而已。中国传统的园林就是这样的保护性用地之一。现在，中国园林日益得到国际社会的关注，部分园林进入世界遗产系列，中国园林艺术正以其独有的文化魅力吸引着千百万的国内外游客。

中国人民在长期的生产实践中，逐步认识了人与自然之间存在复杂的内在联系，积累了保护自然的经验，产生了“天人合一”保护自然的朴素思想。在一些朝代，还专门设立“大司徒”、“山虞”、“川师”、“渔人”等官职，主管山林、河川、渔业等资源（李文华、赵献英，1984）。一些朝代还颁布过一些利用和保护自然资源的法规，例如《周礼》、《月令》等古代文献记载，规定采伐捕猎的一定季节，不准捕杀幼鸟和幼兽，禁止采集鸟卵、禁伐幼树、禁捕奇禽异兽，春秋两季禁止捕鱼射鸟等。中国古代还特别重视保护土地资源，精耕细作，灌溉施肥。中国古代由于帝王贵族娱乐习武或是由于宗教迷信建立了相当数量的猎区或保护地。

历史上各类“保护性用地”对资源与环境有着积极的保护作用。①保持局部地区的原有生态环境。例如山西五台山地区，今天只有在庙宇林立之中台翠岩峰北坡还长满大面积茂密的云杉、落叶松、臭冷杉和松属树木，植被分带十分明显，反映了这一地区原有植被的本来面貌。②保存珍稀物种。中国许许多多的珍贵动植物物种和古树都是在

---

* 本部分内容的研究得到北京大学环境学院历史地理研究中心陈喜波博士的指导和协助。

上述保护地中幸存下来的，或者得到了更好的繁衍。例如，在庙宇云集的天目山保留下来的野生植株——中国特有的"活化石"银杏，在北京市潭柘寺和山东省莒县定林寺等地长有 2 000 多年的古树，中国仅存一株巨型普陀鹅耳枥保存于浙江省普陀岛佛顶山慧济寺。在有庙宇的名山中还较多保存着一些珍稀或濒于灭绝的野生动物。如峨眉山有小熊猫、苏门羚、白鹇和猴子，武夷山有黑熊、熊猴、云豹和竹鸡等。③提供游憩场所，提供科学、艺术、建筑、历史和宗教等方面的知识，体现各类保护区的价值。著名的寺院、陵地和宗祠无一例外都是当地风景名胜，是假日人们旅游和休息的好去处。中国的五岳古刹、四大佛地、道教观阁、名人祠堂和植物园等每年都要接待大量的旅游者。

一、狩猎场和围场用地

历代统治者都少不了设置专供少数人享用的狩猎场或围场，是苑囿的一种。这类狩猎场和围场禁止普通人进入，相对地减少了人类对场内生物资源的猎取与破坏，客观上保护了这些地区的自然环境和生物资源。这类古代的猎场、围场可以说是中国早期的"动物保护区或自然保护区"。

周朝由"迹人"主管国家畋猎地区的事务，制定和贯彻畋猎的禁令。周朝上自天子下到贵族，都有不同范围的狩猎场。围场或狩猎场规模很大，规定"天子百里，诸侯四十里"(《毛诗注》)。在狩猎场内不允许老百姓入内采樵、捕兽，"杀其麋鹿者如杀人之罪"(《孟子·梁惠王下》)。国家设有主管畋猎的官员"迹人"，职责是"掌邦田之地政，为之厉禁而守之。凡田猎者受令焉。禁麛卵者，与其毒矢射者"(《周礼》)。

在三国时期，魏明帝行猎禁地有千余里方圆。据《三国志·高柔传》记述："今禁地广轮目千余里，臣下计，无虑其中有虎大小六百头，狼五百头，狐万头……大凡一岁所食鹿十二万头。"依据虎、狼、狐捕食鹿的食量推算，狩猎场内至少生活着 12 万头鹿，可见狩猎场规模之大。清代设置的围场比魏明帝的狩猎场还要大。据文献记载，当年热河木兰围场（今围场县）占地约 1 万平方公里。五代十国时这里就是辽帝的狩猎场，有“千里松林”之称。元朝时将东部划为松州。北部为朝廷围猎地，称“围场行宫”，后又叫“松漠围场”，清时继用，康熙、乾隆和嘉庆在位的 146 年中，有 92 年到此来“木兰秋弥”、“习武绥远”。当时围场保护得很好，可以称为“动物保护区”。内蒙古自治区的大青沟自然保护区的前身也是蒙古族前图宾王府的“猎场”。

二、苑囿用地

“囿”在周朝是围兽供狩猎的场所，到秦汉变为围养禽兽的场所，故汉把“囿”也称为“苑”。“苑”是种植花木的地方，后来“苑”与“囿”混称。据史料记载，大约公元前 1 000 多年，文王在“灵台”建造囿，这大概是中国最早的苑囿。囿方圆 35 公里，里面养有大量的鹿、鹤、鹭和鱼类等。周朝设“囿人”负责管理苑囿野生鸟兽，还设立专门掌管人工饲养、繁殖和驯化野生鸟兽的官员。秦始皇统一全国后九年，于咸阳渭水南面兴建了“上林苑”。汉代又加以发展，使其规模更大，称得上是中国最早的动植物园兼狩猎场。汉武帝的“甘泉园”，号称方圆 270 公里，同样有各种奇树和异兽珍禽。

魏明帝曹睿建立了“灵禽苑”，专门饲养各国献来的异鸟殊兽。隋炀帝在洛阳建立了“西苑”，周围 100 公里，“桃蹊李径翠阴交合，金猿青鹿动辄成群”（《山海记》）。其后，相继又在阜涧（今河南宜阳县）一带兴建“显仁宫”。唐代将宫苑结合，筑有“东内”、“西内”、“曲江池”和“华清宫”等。宋代徽宗在开封修建“寿山艮岳”，可称得上古代的大型植物园。既有纯林，又有经济植物、水生植物和亚热带植物的分区，搜集了“湖湘文竹，四川佳果异木，江浙奇竹异花”（徽宗《艮岳记》）。元代有

“琼华岛”。明代著名的是“西苑”，内中有十景。清代则有“避暑山庄”、“圆明园”和“木兰围场”等不同风格的大型皇家园林。

这些苑囿都是指饲养珍禽异兽、培植名果奇葩的园林。历史上王公贵族和富贾巨绅等兴建的苑囿，虽为自己享受，但在一定程度上起到保护资源和保存珍贵动植物品种的作用。

三、园林用地

与皇家苑囿相比，中国私家园林的发展也独具特色。如唐朝王维的“辋川别业”有自然之美，也饲养鹤和鹿。宋代的“天王院”牡丹多达10万株；据《洛阳名园记》载“洛中园圃花木有至千种者”；明代江南私人园林兴起，超过北方；到清代更加发展，单苏州、杭州各有70余处。有的很注意结合果树栽培，既赏花，又收果，如绍兴府昌园“有梅万余株，花时雪色可爱，芳闻数里，居人以梅为生业”（《浙江通志》）。在各种园林中，培养出大量花卉品种，除供人观赏，还是学者著书、研究的对象。单宋代就有范成大的《菊谱》和《梅谱》、欧阳修的《洛阳牡丹记》、王观的《芍药谱》、赵时庚的《金章兰谱》、王贵学的《王氏兰谱》、陈思的《海棠谱》等，这些专著大都取之于园林。

“公园”一词见于北齐魏收撰写的《魏书》：“表减公园之地，以给无业贫口。”其性质与《孟子》中“文王之囿方七十里，刍尧者往焉，雉免者往焉，与民同之”相同。这里的公园是指当时官家的园地，贫苦人民可用以维持生计。另外，西安城东南隅的曲江池，秦汉时期已成为春日踏青、干旱祈雨的著名风景胜地。明朝上海嘉定镇的汇龙潭及其以后的灵苑，都成为城镇居民游览之地。但这类公园都保持了其特有的自然山水园林特色，其性质近似今日的“国家公园”。因此，也可以说中国是建立国家公园最早的国家之一。

四、道观庙宇用地

“天下名山僧占多”,佛教的神庙、道教的道观或伊斯兰教的清真寺,自古都建在环境优美的地区,其周围的环境以及生存其中的生物也长期得以保存,这些地区在客观上成了保护地。庙宇所在地之所以能长期保持这样美好的环境是有以下三方面的原因。

(1) 统治阶级的保护。中国的宗教势力常得到统治阶级的支持。例如,后晋高祖在天福二年(937 年)下旨:“令使祠五岳四渎所有近庙森林仍禁断樵牧”(《旧五代史·高祖本纪》)。宋代朱熹任潭州县知府时,颁布“约束榜”,保护南岳森林。各庙常有“护庙碑”,如山西洪洞县的广胜寺就有这样的碑:“此域古刹名胜之区……私伐树株者,许尔等指名禀县,以凭究处,各宜禀遵,毋违特示。”

(2) 宗教的宣扬。宗教认为,寺院为“神”的居所。教徒出于对神的教仰,慑于神的“威力”,怕冥冥中神灵“显圣”报应,一草一木,不敢毁损。例如,明代乔宇的《恒山游记》记述:恒山“其间多横松强柏,状如飞龙怒虬,叶皆四衍,蒙蒙然怪其太茂”,从者云“是岳神所护宝,人樵尺寸必有所殃,故环山之斧不敢至”。唐朝贞观年间,藏王松赞干布就曾把他管辖的森林分为两类,其中一类叫“神山”,“属佛祖所有”,寺院代为看管,严禁任何僧俗人等侵犯,犯者格杀勿论,自然“神山”成了神圣不可侵犯之地。

(3) 信徒的努力。中国建立的第一个自然保护区是鼎湖山自然保护区,前身就是庙宇和寺院保护下的一片自然森林植被。庐山今天看到的宋杉是宋朝景德年间黄龙寺和尚大超所植,当时种植万株,皇上赐名“万杉”。南岳福严寺和尚福严,带头植松,相传他“主持栽松十万株”。更突出的如峨眉清音阁、白龙寺一带有数千株几人合抱的桢楠树林,相传是明代万年寺和尚别傅所植,当时他带领众僧口诵“法华经”,

一字栽一株，共栽 69 777 株，称“功德林”。

五、陵地宗祠用地

陵地和宗祠在中国的历史文化中具有特殊的地位，历来很受重视并被严格保护。自周代起就专门有“冢人”的官员，负责根据爵位来确定坟的高度和种树的数目(《周礼·春官·宗伯》)。由于统治者的重视并加以权力保护，使一些统治者、权贵要人的陵地成了禁区和名胜。轩辕皇帝陵地陕西黄陵，长有柏树数万株，最大一株树围有 10.6 米粗、17 米高，至今健壮挺秀、枝繁叶茂。清代的西陵“弥山漫谷，尽竭松林”。南京明孝陵、北京十三陵至今仍是林木苍郁的优美胜境。还有河南孟津东汉刘秀的陵地，占地 1.4 公顷，周围有古柏 4.6 公顷，至今仍保留有 1 000 多株古柏。历史上圣贤伟人的陵祠也很重视绿化和保护。如山东曲阜孔庙附近的“孔林”，占地 200 公顷，据《水经注》记述，“孔里夫子墓茔方里，弟子各以四方奇木来植，故乡诸异树”，早已是古木参天，茂林深秀。

这些陵地与宗祠和周边环境之所以长期保存得很好，主要是运用国家行政力量来修建和保护的。如清西陵，清朝廷常拨专银来绿化和修路，道光八年(1828 年)为绿化拨银 11 050 两，道光十三年又补栽树木 10 370 株。黄陵除历代皇帝差人补植树木外，还委派专人巡守，并颁布法令：凡在林中“执把弹弓”打鸟或“执斧具”毁林木者，须被缉拿到官痛行断罪。

六、特殊山岳用地

少数民族山寨周围的神山、龙山或公共林地的林木，实际是一些受到保护的块状保护地。如白族每年有“插柳节”、“缀彩节”和祭山活动，都是植树和封山的节日。一般选在立夏节后第一个寅日举行封山仪式，以后就不再让人进山采伐和放牧。到第二年正月初二，待集体祭过山神石和封山碑后，方可进山砍伐和放牧。侗族人民也十分爱护龙山，如湖南通道侗族自治县的播阳乡保山寨，现在还能见到清咸丰元年（1851 年）为保护龙山设立的《蓄禁山林》的大石碑。碑文说："……咸丰元年，共聚醮堂，共同计议，凡寨边左右前后，一切树木俱要栽培，蔗可挽乎今，进而于古，尔昌、尔炽、尔富、尔寿、子子孙孙垂裕无涯矣！""今议我等龙山……一切林木，俱要蓄禁，不许妄砍，有不遵公议者，系是残贼，公同责罚，决不宽容。"

在汉族中，虽没有划定"神山"或"龙山"，可有些乡里群众自觉组织起来，制定护林公约，保护山林。如福建南平市洋后乡后坪村咸丰六年（1856 年）立的《合乡公禁》碑提出：禁砍毛竹、荫木、水尾松树、杂树，禁挖春笋，禁砍荫耕种，违者"定罚演戏不循，各宣恪遵毋违公禁"。四川绵阳市玉河乡三村于道光四年（1824 年）立有与福建类似"禁"碑。像这样护林的地方还有不少，都对保护当地森林和环境、维护局部地区生态系统的良性循环起了作用。

七、特殊树林地

一些村庄或旺族常指定一些名优古树为"村树"、"族树"或"风水树"等，加以保护，作为本村或本族兴旺繁荣的标志。有些树还被赋予迷信色彩或编造美丽神话或传说，使人不敢妄加破坏。对这些冠以村树、族树的树木而言，也起到了保护的作用。湖北省通山县三界乡有一片茂密的古木林，面积约 0.3 公顷，有 32 株二三人合抱的红豆杉、银鹊树、黄山木兰和青钱柳等古树。这片古树传说是严家祖先所栽，至今已有 300 多年，由于族人历代保护，才得以完好保存。福建省建瓯县"万木林"，据说是元末明初地方官杨氏家族造的风水林，列入了地方志。载入了族谱，受到历代地方官的保护。至今已有六七百年，林内古木参天,已划为自然保护区。湖南省通道县侗族村寨周围和山西省芮城大禹渡也都有类似例子。

第二节 现阶段的保护性用地体系

目前,中国的各类保护性用地分属不同的管理机构,其中与世界“国家公园与保护区”关系最为密切的为风景名胜区和自然保护区,相关的保护性用地还包括“地质公园”、“森林公园”、“水利风景区”和“历史文化区”等,初步形成了我国特色的保护性用地体系(彩图Ⅰ～Ⅲ)。

一、自然保护区系统

1. 发展过程和现状

中国自然保护区建设事业是在建国初期根据森林资源保护、野生动物保护和狩猎管理的迫切需要而开展起来的。1980 年以前仅中国科学院和林业部门建立了保护区。此后,特别是 1978 年和 1980 年城乡建设环境保护部环境保护局(现为国家环境保护局)承担了全国自然保护区管理工作和《全国自然保护区区划工作会议》以后,环保、农业、地矿和海洋部门先后建立了自然保护区。在中国参加《保护世界文化和自然遗产国际公约》以及黄山、泰山被批准列入世界自然遗产名录和参与贵州省保护区建设后,城建部门也成为保护区的建设部门(http://www.wildlife-plant.gov.cn/na/bhqgs.htm)。

根据自然保护区主要保护对象的不同,中国自然保护区分为三个类别、九个类型(表 3—1)。

1956 年,中国建立了第一个具有现代意义的自然保护区——鼎湖山自然保护区,至 2001 年年底中国已建立各种类型和不同级别的自然保护区 1 551 个,总面积 12 989 万公顷(其中陆地面积 12 387 万公顷,

表 3—1 自然保护区类型划分

类别	类型	主要保护对象	国家级	省级	地县级
自然生态系统	森林	森林植被及其生境所形成的自然生态系统	74	235	460
	草原与草甸	草原植被及其生境所形成的自然生态系统	2	12	19
	荒漠	荒漠生物和非生物环境共同形成的自然生态系统	7	8	5
	内陆湿地和水域	水生和陆栖生物及其生境共同形成的湿地和水域生态系统	10	44	83
	海洋和海岸	海洋、海岸生物与其生境共同形成的海洋和海岸生态系统	12	6	22
野生生物	野生动物	野生动物物种,特别是珍稀濒危动物和重要经济动物种种群及其自然生境	49	139	137
	野生植物	野生植物物种,特别是珍稀濒危植物和重要经济植物种种群及其自然生境	7	36	68
自然遗迹	地质遗迹	特殊地质构造、地质剖面、奇特地质景观、珍稀矿物、奇泉、瀑布、地质灾害遗迹等	6	35	49
	古生物遗迹	古人类、古生物化石产地和活动遗迹	4	11	11

资料来源:根据有关资料整理,统计数据截至 2001 年年底。国家环境保护局、国家技术监督局:自然保护区类型与级别划分原则,中华人民共和国国家标准,1993。

海域面积 602 万公顷),约占国土面积的 12.9%,提前实现了《中国自然保护区发展纲要(1996～2010 年)》提出的自然保护区面积占国土面积 10%的战略目标。与 1999 年年底相比,自然保护区数量增加了 405 个,面积增加了 4 173.6 万公顷,增长率分别达 35.3%和 47.35%,显示了自然保护区建设目前仍保持着较高的增长速度和良好的发展前景。

目前,1 551 个已建的自然保护区中,国家级占 11.03%,面积占 45.45%;省级占 33.91%,面积占 44.08%;地市级占 17.34%,面积占 3.26%;县级占 37.72%,面积占 7.21%(图 3—1)。这些自然保护区的建立，使中国 70％的陆地生态系统种类、80％的野生动物和 60％的高等植物，特别是国家重点保护的珍稀濒危野生动植物的绝大多数都在自然保护区内得到了较好的保护。同时，这些自然保护区还起到了涵养水源、保持水土、防风固沙和稳定地区小气候等重要作用。

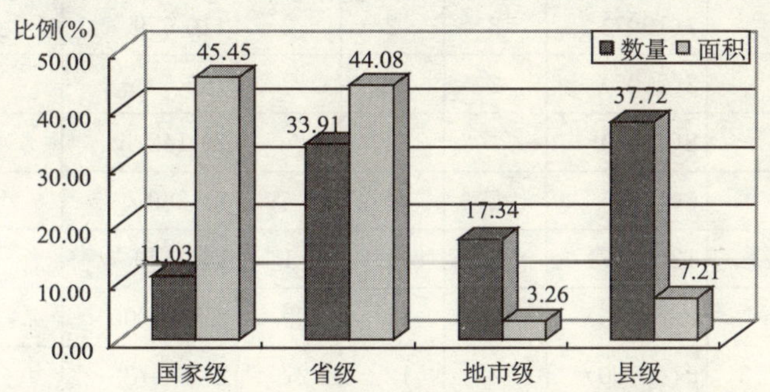

图 3—1　各级别自然保护区数量和面积占全国的比例

近年来，中国自然保护区建设面临着前所未有的大好形势，国家一系列有关生态保护和建设的重大方针和政策的出台为保护区的建设提供了有利条件，国民经济建设的发展和综合国力的提高也为保护区建设提供了物质基础。①《中国自然保护区发展规划纲要（1996～2010年）》、《全国生态环境建设规划》和《全国生态环境保护纲要》相继经国务院批准颁布实施，使自然保护区建设事业获得前所未有的发展机遇，也使自然保护区建设有章可循。②天然林保护工程、退耕还林、退耕还草、退耕还湿等重大生态保护措施促进了自然保护区事业的发展，尤其是自然保护区建设专项工程和野生动物保护工程、湿地保护工程的实施，直接地推动了保护区建设。③国家加大了对自然保护区建设的投资力度，由国家计委批准，国家林业局实施的投资达百亿元左右的自然保护区专项工程已正式启动，财政部也加大了对自然保护区能力建设的投资力度，因而大大提高了各地自然保护区建设的积极性。表 3—2

列出26个省市自然保护区发展的一些情况。

表3—2 26个省份自然保护区发展概况

地区	总数目(个)	国家级	省级	地县级	面积(公顷)	占该省市(%)
北京	17(2000)	1	7	9	80 000	4.76
天津	7(1997)	3	2	2	110 659	9.28
上海	3(2000)	2	1		765	0.12
重庆	8(1997)				29 142	0.35
河北	6(1995)	2	4		81 259	0.43
山西	12(1997)	3	8	1	111 549	0.7
内蒙古	98(2000)	11	18	69	7 810 700	6.6
辽宁	51(2000)	12	12	27	2 064 738	7.0
吉林	33(2000)				1 995 000	10.65
黑龙江	110(2000)	10			3 002 600	6.74
江苏	23(2000)	1			666 626.93	6.6
浙江	26(2000)	9	11	6	134 104	1.32
安徽	20(2000)	5	10	2	300 088.7	2.15
福建	83(2000)	7			406 000	3.3
江西	50(2000)	2	18	30	320 000	2.0
山东	36(2000)				680 350	4.34
河南	18(1998)	5	10	3	227 835.5	1.36
湖北	38(2000)	7	7	24	695 241	3.74
湖南	66(2000)				805 200	3.8
广东	95(2000)	11	49	35	9 414 000	4.01
广西	64(2000)	9	24	31	1 646 392.5	6.96
海南	72(1998)	5	22	45	159 800	4.73

续表

地区	总数目(个)	国家级	省级	地县级	面积(公顷)	占该省市(%)
四川	100(2000)	14	78	8	4 511 400	9.2
贵州	51(1997)	5	1	45	321 302	1.82
西藏	18(2000)	2			33 000 000	27.5
陕西	21(2000)	8			503 948	2.45

资料来源:刘思慧等,2002。

注:按陆地面积计算。

2. 面临的困境

自然保护区事业虽然有了一定的发展,但是与中国丰富多样的自然条件和数量众多的物种相比,尤其是与国际上自然保护区发展较早的国家(美国、加拿大、英国、日本等)相比,尚有较大差距。尤其对保护区系统规划重视不够,造成保护区建设布局不平衡、发展重数量、内部功能分区不合理和管理及体制问题以及保护区内的居民问题等。

虽然中国自然保护区建设事业的发展面临着有利的形势,但是仍存在许多问题。其中最严重的是偷猎、偷砍和偷挖各种动植物。其次为林牧渔业活动,这类活动多系保护区由于经济原因或区内其他机构的生产活动而引起的,依次排列为不合理的开发、资源经营失当和旅游压力等。而且半数以上的保护区存在着边界纠纷等问题,其中以因经费不足导致基本建设跟不上最为突出,是当前影响保护区开发工作的首要问题,其次是区群关系、管理权属不清等。因此,中国自然保护区建设事业的发展也存在着一些不容忽视的问题,主要表现在以下几点(国家环境保护总局自然生态保护司,2001年全国自然保护区统计分析报告,2002)。

(1) 法规制度建设滞后。1994年颁布实施的《中华人民共和国自然保护区条例》对中国自然保护区事业的发展发挥了巨大作用，但该《条例》起草于20世纪90年代初，很多条款已不能适应新形势下自然保护区发展的需求，一些重要问题还有待国家法律进行规范。同时，自然保护区相关的标准规范较少，现行的分类体系欠科学合理，与国际不接轨，不便于对外交流。

(2)"批而不建、建而不管、管而不力"的问题仍未得到根本转变。近两年来，机构建设问题虽得到重视，但全国仍有37.65%的自然保护区未建立管理机构，26.76%的自然保护区未配备专职管理人员。

(3)自然保护区级别比例严重失调。目前，国家级自然保护区总数达171个(表3—3)，面积占自然保护区总面积的44.08%。如果加上2001年通过国家级评审的青海三江源等28个自然保护区，国家级自然保护区面积占总面积的比例可达57%，且国家级自然保护区的申

表3—3　国家级自然保护区

地区	自然保护区
北京	松山保护区
天津	古海岸与湿地保护区、蓟县中上元古界保护区、八仙山保护区
河北	围场红松洼保护区、昌黎黄金海岸保护区、雾灵山保护区
山西	芦芽山保护区、阳城莽河猕猴保护区、历山保护区、庞泉沟保护区
内蒙古	赛罕乌拉保护区、达里诺尔鸟类保护区、白音敖包云杉林保护区、大黑山保护区、汗马保护区、达赉湖保护区、科尔沁保护区、大青沟保护区、锡林郭勒草原保护区、鄂尔多斯遗鸥保护区、西鄂尔多斯保护区、乌拉特梭梭林一蒙古野驴保护区、内蒙古贺兰山保护区
辽宁	城山头保护区、蛇岛—老铁山保护区、大连斑海豹保护区、庄河仙人洞保护区、恒仁老秃顶子保护区、白石砬子保护区、丹东鸭绿江口滨海湿地保护区、医巫闾山保护区、双台湾河口保护区、双台河口保护区、北票鸟化石群保护区
吉林	伊通火山群保护区、莫莫格保护区、向海保护区、长白山保护区

续表

地区	自然保护区
黑龙江	扎龙保护区、兴凯湖保护区、宝清七星河保护区、东北黑蜂保护区、丰林保护区、凉水保护区、三江保护区、洪河保护区、牡丹峰保护区、五大连池保护区、呼中保护区
上海	
江苏	盐城沿海滩涂珍禽保护区、大丰麋鹿保护区
浙江	临安清凉峰保护区、天目山保护区、南麂列保护区、乌岩岭保护区、古田山保护区、凤阳山—百山祖保护区
安徽	鹞落坪保护区、古牛绛保护区、金寨天马保护区、扬子鳄保护区、升金湖保护区
福建	厦门海洋珍稀物种保护区、将乐陇栖山保护区、深沪湾海底古森林遗迹保护区、虎伯寮保护区、武夷山保护区、闽西梅花山保护区
江西	鄱阳湖保护区、桃红岭梅花鹿保护区、井冈山保护区
山东	即墨马山国家级保护区、黄河三角洲保护区、长岛保护区、山旺古生物化石保护区
河南	豫北黄河故道鸟类湿地保护区、焦作太行山猕猴保护区、伏牛山保护区、内乡宝天曼保护区、鸡公山保护区、董寨鸟类保护区
湖北	青龙山保护区、神农架保护区、五峰后河保护区、石首麋鹿保护区、长江天鹅洲白暨豚保护区、长江新螺段白暨豚保护区
湖南	东洞庭湖保护区、壶瓶山保护区、张家界大鲵保护区、八大公山保护区、莽山保护区、永州都庞岭保护区、小溪保护区
广东	湛江红树林保护区、车八岭保护区、丹霞山保护区、南岭保护区、内伶仃岛—福田保护区、惠东港口海龟保护区、鼎湖山保护区
广西	木论保护区、大瑶山保护区、北仑河口保护区、弄岗保护区、花坪保护区、防城金花茶保护区、山口红树林保护区、合浦营盘港—英罗港儒良保护区
海南	东寨港保护区、大洲岛保护区、三亚珊瑚礁保护区、大田保护区、坝王岭国家级自然保护区
重庆	缙云山保护区、金佛山保护区

续表

地区	自然保护区
四川	九寨沟保护区、美姑大风顶保护区、小金四姑娘山保护区、攀枝花苏铁保护区、龙溪—虹口保护区、贡嘎山保护区、若尔盖湿地保护区、长江合江—雷波段珍稀鱼类保护区、唐家河保护区、马边大风顶保护区、蜂桶寨保护区、卧龙保护区、亚丁保护区
贵州	赤水桫椤保护区、梵净山保护区、威宁草海保护区、茂兰保护区、习水中亚热带常绿阔叶林保护区、雷公山保护区
云南	西双版纳保护区、大理苍山洱海保护区、高黎贡山保护区、西双版纳纳版河流域保护区、无量山保护区、哀牢山保护区、白马雪山保护区、南滚保护区、屏边大围山保护区、金平分水岭保护区
西藏	珠穆朗玛峰保护区、墨脱保护区、羌塘保护区
陕西	周至保护区、太白山保护区、长青保护区、佛坪保护区、牛背梁保护区
甘肃	兴隆山保护区、祁连山保护区、安西极旱荒漠保护区、白水江保护区、尕海—则岔保护区
青海	青海湖保护区、可可西里保护区、循化孟达保护区、隆宝保护区
宁夏	贺兰山保护区、沙坡头保护区、六盘山保护区、灵武白芨滩保护区
新疆	巴音布鲁克保护区、西天山保护区、阿尔金山保护区、甘家湖梭梭林保护区、哈纳斯保护区

资料来源:国家环境保护总局自然生态保护司:“2001 年全国自然保护区统计分析报告”,2002 年,第 18～26 页。

报工作仍然非常踊跃,如此发展下去,全国自然保护区的结构失调、国家级自然保护区的价值以及建设管理将出现新的问题。

(4) 已建自然保护区功能区结构欠合理。从近几年申报国家级自然保护区的资料来看,目前绝大多数保护区核心区仅占总面积的10%～20%,而实验区则占 50%左右。在实际管理工作中,实验区往往得不到应有的保护。因此,中国自然保护区占国土面积虽然已达12.9%,但处于严格保护下的区域(核心区和缓冲区)占国土面积的比例实际不到 7%。

(5) 经费投入虽有所好转，但不同级别和不同部门主管的自然保护区差异较大。近两年来，国家加大了对国家级自然保护区的投入，但国家计委批准列项的国家级自然保护区均属于林业部门，由其单一部门实施，其他部门主管的国家级自然保护区的基本建设仍缺乏投资主渠道。另一方面，地方政府对地方级自然保护区的投资力度上远不如国家级保护区。有研究表明，全国自然保护区仅1/3具有较健全的管理机构，经费基本够用的保护区只占11.5%（黎洁，2002）；据1999年对85个自然保护区的调查，保护区平均得到的经费是52.7美元/平方公里，其中46个国家级自然保护区是113美元/平方公里。而发达国家这一数字是2 058美元/平方公里，发展中国家是157美元/平方公里（韩念勇，2000）。

(6) 资源开发与自然保护的矛盾呈上升趋势。随着中国国民经济建设速度的加快，涉及保护区的经济开发活动日益增多，尤其是当前西部的许多基础设施建设和一些打着生态旅游旗号的开发建设活动，给不少保护区的自然环境和资源造成破坏和威胁。与此同时，不合理的生态建设行为、盲目引种、不合理的林业经营活动等造成生物多样性的丧失。

(7) 科研和监测工作薄弱。由于缺乏资金投入，有关自然保护区研究、监测课题难以列项，对自然保护区的研究工作开展甚少，自然保护区的监测观察工作水平低，不利于自然保护区事业的长远发展。

二、风景名胜区系统

1. 建设历史与现状

风景名胜区是以自然景观为基础的规模化、多样化旅游资源的凝聚地，是自然与人文构景因素的美感协调统一体，是中国历代人民对千百万甚至上亿年来所形成的宝贵自然遗产加以不断定向开发、保护和完善的结果。风景区是中国壮美山河的精华、中华民族的瑰宝,也应是世界自然与文化遗产的重要组成部分。目前中国风景名胜区根据其构景要素的组合结构,尤其是主导和主体构景要素的不同,可大致分为以下七大类型(罗兹柏、张述林,2000)。

(1) 山地型风景名胜区。中国此类风景名胜区最多、最突出,构景因素也最为复杂,主要是由山、石、峡、洞、林、泉、溪、瀑与人文历史景观等多种构景因素交织而成,是具有不同组合特色的综合性山地胜景。中国各类名山构成的风景名胜区基本属此。事实上,中国绝大多数风景名胜区都与广义的山地有关,大有无山不成景之势。

(2) 特殊地质地貌型风景名胜区。例如,五大连池、腾冲地热火山等火山型风景名胜区,路南石林、川西黄龙寺等岩溶型风景名胜区,贵州织金洞、龙宫等洞穴型风景名胜区,长江三峡、贵州马岭河峡谷等峡谷型风景名胜区。

(3) 陆地水体型风景名胜区。例如,九寨沟、天山天池、镜泊湖、太湖、杭州西湖、浙江千岛湖、贵州红枫湖、大理洱海等湖泊型风景名胜区;桂林漓江,浙江富春江、楠溪江,福建九曲溪,云南瑞丽江—大盈江,辽宁鸭绿江,西藏雅砻河等河流型风景名胜区;黄果树瀑布、黄河壶口瀑布等瀑布型风景名胜区。

(4) 陆地生态型风景名胜区。例如,西双版纳、蜀南竹海等风景名胜区。

(5) 海滨海岛型风景名胜区。例如,三亚热带海滨、秦皇岛北戴河、大连海滨—旅顺口、浙江嵊泗列岛、福建海坛、胶东半岛海滨等风景名胜区。

(6) 人文景观导向型风景名胜区。例如,承德避暑山庄和外八庙等园林古建筑型风景名胜区,湖南韶山、湖北隆中等名人故居型风景名胜区,甘肃麦积山、洛阳龙门山等摩崖造像型风景名胜区,八达岭—十三陵、四川都江堰、宁夏西夏王陵等古代工程型风景名胜区，剑门蜀道等历史遗迹型风景名胜区。

(7) 复合主导型风景名胜区。由两种以上构景因素共同主导的风景名胜区。尤其以山水或山水和人文古迹共同主导的风景名胜区为多。如浙江仙都、贵州荔波樟江、甘肃鸣沙山—月牙泉、江苏蜀岗瘦西湖、岳阳楼洞庭湖等风景名胜区。此外，一些历史与宗教名山，实际上也是由山地景观因素与人文因素共同主导而成的风景名胜区，尤以恒山等风景名胜区为典型。

中国风景名胜区的保护、规划、建设和管理工作是逐步走上轨道的。1978 年国务院召开了第三次城市工作会议之后，中共中央批发了中发(78)13 号文件，提出要加强名胜、古迹和风景区的管理，限期退出被侵占的部分，对破坏文物和古迹的要追究责任，严肃处理。同时还提出要保护名胜古迹原貌，在重点保护的风景名胜周围禁止建设其他新建筑。1978 年年底召开全国城市园林绿化工作会议，1979 年国家城市建设总局以(79)城发园字 39 号文件发出了这次会议讨论通过的《关于加强城市园林绿化工作的意见》，进一步落实中央 13 号文件的精神，提出了建立全国风景名胜区体系，进行分级管理，风景名胜区内要实行统一规划，统一管理，禁止损害风景名胜面貌和损害环境的建设等意见。1979 年春，国家建委在杭州召开了风景区工作座谈会，进一步研究了重点风景区的保护和规划工作，会后一些重点风景区如杭州西湖、峨眉山、庐山、泰山、黄山和千山等开始了资源调查和总体规划的编制工作。

1979 年 3 月，国务院国发(1979)70 号文件明确了风景名胜区的维护与建设由城市建设部门归口管理。1980 年国务院有关部门如计委、建委、城建总局、国务院环保领导小组、文物局、旅游局、宗教局、林业部、商业部等多次讨论风景名胜区工作，统一思想，协调步骤，研究有关方针政策。1981 年 3 月,国务院以国发(1981)38 号文件批转国家城建总局、国务院环保领导小组、国家文物局和旅游总局《关于加强风景名胜区保护管理工作的报告》。这个文件对风景名胜区资源的调查、管理体制和机构设置、规划建设、保护管理的方针政策都作了明确的规定,是搞好风景名胜区工作的重要指导文件。到 1982 年初共有 22 个省、市、自治区人民政府提出了 55 处风景名胜区,要求国务院批准为国家重点风景名胜区。接着,全国政协和城建总局分别邀请部分在京的政协委员和有关园林、建筑、城市规划、地理、美学、文物、旅游、环保、经济、宣传等方面的专家、学者评议了名单并讨论了风景名胜的保护问题。同年 11 月国务院以国发(1982)136 号文件批转了城乡建设环境保护部、文化部和国家旅游局的报告,审定了第一批 44 处国家重点风景名胜区。

随着中国经济的快速发展,风景名胜区事业进入有史以来发展最快、变化最大、受全社会关注程度最高的时期。2001 年全国已有国家重点风景名胜区 119 处,总面积达 51 264 平方公里。总游人量达 98 765万人次,比十年前增加了 6 倍;从业人员达 133 234 人,比十年前增加了 3 倍;固定资产投资额达 212 501 万元。2002 年 5 月 17 日国务院又审定公布了 32 处第四批国家重点风景名胜区,使国家重点风景名胜区达到 151 处(表 3—4),面积达 62 719 平方公里,增加了 22%。中国风景名胜区的管理保护工作和旅游发展工作取得了重大进展(汪光焘,2002)。风景区分布在全国除上海和内蒙古自治区的各个省级行政区内,在数量上又以东部和南部地区为主,尤以浙闽皖、云贵川和辽冀晋三片地区相对集中,这种格局既是受中国自然环境结构地域差异的影响,又与中国社会发展的地域过程有关。随着时间的推移,中国的风景名胜区无论在数量上还是在地域范围上,还将进一步扩大。

表 3—4　国家级重点风景名胜区(2002)

名称	批准时间	名称	批准时间
北京市 2 处		河南省 5 处	
八达岭—十三陵风景名胜区	1982	鸡公山风景名胜区	1982
石花洞风景名胜区	2002	洛阳龙门风景名胜区	1982
河北省 7 处		嵩山风景名胜区	1982
秦皇岛北戴河风景名胜区	1982	王屋山—云台山风景名胜区	1994
承德避暑山庄—外八庙风景名胜区	1982	石人山风景名胜区	2002
野三坡风景名胜区	1988	湖北省 6 处	
苍岩山风景名胜区	1988	武汉东湖风景名胜区	1982
嶂石岩风景名胜区	1994	武当山风景名胜区	1982
西柏坡—天桂山风景名胜区	2002	大洪山风景名胜区	1982
崆山白云洞风景名胜区	2002	隆中风景名胜区	1994
天津市 1 处		九宫山风景名胜区	1994
盘山风景名胜区	1994	陆水风景名胜区	2002
山西省 5 处		湖南省 6 处	
五台山风景名胜区	1982	衡山风景名胜区	1982
恒山风景名胜区	1982	武陵源风景名胜区	1988
黄河壶口瀑布风景名胜区	1988	岳阳楼洞庭湖风景名胜区	1988
北武当山风景名胜区	1994	韶山风景名胜区	1994
五老峰风景名胜区	1994	岳麓山风景名胜区	2002
辽宁省 9 处		崀山风景名胜区	2002
鞍山千山风景名胜区	1982	广东省 5 处	
鸭绿江风景名胜区	1988	肇庆星湖风景名胜区	1982
金石滩风景名胜区	1988	西樵山风景名胜区	1988

续表

名称	批准时间	名称	批准时间
兴城海滨风景名胜区	1988	丹霞山风景名胜区	1988
大连海滨旅顺口风景名胜区	1988	白云山风景名胜区	2002
凤凰山风景名胜区	1994	惠州西湖风景名胜区	2002
本溪水洞风景名胜区	1994	广西壮族自治区 3 处	
青山沟风景名胜区	2002	漓江风景名胜区	1982
医巫风景名胜区	2002	桂平西山风景名胜区	1988
吉林省 4 处		花山风景名胜区	1988
松花湖风景名胜区	1988	海南省 1 处	
“八大部”—净月潭风景名胜区	1988	三亚热带海滨风景名胜区	1994
仙景台风景名胜区	2002	重庆市 5 处	
防川风景名胜区	2002	缙云山风景名胜区	1982
黑龙江省 2 处		长江三峡风景名胜区	1982
镜泊湖风景名胜区	1982	金佛山风景名胜区	1988
五大连池风景名胜区	1982	四面山风景名胜区	1994
江苏省 4 处		芙蓉江风景名胜区	2002
太湖风景名胜区	1982	四川省 10 处	
南京中山陵风景名胜区	1982	峨眉山风景名胜区	1982
云台山风景名胜区	1988	黄龙寺—九寨沟风景名胜区	1982
蜀岗—瘦西湖风景名胜区	1988	青城山—都江堰风景名胜区	1982
浙江省 14 处		剑门蜀道风景名胜区	1982
杭州西湖风景名胜区	1982	贡嘎山风景名胜区	1988
富春江—新安江风景名胜区	1982	蜀南竹海风景名胜区	1988
雁荡山风景名胜区	1982	西岭雪山风景名胜区	1994

续表

名称	批准时间	名称	批准时间
普陀山风景名胜区	1982	四姑娘山风景名胜区	1994
天台山风景名胜区	1988	石海洞乡风景名胜区	2002
嵊泗列岛风景名胜区	1988	邛海—螺髻山风景名胜区	2002
楠溪江风景名胜区	1988	贵州省 8 处	
莫干山风景名胜区	1994	黄果树风景名胜区	1982
雪窦山风景名胜区	1994	织金洞风景名胜区	1988
双龙风景名胜区	1994	舞阳河风景名胜区	1988
仙都风景名胜区	1994	红枫湖风景名胜区	1988
江郎山风景名胜区	2002	龙宫风景名胜区	1988
仙居风景名胜区	2002	荔波樟江风景名胜区	1994
浣江—五泄风景名胜区	2002	赤水风景名胜区	1994
安徽省 8 处		马岭河峡谷风景名胜区	1994
黄山风景名胜区	1982	云南省 10 处	
九华山风景名胜区	1982	路南石林风景名胜区	1982
天柱山风景名胜区	1982	大理风景名胜区	1982
琅琊山风景名胜区	1988	西双版纳风景名胜区	1982
齐云山风景名胜区	1994	三江并流风景名胜区	1988
采石风景名胜区	2002	昆明滇池风景名胜区	1988
巢湖风景名胜区	2002	丽江玉龙雪山风景名胜区	1988
花山谜窟—渐江风景名胜区	2002	腾冲地热火山风景名胜区	1994
福建省 11 处		瑞丽江—大盈江风景名胜区	1994
武夷山风景名胜区	1982	九乡风景名胜区	1994
清源山风景名胜区	1988	建水风景名胜区	1994
鼓浪屿万石山风景名胜区	1988	西藏自治区 1 处	

续表

名称	批准时间	名称	批准时间
太姥山风景名胜区	1988	雅砻河风景名胜区	1988
桃源洞—鳞隐石林风景名胜区	1994	陕西省 4 处	
金湖风景名胜区	1994	华山风景名胜区	1982
鸳鸯溪风景名胜区	1994	临潼骊山风景名胜区	1982
海坛风景名胜区	1994	宝鸡天台山风景名胜区	1994
冠豸山风景名胜区	1994	黄帝陵风景名胜区	2002
鼓山风景名胜区	2002	甘肃省 3 处	
玉华洞风景名胜区	2002	麦积山风景名胜区	1982
江西省 6 处		崆峒山风景名胜区	1994
庐山风景名胜区	1982	鸣沙山—月牙泉风景名胜区	1994
井冈山风景名胜区	1982	青海省 1 处	
三清山风景名胜区	1988	青海湖风景名胜区	1994
龙虎山风景名胜区	1988	宁夏回族自治区 1 处	
仙女湖风景名胜区	2002	西夏王陵风景名胜区	1988
三百山风景名胜区	2002	新疆维吾尔自治区 3 处	
山东省 5 处		天山天池风景名胜区	1982
泰山风景名胜区	1982	库木塔格沙漠风景名胜区	2002
青岛崂山风景名胜区	1982	博斯腾湖风景名胜区	2002
胶东半岛海滨风景名胜区	1988	内蒙古自治区 1 处	
博山风景名胜区	2002	扎兰屯风景名胜区	2002
青州风景名胜区	2002		

2. 主要问题

风景名胜区事业全面发展的同时，城市化、人工化和商业化的问题变得突出。一些风景名胜区在风景资源最好的地方和交通要道上大开商店;一些风景名胜区由于常住人口增长失控,大兴土木,扩大占地建造房屋;有些风景名胜区开山取石,断水截流,超量接待游客,致使环境恶化、安全隐患增多。这些问题引起社会的关注,形成一种社会舆论氛围。广大人民群众、新闻媒体、专家从不同角度,采取多种方式提出监督的意见、建议和要求。目前,风景名胜区主要存在以下一些问题(楚汉,2002)。

(1) 景区"城市化",风貌失色。随着旅游经济的快速发展,一些风景名胜区人口迅速增长,各种生产经营活动日趋活跃,修建房屋和各种公共设施,办厂开店,发展乡镇工业和商业服务业,景区内繁华的街区涌现,原有的村庄和居民点迅速扩大,新的集镇不断形成,人口膨胀,环境污染严重,风景名胜区自然风貌黯然失色。

(2) 乱搭乱建,破坏景观。只注重眼前利益,急功近利,把风景名胜区当作发展旅游经济的"摇钱树"、"聚宝盆",大兴土木,乱搭乱建,使景区成为大型游乐场和"吃喝玩乐综合体",历史文化风貌和自然景观受到严重损害。一批"首长工程"违规建设,使风景区内出现了不少破坏性的建设。一些部门单位巧立名目在风景名胜区建设宾馆、疗养院、培训中心,破坏了景观和风景名胜资源。

(3) 过量开发,人满为患。一些著名风景名胜区特别是核心景区,原本容量有限,生态环境脆弱,由于过量开发,导致景区尤其是核心景区游人过量集中,人满为患,不仅不安全因素大量增加,而且环境破坏加重,一些古树死亡,草甸退化,冰川融化,临近"濒危"状态。

(4) 摆摊设点,秩序混乱。为了搞活经营,一味追求增加收入,许多景区专门设置商业街市,更多的是路边摆设摊点,个体商贩流动叫卖,向游客推销食品、饮料、土特产品和手工艺品,熙熙攘攘,秩序混乱。尤其是烹调烧烤,油烟缭绕,垃圾随地丢弃,污水乱泼,不仅影响景观,也污染环境。

分析上述问题存在的原因，主要有：一是规划工作跟不上风景名胜区事业发展的需要；二是体制不顺影响风景名胜区管理职能的有效发挥；三是法律法规可操作性不强，有法难依、执法难严、违法难究的状况相当普遍；四是资金短缺，风景名胜区难以实施严格保护和合理开发建设。这些问题的存在，和目前实行的两种基本管理体制紧密相关，即围绕“人民政府”和“管委会”两种形式，主要有以下几个方面的相关问题（张平、李向东等，2001）。

（1）管理机构庞大臃肿，精力分散。设立县级人民政府的风景名胜区，以政府行政权力管理景区，有立法权和执法权。因此，凡是人民政府所设立的机构它都必须对应设立，导致了机构庞大，人浮于事，效率低下。作为一级人民政府，必须管理景区内的国计民生等经济、社会问题，如学校、医院、城市人口就业、计划生育以及工农业的发展等，这样就大大分散了景区领导的精力，使其不能集中精力、人力、物力、财力抓景区建设和保护。以管委会模式管理的景区，由于不能依法享有县级以上人民政府的行政管理权力，因此不具有执法主体资格，没有独立的公安、工商、税务、财政等管理权。由于授予的行政管理权限不够，对景区的管理力度不够，对景区的开发建设也很不利。

（2）景区管理条块分割严重。许多国家级景区就设立了县以上人民政府，也受到管理权限条块分割的困扰。如武陵源风景区设立的人民政府，它对天子山、索溪峪拥有顺畅的管理权，但对景区内的张家界国家森林公园却无法行使有效管理。张家界国家森林公园管理处是由张家界市人民政府和省林业厅双重领导的事业单位，与武陵源区人民政府级别相同，于是出现了一个景区内存在着两个处级管理机构的多头管理问题。张家界国家森林公园没有规划建设行政管理职能，武陵源区政府虽有行政管理职能，但无法对森林公园区域实施监督管理，致使森林公园区域的规划、建设与总体要求脱节。设立了县级人民政府的景区尚且如此，采取管委会形式的景区受到的管理权限条块分割的困扰就更严重了。

(3) 景区管理法律法规不健全。全景区管理法律法规条款不够具体，缺乏可操作性、配套性和统一性。执法队伍力量不够，执法水平低，不能对景区内违规事件实行强有力的执法，不能对影响和破坏景区形象的建设项目依法整改或拆除，也不能依法根治环境污染。

(4) 景区内原有居(村)民控制困难。几乎所有的景区都有世居的农民，现在他们的生活来源除少数人员耕种土地外，80%以上居(村)民靠旅游接待服务经营发家致富，景区内农民人口逐渐增多，希望扩大经营，子女长大成人要求分户居住，原有住房不适应居住要求改建等，造成景区内农民建房无法控制，对景区旅游资源、环境破坏都很大。为了保护旅游资源，许多景区都计划搬迁景区内的世居农民，但拆迁费用太高，一般景区都无力承受，景区旅游资源保护受到威胁。

(5) 建设资金不足，人员素质不高。由于景区管理体制不顺，法律环境不健全，市场资金不敢大胆介入，国家拨款逐渐减少，导致景区建设资金不足。许多景区都处在边远地区，难以吸引人才，造成景区管理人才和专业人才极为缺乏。

三、地质公园系统

1. 发展过程

中国地域辽阔，地质遗迹发育得千姿百态，美不胜收，为旅游观光、科学研究、开发利用提供了丰富的天然资源。创建国家地质公园，主要目的是在加强资源保护和开发的工作中，为科学研究和环境教育提供基地，提高人们保护地质遗迹资源和保护地球的自觉性。地质遗迹不仅是地质研究的基地，也是科普教育的基地，而积极地保护和合理地利用地质遗迹资源将带动地方经济、更好地促进生态环境保护。这是功在当代、造福子孙的事业，也是地质工作服务社会和经济发展的重要方面。

中国对于地质遗迹的保护工作十分重视。1987 年，由原地质矿产部颁布了《关于建立地质自然保护区的规定》，中国开始建立一批地质自然保护区。1992 年以前，共建立地质自然保护区 52 处，其中国家级 4 处、省级 31 处、县级 17 处。1995 年，地质矿产部颁发了《地质遗迹保护管理规定》，使地质遗迹工作得到了比较快的发展。中国台湾地区对地质遗迹保护工作很重视，他们从 1989 年起建立了一整套地质遗迹调查、评价办法，并在诸个县市开展了调查和登录。

2000 年，中国启动了"国家地质公园计划"，响应联合国教科文组织提出的建立世界地质公园的计划。国土资源部于 2000 年 8 月 25 日成立了国家地质公园领导小组和评审委员会，先后制订了《国家地质公园总体规划工作指南》、《国家地质公园评审标准》、《国家地质公园综合考察报告提纲》等文件，逐渐把国家地质公园申报和审批工作制度化。在《全国地质遗迹保护规划 2001～2010》中，提出了要抢救性地保护地质遗迹，计划在十年内，建立 310 处地质公园，力争使 5～8 处纳入世界地质遗产名录。

国家地质公园是由多个部门的管理专家和学者组成的国家地质遗迹保护（地质公园）领导小组和国家地质遗迹（地质公园）评审委员会，经严格评审后产生的。目前中国正式批准了 44 个国家地质公园，其中 18 个已经揭碑开园。2000 年审定批准的第一批国家级地质公园有 11 个，2001 年审定批准的第二批国家级地质公园有 33 个（表 3—5）。2003 年评审通过的第三批国家级地质公园有 41 个（表 3—6）。至此，中国共有国家地质公园 85 个。具体情况请见本章名录中的国家地质公园名录。

表 3—5　第一、二批国家地质公园名录

地区	名称	地区	名称	地区	名称	地区	名称
云南	石林国家地质公园	安徽	黄山国家地质公园	甘肃	刘家峡恐龙国家地质公园	山东	枣庄熊耳山国家地质公园
湖南	张家界国家地质公园	甘肃	敦煌雅丹国家地质公园	黑龙江	嘉荫恐龙国家地质公园	安徽	浮山国家地质公园
河南	嵩山国家地质公园	内蒙古	赤峰市克什克腾国家地质公园	北京	石花洞国家地质公园	北京	延庆硅化木国家地质公园
江西	庐山国家地质公园	云南	腾冲火山国家地质公园	浙江	常山国家地质公园	河南	内乡宝天幔国家地质公园
云南	澄江动物化石群国家地质公园	广东	丹霞山国家地质公园	河北	涞源白石山国家地质公园	浙江	临海国家地质公园
黑龙江	五大连池国家地质公园	四川	海螺沟国家地质公园	安徽	齐云山国家地质公园	陕西	洛川黄土国家地质公园
四川	自贡恐龙国家地质公园	山东	山旺国家地质公园	河北	秦皇岛柳江国家地质公园	西藏	易贡国家地质公园
福建	漳州滨海火山国家地质公园	天津	蓟县国家地质公园	山西	黄河壶口瀑布国家地质公园	安徽	淮南八公山国家地质公园
陕西	翠华山山崩国家地质公园	四川	大渡河峡谷国家地质公园	四川	安县生物礁—岩溶国家地质公园	湖南	郴州飞天山国家地质公园
四川	龙门山国家地质公园	福建	大金湖国家地质公园	广东	湛江湖光岩国家地质公园	湖南	莨山国家地质公园
江西	龙虎山国家地质公园	河南	焦作云台山国家地质公园	河北	阜平天生桥国家地质公园	广西	资源国家地质公园

资料来源：中国国家地质公园建设指南，2002。

表 3—6　第三批国家地质公园名录

名称	名称
北京十渡国家地质公园	广西北海涠洲岛火山国家地质公园
河北赞皇嶂石岩国家地质公园	广西百色乐业大石围天坑群国家地质公园

续表

名称	名称
河北涞水野三坡国家地质公园	海南海口石山火山群国家地质公园
内蒙古阿尔山国家地质公园	重庆黔江小南海国家地质公园
辽宁朝阳鸟化石国家地质公园	重庆武隆岩溶国家地质公园
吉林靖宇火山矿泉群国家地质公园	四川九寨沟国家地质公园
黑龙江伊春花岗岩石林国家地质公园	四川黄龙国家地质公园
江苏苏州太湖西山国家地质公园	四川兴文石海国家地质公园
浙江新昌硅化木国家地质公园	贵州兴义国家地质公园
浙江雁荡山国家地质公园	贵州织金洞国家地质公园
安徽祁门牯牛降国家地质公园	贵州绥阳双河洞国家地质公园
福建宁化天鹅洞群国家地质公园	贵州关岭化石群国家地质公园
福建福鼎太姥山国家地质公园	云南禄丰恐龙国家地质公园
福建晋江深沪湾国家地质公园	云南玉龙黎明—老君山国家地质公园
山东东营黄河三角洲国家地质公园	甘肃平凉崆峒山国家地质公园
河南王屋山国家地质公园	甘肃景泰黄河石林国家地质公园
河南西峡伏牛山国家地质公园	青海尖扎坎布拉国家地质公园
河南嵖岈山国家地质公园	宁夏西吉火石寨国家地质公园
长江三峡国家地质公园(湖北、重庆)	新疆奇台硅化木—恐龙国家地质公园
广东阳春凌宵岩国家地质公园	新疆布尔津喀纳斯湖国家地质公园
广东佛山西樵山国家地质公园	

资料来源:中国国家地质公园建设指南,2002。

评审的地质公园类型有丹霞地貌、火山地貌、重要古生物化石产地、地层构造、冰川、地质灾害遗迹等,种类较为齐全,确实反映了中国地质环境资源的特点,并将在世界地质公园领域有一定的竞争实力。目前被批准的国家地质公园正在按照统一要求,抓紧配套设施和制度规范建设。2004年，联合国教科文组织第一届世界地质公园大会在中国北京召开，中国有8个国家地质公园成为世界地质公园。

除地质公园以外，中国还建立了地质遗迹自然保护区87处，其中国家级8处，省级33处，市级9处，县级37处，地质构造、地质剖面和形迹保护区40处，古生物化石保护区25处，其他类保护区22处。自然保护区中含有地质内容，据1992年统计，在606处自然保护区中，有地质内容的自然保护区104处，包括国家级27处，省级71处，县级6处。至1997年年底，全国自然保护区总数926处，其中含地质内容的自然保护区约160处左右。

国家风景名胜区中含有大量地质遗迹，在国家公布的119个国家级风景名胜区中，许多风景名胜区以名山、名湖、河流峡谷、岩溶洞穴、瀑布泉水、海滨海岛等为主体命名，和地质遗迹密切相关。在全国512处各类风景名胜区中，其中含地质遗迹的名胜区可达半数以上。

森林公园中也包含地质地貌景观的保护。至1998年，中国已建森林公园920余处，其中国家级295处。其类型可分山岳型、湖泊型、火山型、沙漠型、冰川型、海岛型、海滨型、溶洞型、温泉型、草原型及园林型，前九种类型森林公园的地貌主体皆与地质遗迹密切相关，或含有一种或多种地质遗迹。此外，在中国已公布的四批国家重点文物保护单位中，有15处为古猿和古人类遗迹，属于地质遗迹的一种类型（中新社，2001）。

2. 开发中的不足

目前，地质遗迹的保护和开发还存在着诸多问题，主要有以下几方面。

（1）地质遗迹的基本状况不清，缺乏系统、完整、翔实的基础资料。由于目前许多地区对于本省区的地质遗迹资源没有开展过正式调查，缺乏基础性工作，因此对资源状况不清，无法制订切合实际的开发和保护规划。

(2) 地质遗迹保护区数量过少,数量仅相当于自然保护区总数的2%左右,许多有价值的地质遗迹尚未得到有效保护。

(3) 地质遗迹破坏严重。一些重要的古生物化石遗产地和重要价值的地质地貌景观遭到了不同程度的破坏,比较突出的是河南西峡恐龙蛋化石、广西的许多溶洞、黑龙江五大连池火山地质地貌景观等。在开发利用过程中,缺乏地质方面的专业人员,对于地质遗迹的合理开发及保护不够,地质遗迹遭到一定破坏,同时诱发和加剧了地质灾害的发生和水土流失。

(4) 管理机构不健全,管理不到位。中国地质公园现存的突出问题是重视授牌,不重视规划建设,开发主体不明。地质遗迹的开发工作起步较晚,许多位于风景区内,与林业、文物、旅游等部门的职责不明,因此工作的开展有一定难度。

(5) 缺少专项保护经费,严重制约了地质遗迹保护工作的开展。由于财力比较薄弱,景点开发不够,分布过于分散,影响其带来的旅游收入。要把地质遗迹的开发工作与所在地经济建设相结合,多渠道、多层次地筹集地质遗迹开发资金。国家和地方重要地质遗迹的开发应纳入国家与当地财政计划;对于确有地学重要意义的遗迹,而又无法与地方旅游风景或自然保护区相结合的,应单独设立专项开发基金或争取与国际组织合作开发;地学意义较小的遗迹,则可积极开展新的投资渠道,广泛吸引社会各方面的投资。

(6) 地质遗迹保护法缺乏权威性,对现行法规宣传力度不够。地质遗迹资源与其他资源最大的区别在于它是可以永续利用的,加强立法,对其加以保护是可持续发展的重要举措。但在目前仅有《环境保护法》、《地质遗迹保护管理规定》、《中华人民共和国自然保护区条例》等相关法律规定,就法律效力而言,缺少全国性、权威性的法律,因此,建议应加强全国人大及其常委会在此方面的立法。

(7)地质遗迹保护开发应对外交流，与国际接轨。现代旅游中科普的重要性日益突出，地质公园应当满足经济发展带来的旅游需求层次的提高和游客的求知欲望。这一点应很好借鉴国外的经验，如美国大峡谷国家公园的科学研究程度和科学规划水平都很高，各类标识标牌非常丰富、清楚且详尽。

(8)地质公园应明确其国家所有权及其实现途径，明确规定谁代表国家行使所有权，所有权的代理人可授权相关国家机关对所有权行使授权管理。解决所有权与经营权、管理权、监督权的关系，是解决地质公园开发与保护关系的根本所在，也能避免风景区开发与保护中的问题再度出现。

四、森林公园系统

1. 建设现状

中国地域辽阔，地形地貌复杂，从南到北跨越热带、亚热带、暖温带、温带和寒温带五个气候带，从东到西横跨平原、丘陵、台地、高原和山地等多种地貌类型，海拔高差达 8 000 多米，不同的气候、地貌和水热组合条件，孕育了山岳森林型、海滨森林型、沙漠森林型、冰川森林型、溶洞森林型、火山迹地森林型、森林湖泊型、森林草原型、热带雨林型等景象万千、风格各异的陆地生态系统森林景观和丰富的动植物资源，为建立各种特色鲜明的森林公园提供了优越条件。与国外相比，中国的森林公园建设和森林旅游业发展起步要晚得多。到目前为止，中国的森林公园建设大致经历了两个阶段。

第一个阶段是在 1982～1990 年，以中国第一个森林公园——张家界国家森林公园的建成为起点，属于森林公园的起步阶段。这个阶段的森林公园建设具有以下三个特点。①每年批建的森林公园数量少，九年中总共只批建了 16 个国家森林公园。②国家对森林公园建设的投入相对较大。1982～1986 年，原林业部以批复计划任务书的形式，与省级林业主管部门联合建设浙江天童(联投 120 万元/部投 60 万元)、陕西楼观台(130/80)、山东海滨(420/120)、湖南张家界(996/400)、安徽琅琊山(976.5/250)、河南嵩山(602/300)、浙江千岛湖(1 200/500)、广东流溪河八个森林公园，总投资 4 844.5 万元，其中原林业部直接投入 1 910 万元。③行业管理较弱，在法制建设、机构设置、人才培养等方面都还很欠缺。

第二个阶段是从 1991 年开始的。1992 年 8 月，原林业部在大连召开了全国森林公园工作会议。之后，广大林区干部职工纷纷行动起来，利用自身资源、建立森林公园的热潮在全国蓬勃兴起。这个阶段的森林公园建设具有以下特点。①森林公园数量快速增长，1991～2001 年，共批建国家森林公园 346 个(表 3—7)。②国家对森林公园的投入减少，主要通过地方财政投入、招商引资、贷款及林业系统自身投入等方式进行公园建设。随着前几年联营资金的陆续到位，森林公园建设于 1987 年起纳入营林基本建设投资计划，但一直没能设立专项户头，只能根据当年实际情况作内部调剂，森林公园年度投资额从 400 万元(最高为 605 万元)降到 1994 年的 200 万元左右，维持至今。③行业管理加强，森林公园建设开始走向法制化、规范化、标准化。1992 年 7 月，原林业部成立了森林公园管理办公室，各省(市、自治区)也相继成立了森林公园领导管理机构。1994 年 1 月，原林业部颁布了《森林公园管理办法》，同年 12 月成立了“中国森林风景资源评价委员会”，规范了国家森林公园的审批程序，制定了森林公园风景资源质量评价标准(国标)；1996 年颁布了《森林公园总体设计规范》。近些年来，多所林业院校还设置了森林旅游专业或开设了森林旅游课程，为中国森林旅游业的发展培养了大批后备人才。

表 3—7 国家级森林公园名录(2001)

地区	名称
北京	西山国家森林公园、上方山国家森林公园、蟒山国家森林公园、小龙山国家森林公园、云蒙山国家森林公园
天津	九龙山国家森林公园
上海	佘山国家森林公园、东平国家森林公园
重庆	黄水国家森林公园、仙女山国家森林公园、茂云山国家森林公园、双桂山国家森林公园、小三峡国家森林公园、金佛山国家森林公园、小三峡国家森林公园
河北	海滨国家森林公园、木兰围场国家森林公园、磬棰峰国家森林公园、金银滩国家森林公园、石佛国家森林公园、清东陵国家森林公园、辽河源国家森林公园、长寿山国家森林公园、五岳寨国家森林公园
内蒙古	红山国家森林公园、察尔森国家森林公园、黑大门国家森林公园、海拉尔国家森林公园、乌拉山国家森林公园、乌素图国家森林公园、马鞍山国家森林公园、二龙什台国家森林公园、兴隆国家森林公园、阿尔山国家森林公园、古达尔滨湖国家森林公园
辽宁	旅顺口国家森林公园、海棠山国家森林公园、大孤山国家森林公园、首山国家森林公园、凤凰山国家森林公园、库区国家森林公园、本溪国家森林公园、陨石山国家森林公园、天桥沟国家森林公园、臣县国家森林公园、元帅林国家森林公园、仙人洞国家森林公园、大连国家森林公园、长山群岛国家森林公园、普兰店国家森林公园、大黑山国家森林公园、沈阳国家森林公园、关门山国家森林公园
吉林	净月潭国家森林公园、玉女峰国家森林公园、三角龙湾国家森林公园、白鸡腰国家森林公园、帽儿山国家森林公园、半拉山国家森林公园、三仙夹国家森林公园、大安国家森林公园、白山市国家森林公园、花山国家森林公园、拉法山国家森林公园、图们江国家森林公园

续表

地区	名称
黑龙江	牡丹峰国家森林公园、火山口国家森林公园、大亮子河国家森林公园、乌龙国家森林公园、哈尔滨国家森林公园、街津山国家森林公园、齐齐哈尔国家森林公园、北极村国家森林公园、长寿国家森林公园、大庆国家森林公园、威虎山国家森林公园、五营国家森林公园、亚布力国家森林公园、一面坡国家森林公园、龙凤国家森林公园、金泉国家森林公园、乌苏里江国家森林公园、桃山国家森林公园、驿马山国家森林公园、三道关国家森林公园、绥芬河国家森林公园、日月峡国家森林公园
江苏	虞山国家森林公园、上方山国家森林公园、徐州环城国家森林公园、宜兴国家森林公园、惠山国家森林公园、东吴国家森林公园、云台山国家森林公园、第一山国家森林公园、南山国家森林公园、宝华山国家森林公园、西山国家森林公园、花山国家森林公园
浙江	千岛湖国家森林公园、大奇山国家森林公园、兰亭国家森林公园、午潮山国家森林公园、富春江国家森林公园、紫微山国家森林公园、宁波天童国家森林公园、雁荡山国家森林公园、溪口国家森林公园、九龙山国家森林公园、双龙洞国家森林公园、华顶国家森林公园、青山湖国家森林公园、玉苍山国家森林公园、钱江源国家森林公园、紫微山国家森林公园
安徽	黄山国家森林公园、琅琊山国家森林公园、天柱山国家森林公园、九华山国家森林公园、皇藏峪国家森林公园、徽州国家森林公园、大龙山国家森林公园、紫蓬山国家森林公园、皇甫山国家森林公园、天堂寨国家森林公园、鸡笼山国家森林公园、冶父山国家森林公园、太湖山国家森林公园、神山国家森林公园、妙道山国家森林公园、天井山国家森林公园、舜耕山国家森林公园、浮山国家森林公园、石莲洞国家森林公园、齐云山国家森林公园、韭山国家森林公园、横山国家森林公园、敬亭山国家森林公园
福建	福州国家森林公园、天柱山国家森林公园、华安国家森林公园、猫儿山国家森林公园、龙岩国家森林公园、旗山国家森林公园、三元国家森林公园

续表

地区	名称
江西	三瓜仑国家森林公园、庐山山南国家森林公园、梅岭国家森林公园、三百山国家森林公园、马祖山国家森林公园、鄱阳湖国家森林公园、灵岩洞国家森林公园、明月山国家森林公园、翠峰山国家森林公园、天柱山国家森林公园、泰和国家森林公园、鹅湖山国家森林公园、龟峰国家森林公园、上清国家森林公园
山东	崂山国家森林公园、抱犊崮国家森林公园、黄河口国家森林公园、昆嵛山国家森林公园、罗山国家森林公园、长岛国家森林公园、沂山国家森林公园、尼山国家森林公园、泰山国家森林公园、徂徕山国家森林公园、鲁南海滨国家森林公园、鹤伴山国家森林公园、孟良崮国家森林公园、柳埠国家森林公园、刘公岛国家森林公园、槎山国家森林公园、药乡国家森林公园、原山国家森林公园、灵山湾国家森林公园、双岛国家森林公园、蒙山国家森林公园、仰天山国家森林公园、伟德山国家森林公园、珠山国家森林公园、腊山国家森林公园、日照海滨国家森林公园
山西	五台山国家森林公园、天龙山国家森林公园、关帝山国家森林公园、恒山国家森林公园、云岗国家森林公园、龙泉国家森林公园、禹王洞国家森林公园、赵杲观国家森林公园、方山国家森林公园、交城国家森林公园、太岳国家森林公园、五老峰国家森林公园、老顶山国家森林公园、乌金山国家森林公园、中条山国家森林公园、黄崖洞国家森林公园、太行峡谷国家森林公园、管涔山国家森林公园
河南	嵩山国家森林公园、寺山国家森林公园、风穴寺国家森林公园、石漫滩国家森林公园、薄山国家森林公园、开封国家森林公园、亚武山国家森林公园、花果山国家森林公园、云台山国家森林公园、白云山国家森林公园、龙峪湾国家森林公园、五龙洞国家森林公园、南湾国家森林公园、甘山国家森林公园
湖北	九峰国家森林公园、鹿门寺国家森林公园、玉泉寺国家森林公园、大老岭国家森林公园、神农架国家森林公园、龙门河国家森林公园、大口国家森林公园、薤山国家森林公园、清江国家森林公园、大别山国家森林公园、柴埠溪国家森林公园、潜山国家森林公园、八岭山国家森林公园、沧水国家森林公园

续表

地区	名称
湖南	张家界国家森林公园、桃源洞国家森林公园、莽山国家森林公园、大围山国家森林公园、云山国家森林公园、九疑山国家森林公园、阳明山国家森林公园、南华山国家森林公园、黄山头国家森林公园、桃花源国家森林公园、天门山国家森林公园、天际岭国家森林公园、天鹅山国家森林公园、舜皇山国家森林公园、东台山国家森林公园、夹山寺国家森林公园、不二门国家森林公园、河伏国家森林公园、岣嵝峰国家森林公园、大云山国家森林公园、花岩溪国家森林公园
广东	梧桐山国家森林公园、万育国家森林公园、小坑国家森林公园、南澳海岛国家森林公园、南岭国家森林公园、新丰江国家森林公园、韶关国家森林公园、东海岛国家森林公园、流溪河国家森林公园、南昆山国家森林公园、西樵山国家森林公园、石门国家森林公园、圭峰山国家森林公园、英德国家森林公园
海南	尖峰岭国家森林公园、蓝洋温泉国家森林公园、吊罗山国家森林公园、海口火山国家森林公园
广西	桂林国家森林公园、良风江国家森林公园、三门江国家森林公园、龙潭国家森林公园、大桂山国家森林公园、元宝山国家森林公园、八角寨国家森林公园、十万大山国家森林公园、龙胜温泉国家森林公园、姑婆山国家森林公园、大瑶山国家森林公园
四川	都江堰国家森林公园、剑门关国家森林公园、双桂山国家森林公园、瓦屋山国家森林公园、高山国家森林公园、西岭国家森林公园、二滩国家森林公园、海螺沟国家森林公园、七曲山国家森林公园、天台山国家森林公园、九寨国家森林公园、黑竹沟国家森林公园、夹金山国家森林公园、龙苍沟国家森林公园
贵州	百里杜鹃国家森林公园、竹海国家森林公园
云南	巍宝山国家森林公园、天星国家森林公园、清华洞国家森林公园、东山国家森林公园、来凤山国家森林公园、花鱼洞国家森林公园、磨盘山国家森林公园、龙泉国家森林公园、菜阳河国家森林公园、金殿国家森林公园、章凤国家森林公园、十八连国家森林公园、鲁布格国家森林公园、珠江源国家森林公园、五峰山国家森林公园、

续表

地区	名称
云南	钟灵山国家森林公园、棋盘山国家森林公园、灵宝山国家森林公园、小白龙国家森林公园、五老山国家森林公园、铜锣坝国家森林公园、紫金山国家森林公园、飞来寺国家森林公园、圭山国家森林公园
陕西	南宫山国家森林公园、王顺山国家森林公园、楼观台国家森林公园
甘肃	吐鲁沟国家森林公园、石佛沟国家森林公园、松鸣岩国家森林公园、云崖寺国家森林公园、徐家山国家森林公园、贵清山国家森林公园、麦积山国家森林公园、鸡峰山国家森林公园、渭河源国家森林公园
青海	坎布拉国家森林公园、北山国家森林公园
新疆	照壁山国家森林公园、天池国家森林公园
宁夏	苏峪口国家森林公园、六盘山国家森林公园

中国的森林公园体系分为三级，即国家级森林公园、省级森林公园和市/县级森林公园。据国家林业局森林公园管理办公室统计，目前我国已建立不同类型的森林公园 1 658 个，其中国家森林公园 503 个，成为世界上森林公园数量最多的国家，经营面积为 1 368 万公顷，占全国森林面积的 9%。这些森林公园每年接待游客 1 亿多人次。截至 2001 年有 346 个国家森林公园。

这些森林公园覆盖除西藏以外的所有省、自治区和直辖市，雄、奇、险、峻、野、旷、秀、幽各具特色，山光水色、林木花草与蓝天白云、晨曦晚霞交相辉映，自然景观与人文景观、民族风情相结合，构成了一幅幅色彩纷呈的优美画卷。1992 年，中国的森林旅游直接收入第一次突破亿元大关，在后来的数年中，森林旅游收入一直保持着快速增长态势。1992～1999 年，中国森林旅游的直接收入依次为 1 亿、1.28 亿、2.9

亿、5.22亿、6.15亿、7.46亿、7.17亿和9.62亿。仅1992～1997年六年中，全国森林公园共接待旅游者3亿人次，森林公园直接收入20亿元，社会综合旅游收入100多亿元，有近10万农民依托森林公园，从事森林旅游业，摆脱了贫困(王兴国，2002)。旅游业是一项综合性产业，它能通过产业联动链带动一系列相关产业如交通业、餐饮业、加工业、种植业、零售业等的发展。据研究，旅游业每收入1元，就给国民经济的相关行业带来5～7元的增值效益。实践证明，森林旅游带动地方经济发展，增加社会就业，促进山区脱贫致富，在各个方面起到了积极作用。

2. 面临的难点

20年来，中国森林旅游业的迅猛发展开创了森林公园和森林旅游事业的新局面，发挥了良好的经济效益和社会效益。但是，目前森林旅游业的发展仍然与中国国民经济和社会发展整体水平，与广大人民群众对森林旅游日益增长的消费需求不相称。森林公园的建立与发展，为社会提供了游览、观光、度假、健身、科学考察、探险等各种形式的森林旅游活动场所。多年来，各地已投入资金10多亿元，进行森林公园景区景点及基础设施建设。大部分森林公园已基本形成吃、住、行、游、购、娱配套服务体系，不少森林公园已成为中国新的旅游胜地，表现出旺盛的生命力和广阔的发展前景。

然而，森林公园的建立和发展既是一个林业产业问题，同时又是一个敏感的林业生态问题，其建立和开发存在诸多方面的问题。总体来看，建设质量差、效益低下是核心问题，因为丰富多彩的森林旅游资源优势远远没有得到充分发挥，目前的开发建设水平与其内在潜力很不相称(王长安，1998；孙克南、赵小宇，2000)。

(1) 一哄而起盲目建设。当前，一些地方掀起了兴建森林公园热，有的林场热衷于建公园，有的是部门领导强加给林场建公园的任务，致使一些森林公园建在既无景点又远离城镇工矿且景色平平的地方，造成旅游文化品位不高；有的公园借用兴建大量建筑物、人文景观充实内容，改变了森林公园的性质。

(2) 重复建设没有特色。现实中，存在着具有相同或相近的景观的森林公园，在相距几百公里甚至几十公里范围内重复建设的现象，园内景点仿建、抄袭现象也较严重，各自不能形成自己的特色。给人以雷同、千篇一律的感觉。

(3) 仓促开业不循规划。一些森林公园在基础服务设施还很不完善、基础管理也很薄弱的情况下，盲目上马，仓促营业，这样既降低了游客的旅游情趣，其旅游生活也不能得到保障。还有的公园缺乏战略眼光和长远发展目标，不按照《总体规划》建园，甚至在破坏森林旅游资源和环境资源的前提下盲目开发和发展森林旅游。其严重的短视行为，势必影响公园的后期发展。

(4) 渠道不畅，森林公园建设资金紧缺。中国森林公园大多数处于偏僻的边远山区，森林环境良好，森林环境优美，一般均为交通条件不便，基础设施条件比较差。在森林公园建设的初期，需要大量资金投入，以改善基础设施和服务设施条件，才能产生较好的经济效益和生态效益。而至今国家尚未有固定的投资渠道，林业自筹资金又十分有限，建设资金严重短缺，举步维艰，是制约森林公园发展建设、造成森林旅游业效益低下的最重要原因之一。

(5) 缺乏经验和科学化的建设指导。森林旅游在中国是一项新兴的产业，总共也只有 20 年的历史，兴办森林公园，建设单位由林场经营转为森林公园经营，缺乏相应的开发建设、经营管理和服务、市场营销等诸多方面的经验，缺少懂经营懂技术的专门人才。有的公园对人才培养和经验交流重视不够，影响了森林公园的发展，也影响了自身的经济效益。没有一个系统的科学理论作为指导，尚处于边开发建设、边开放经营、边探索之中，因此不可避免地走了一些弯路。少数森林公园为追求短期经济效益而忽视生态环境保护，致使自然资源受到一定程度破坏。

(6) 法制建设滞后，合法权益受侵害屡有发生。目前，除林业部颁发的《森林公园管理办法》及其他法规个别可参照的条款外，森林公园和森林旅游尚未建立配套的法规保障体系，约束力极为有限，森林公园建设得不到充分可靠的法律保障。一些部门往往不依法办事，无偿占用、划拨森林风景资源、争夺森林公园自主经营权的事件屡有发生。例如，河北省狼牙山森林公园几个主要景点分别被民政局、旅游局、附近乡村及个体承包者所分割，使原有的狼牙山国有林场失去了经营自主权，森林风景资源被强行划拨并无偿使用。

五、水利风景区系统

1. 发展的现状

水利风景区是指以水域(水体)或水利工程为依托，具有一定规模和质量的风景资源与环境条件，可以开展观光、娱乐、休闲、度假或科学、文化、教育活动的区域(水利部，2003)。水利风景区以培育生态，优化环境，保护资源，实现人与自然的和谐相处为目标，强调社会效益、环境效益和经济效益的有机统一。这里提到的水利风景资源，是指水域(水体)及相关联的岸地、岛屿、林草、建筑等能对人产生吸引力的自然景观和人文景观。

2004 年，水利部分别颁布了《水利风景区管理办法》和《水利风景区评价标准》。水利风景区的设立，应当有利于加强水资源和生态环境保护，有利于保障水工程安全运行，有利于促进人与自然和谐相处。凡利用水利风景资源开展观光、娱乐、休闲、度假或科学、文化、教育等活动，必须报请有管辖权的水行政主管部门或流域管理机构批准。水利风景区管理机构(一般为水利工程管理单位或水资源管理单位)在水行政主管部门和流域管理机构统一领导下,负责水利风景区的建设、管理和保护工作。

按照水利风景资源的观赏、文化、科学价值和水资源生态环境保护质量及景区利用、管理条件,水利风景区划分为两级,即国家级水利风景区和省级水利风景区。国家级水利风景区,由景区所在市、县人民政府提出水利风景资源调查评价报告、规划纲要和区域范围,省、自治区、直辖市水行政主管部门或流域管理机构依照《水利风景区评价标准》审核,经水利部水利风景区评审委员会评定,由水利部公布。省级水利风景区,由景区所在地市、县人民政府依照《水利风景区评价标准》,提出水利风景资源调查评价报告、规划纲要和区域范围,报省、自治区、直辖市水行政主管部门评定公布,并报水利部备案。

中国众多流域的水利资源、生态环境以及 84 000 多座水库,其中仅水库具备旅游开发价值的就占 80%以上,但已经开发的尚不足 40%。为充分发挥水利工程的综合效益,国家水利部已经将水利旅游与供水、发电并列为水利经济的三大内容。中国水利旅游市场当前已显示出强劲的活力,但水利风景区建设需要大量资金、最新的环保技术、配套的服务设施、先进的经营理念和承受的管理经验。《水利风景区管理办法》的出台,则为启动中国水利旅游大市场搭建了政策法规和经济技术支持的平台。

2001 年,水利部水利风景区评审委员会经过讨论,决定批准北京十三陵水库等 18 个单位(景区)为首批"国家水利风景区",开始了水利风景区的建设步伐(表 3—8)。随后,水利部于 2002 年批准黄河三门峡大坝风景区等 37 个单位(景区)为"国家水利风景区"(表 3—9),2003 年批准黄河小浪底水利枢纽等 30 家景区为"国家水利风景区"(表 3—10),

表 3—8　第一批国家水利风景区

地区	名称	地区	名称
北京	十三陵水库旅游区	黑龙江	红旗泡水库红湖旅游区
江苏	溧阳市天目湖旅游度假区	江苏	江都水利枢纽旅游区
浙江	海宁市钱江潮韵度假村	浙江	宁波天河生态风景区
浙江	奉化市亭下湖旅游区	安徽	龙河口水利旅游区
安徽	太平湖风景区	福建	福清东张水库石竹湖风景区
山东	沂蒙湖	河南	南湾风景名胜区
河南	驻马店市薄山湖水利旅游区	广东	飞来峡水利枢纽旅游区
贵州	镇远溯阳河水利旅游区	贵州	织金恐龙湖水利旅游区
新疆	农八师石河子北湖旅游区	河南	石漫滩水库风景区

表 3—9　第二批国家水利风景区

隶属单位	名称	隶属单位	名称
黄委会	黄河三门峡大坝风景区	湖北	湖北省漳河风景名胜区
	河南黄河花园口风景区	湖南	张家界溇江风景区
北京	北京市青龙峡旅游度假村		湖南水府水利风景区
河北	河北省秦皇岛桃林口景区	广西	广西百色市澄碧河水利风景区
山西	汾河二库风景区		广西北海市洪潮江水利风景区
	汾源水利风景区		广西南宁大王滩水利风景区
辽宁	大伙房水库风景区	海南	松涛水库风景区
	本溪关门山风景区	云南	珠江源风景区
吉林	吉林省新立湖水利风景区		泸西县五者温泉风景区
	集安市鸭绿江国境旅游区	贵州	岑巩龙鳌河水利风景区
江苏	徐州市云龙湖风景区		三岔河水利风景区
	瓜洲古渡风景区		舞阳湖水利风景区
			杜鹃湖风景区

续表

隶属单位	名称	隶属单位	名称
浙江	湖州太湖旅游度假区	四川	仙海风景区
	安吉县天赋旅游区		
	慈溪市杭州湾海滨游乐园	陕西	锦阳湖生态园
福建	仙游县九鲤湖风景区		汉中石门水利风景区
山东	东营天鹅湖公园	甘肃	金塔县鸳鸯池水利风景区
河南	云台山水利风景名胜区		
	昭平湖风景名胜区		
	焦作市群英湖风景名胜区		

2004 年批准山西永济黄河蒲津渡等 54 家景区(单位)第四批"国家水利风景区"(表 3—11)。目前,全国已经有 139 个国家水利风景区。

表 3—10 第三批国家水利风景区

隶属单位	名称	隶属单位	名称
水利部	黄河小浪底水利枢纽	安徽	佛子岭水库风景区
	黄河万家寨水利枢纽		龙子湖风景区
	济南百里黄河风景区	江西	上游湖风景区
天津	北运河水利风景区		景德镇市玉田湖水利风景区
	东丽湖风景区	河南	博爱青天河风景名胜区
吉林	磐石市黄河水库风景区		灵宝市窄口水库风景区
	长春市石头口门水库水利风景区	湖北	龙麟宫风景区
黑龙江	五常市龙凤山水利风景区	湖南	九龙潭大峡谷水利风景区
上海	上海松江生态水利风景区	贵州	贵州省毕节天河水利风景区
江苏	三河闸水利风景区	云南	思茅市梅子湖水利风景区
	泰州引江河风景区	陕西	黄河魂生态游览区
浙江	江山市峡里湖生态风景区	甘肃	凉州天梯山水利风景区
	新昌县沃洲湖水利风景区		平凉市崆峒水库风景区
	绍兴市环城河风景区	新疆建设兵团	青格达湖水利风景区
山东	江北水城风景区		西海湾水利风景区

表 3—11 第四批国家水利风景区

隶属单位	名称
黄委会	山西永济黄河蒲津渡水利风景区
	开封黄河柳园口水利风景区
海委会	漳卫南运河水利风景区
河北	中山湖风景区
	燕塞湖风景区
	衡水湖风景区
内蒙古	红山湖旅游度假区
	宁城县打虎石水利风景区
	巴图湾水利风景区
	包头市石门水利风景区
辽宁	大连市碧流河水利风景区
吉林	通化市桃园湖水利风景区
	舒兰市亮甲山水利风景区
江苏	苏州胥口水利风景区
	淮安水利枢纽风景区
安徽	梅山水库水利风景区
	响洪甸水库水利风景区
	太湖县花亭湖水利风景区
	蚌埠闸水利风景区
	青龙湾水利风景区
江西	白鹤湖水利风景区
	井冈山市井冈冲湖风景区
	南丰县潭湖水利风景区
	乐平市翠平湖水利风景区
	南城县麻源三谷水利风景区
	泰和县白鹭湖水利风景区
	宜春市飞剑潭水利风景区

隶属单位	名称
浙江	江山月亮湖水利风景区
河南	红旗渠
	铜山湖水利风景区
	香山湖水利风景区
	鲇鱼山水库风景区
湖北	京山惠亭湖风景区
湖南	衡东洣水水利风景区
	长沙湘江水利风景区
	酒埠江水利风景区
广东	高州水库玉湖风景区
	茂名小良水土保持生态景观风景区
广西	南宁天雹水库水利风景区
重庆	大足县龙水湖风景区
贵州	松柏山水利风景区
	龙里生态科技示范园
陕西	安康市瀛湖风景区
	南郑县红寺湖风景区
甘肃	酒泉市赤金峡水利风景区
	高台县大湖湾风景区
	庄浪县竹林寺水库风景区
	泾川县田家沟水土保持生态风景区
宁夏	青铜峡水利风景区
新疆	克孜尔水库风景区
	巴州西海明珠风景区
新疆建设兵团	塔里木多浪湖水利风景区
	千鸟湖水利风景区
	双湖生态旅游景区

2. 发展的难点

由于水利部门对水库等资源有长达50多年的管理优势，水利风景区系统从提出到发展，经历的时间到目前还不足4年，但是已经发展到现在的139个国家级水利风景区，发展速度是非常快的。

这种超常的发展速度，直接面对的难点就是相应的配套的法律法规和管理规定等不能尽快出台，影响到水利风景区的发展和建设。另外，在中国水利风景区是新事物，只能在摸索中建设。在国外也有相对应的流域和特殊水利保护区，可以从中借鉴经验。水利风景区的提出和建设，对丰富和充实中国保护性用地体系是一件好事。但是，如何从别的保护性用地的发展和建设中吸取经验教训，如何避免出现自然保护区和风景名胜区等存在的"重申报，轻管理"等问题，需要作进一步的探索。

六、历史文化区系统

1. 发展的现状

中国《文物保护法》明确了三类受保护的历史文化区的空间范围，即文物保护单位的保护范围及其建设控制地带、历史文化街区与村镇、历史文化名城三种类型。①保护范围。分别由省、自治区、直辖市人民政府和市、县级人民政府划定，作出标志说明，建立记录档案，并区别情况分别设置专门机构或者专人负责管理。②建设控制地带。根据保护文物的实际需要，经省、自治区、直辖市人民政府批准，在文物保护单位的周围划出。③历史文化街区、村镇。保存文物特别丰富并且具有重大历史价值或者革命纪念意义的城镇、街道、村庄，由省、自治区、直辖市人民政府核定公布为历史文化街区、村镇，并报国务院备案。④历史文化名城。保存文物特别丰富并且具有重大历史价值或者革命纪念意义的城市，由国务院核定公布为历史文化名城。

建国以来，中国设立的全国重点文物保护单位如表 3—12 所示。中国文物保护单位的审批和管理由文物部门负责，与历史文化名城关系密切。根据统计，在 99 座名城中有全国重点文物保护单位 271 处，占总数 750 处的 36.13%，仅北京就有 41 处，西安有 16 处，泉州也有 12 处。历史文化名城中也有文物保护单位(区)，如洛阳的龙门石窟、承德的避暑山庄—外八庙、北京的八达岭、十三陵风景区等。佛寺道观既是宗教活动场所，又具有人文旅游资源的意义。名城的宗教遗迹也十分丰富，在国务院公布的汉族地区佛道教重点寺观中，有 8 处道观位于名城，如北京的白云观、青岛的太清宫和成都的青羊宫等；有 64 处佛寺在名城，如苏州的寒山寺、洛阳的白马寺和杭州的灵隐寺等。

表 3—12 2001 年以前的全国重点文物保护单位

分 类	第一批(1961)	第二批(1982)	第三批(1988)	新分类	第四批(1996)	第五批(2001)
革命遗址及革命纪念建筑物	33	10	41	古遗址	56	144
石窟寺	14	5	11	古墓葬	22	50
古建筑及历史纪念建筑物	77	28	111	古建筑	110	248
石刻及其他	11	2	17	石窟寺及石刻	10	31
古迹址	26	10	49	近现代重要史迹及代表性建筑	50	40
古墓葬	19	7	29	其他	2	5
合计	180	62	258	合计	250	518

城市在人类文明的历史中占了非常重要的地位。中国是世界上著名的文明古国之一，有着悠久的历史和光辉灿烂的文化，有着许多著名的历史文化名城。这些历史文化名城除了城市规划的本身就是一份珍

贵的历史文化遗产，在城市之中和城市附近还保存了大量的古建筑和文物史迹，有宫殿、坛庙、陵墓、寺、观、衙署、府第、园林、石窟、民居、桥梁、关塞等。这些古建筑和文物史迹是中国古老文明的形象化标志和悠久历史文化的实物例证。历史文化名城中除了大量的古建筑和文物史迹之外，还包含了丰富多彩的文化艺术传统和特有的传统社会经济基础，如诗歌、音乐、舞蹈、戏曲、书法、绘画、雕塑、编织、印染、冶炼、商业、工艺以及烹调、风味饮食、衣冠服饰、民俗风情等。它们是历史文化名城活的内容和生存的基础，是我国多民族历史文化与经济发展的生动体现。一批历史文化名城的保护，对于继承和发扬文明古国的优秀历史文化传统，建设具有中国特色的社会主义城市，意义深远(李燕、司徒尚纪，2002)。

历史文化名城的选定，主要根据它的历史文化、科学研究、保存状况和今后发展等方面的价值来进行评论选择。经主管部门、历史、文化、文物考古、城市规划、风景名胜、地理、科学技术等有关方面的专家学者、社会人士多次研究和实地考察之后由国务院公布。国务院于1982年、1986年和1994年先后公布了三批国家级历史文化名城。第一批24座，第二批38座，第三批37座，共计99座，它们犹如散嵌在祖国大地的颗颗璀璨明珠，散发着夺目的光芒。中国历史文化名城的形成和发展，有着各自不同的经历和特点。它们往往经过了几百年、几千年的岁月。有些曾经是历史上显赫一时的城市，由于自然条件或人为破坏的原因，已成为废墟。然而仍然有许多几经沧桑，至今还是生机勃勃的、发展着的历史文化名城。根据它们成长发展和功能上的特点，大约如表3—13中所列的几种类别(罗哲文，1989)。

目前，历史文化区的保护主要有三个环节。①科学地确定保护区。②制订保护区规划。③保护区的实施、管理、法规。在空间规划管理上，《文物保护法》则规定：各级人民政府制定城乡建设规划，应当根据

表3—13 历史文化名城分类一览表

类别	特点	典型城市
统一时期的帝都	城市规划与建设规模特别宏大,保存的古建筑和文物史迹特别丰富,历史文化传统也特别深厚	西安、洛阳、南京、北京、成都、平城(大同)、汴梁(开封)、临安(杭州)等
诸侯国家或封藩封王的首府	保存的古建筑和文物史迹丰富,历史文化传统深厚	曲阜、江陵、苏州、长沙、绍兴等
边疆省区早期地方政权的首府	保存大量的古建筑和文物史迹,反映中国多民族国家的形成发展和多民族历史文化	昆明、大理、拉萨、日喀则、喀什等
军事重镇	反映中国古代各民族经济发展、文化交流以及对外开放的历史情况	大同、银川、榆林、武威、张掖等
海外交通的港埠	反映中国历史上对外开放、对外交往、对外经济文化交流的情况	广州、泉州、福州、宁波、上海、天津等
风景游览城市	有秀丽的风光,也有悠久的历史文化	桂林、苏州、杭州、承德、昆明等
革命历史名城	在革命史上具有纪念意义,也有悠久的历史文化	瑞金、遵义、延安等
其他(特殊意义的城市)	生产或商业闻名,而且历史悠久,文化发达	景德镇、自贡、扬州、武汉、重庆等

文物保护的需要,事先由城乡建设规划部门会同文物行政部门商定对本行政区域内各级文物保护单位的保护措施,并纳入规划。历史文化名城和历史文化街区、村镇所在地的县级以上地方人民政府应当组织编制专门的历史文化名城和历史文化街区、村镇保护规划,并纳入城市总体规划。就保护方式而言,欧美各国主要采取以下三种方式:①严格保留原物的历史地段;②以保护为主、适当添建改建的地段;③以改建为主、保护为辅,保留其旧有格局和富有特色建筑、街区的历史地段(陆翔,2001)。

2. 存在的问题

1982 年，中国制定的文物保护法实施以来，对于提高全民族的文物保护意识和加强文物保护起了重要作用。但随着改革的深化、开放的扩大和社会主义市场经济的发展，文物保护工作出现了一些新情况、新问题。原文物保护法的一些规定已不能完全适应形势发展的要求，突出表现在文物保护力度不够。一些地方不能正确处理经济建设与文物保护的关系，造成了不可移动文物被毁坏；有些文物收藏单位管理制度不健全，造成馆藏文物流失、损毁；不少文物未能得到合理利用；文物管理制度不够严格，给盗墓和走私文物造成可乘之机；盗掘、走私文物严重，有的与境外勾结，形成国际性盗掘、走私文物的犯罪集团。2002 年，中国新修订了文物保护法，对文物保护法进行了修改、补充和完善。

自首批历史文化名城公布 20 多年来，中国经济建设以前所未有的速度发展，城市面貌发生了巨大变化，许多历史文化名城像其他城市一样，正面临着大规模的"旧城改造"、城市基础设施建设、房地产开发和环境改造。在这个过程中，由于许多地方忽略了对城市历史及文脉的保护，或被眼前的利益所左右，导致相当多的历史文化名城受到不同程度的破坏，有的已经造成了难以挽回的严重后果，其主要体现在七个方面（仇保兴，2003）。①一些古城的历史格局被破坏。②许多历史文化区被挤占。③由于解放以来一些地方未对保护区进行定期的全面维护，使得历史街区内的人口密度过大，基础设施落后，居民居住条件差。④不注意对文物古迹周围历史环境的保护。⑤拆毁了一些尚未列入保护等级的遗迹。⑥建造了一批毫无历史文化价值的假古董。⑦历史文化名城保护工作是一项综合性的工作，涉及面广，问题复杂，需要多部门协同配合，仅靠建设行政主管部门与文物主管部门，在有些问题上是力所不能及的。

这些年来中国历史文化名城和文物保护单位的保护与城市建设的矛盾渐趋尖锐，随着城市化进程的加快，不少历史文化名城遭到严重破坏，大规模毁坏历史文化遗产的事件时有发生。例如在浙江省舟山市，公然违反国家有关文物保护和历史文化名城保护的政策、法律、法规，在“旧城改造”的名义下，对浙江省历史文化名城定海历史街区大肆拆毁，致使国家文化遗产遭到不可弥补的损失。中国历史文化名城保护与建设发展的工作开始较晚，问题也不少，特别是城市人口的急剧增加、交通的拥挤、工业布局不当、新建筑对古城风貌的破坏、水源枯竭、绿地减少、三废（废烟、废水、废物）的污染等，都严重危害了历史文化名城的生活和发展，威胁着文物的保护，这些都是亟待解决的问题。

第三节　保护性用地体系的法律建设*

建国以来，国家在环境保护、自然资源保护、野生动植物保护、自然保护区、风景名胜区、森林公园、地质公园和历史文化区等保护性用地的建设与管理方面相继制定了一系列的法律、法规，为加强自然保护区建设和管理提供了法律依据。

一、根本法——《中华人民共和国宪法》

《中华人民共和国宪法》以法律的形式确认了中国各族人民奋斗的成果，规定了国家的根本制度和根本任务，是国家的根本法，具有最高的法律效力。全国各族人民、一切国家机关和武装力量、各政党和各社会团体、各企业事业组织，都必须以宪法为根本的活动准则，并且负有

---

* 本节内容整理自相关法律条文，得到吴宇宁工程师等人的协助。

维护宪法尊严、保证宪法实施的职责。与保护性用地方面相关的主要规定有三个方面。

①对自然资源的保护和利用。《中华人民共和国宪法》第一章总纲的第九条规定："矿藏、水流、森林、山岭、草原、荒地、滩涂等自然资源，都属于国家所有，即全民所有；由法律规定属于集体所有的森林和山岭、草原、荒地、滩涂除外。""国家保障自然资源的合理利用，保护珍贵的动物和植物。禁止任何组织或者个人用任何手段侵占或者破坏自然资源。"

②文物古迹等。《中华人民共和国宪法》第一章总纲的第二十二条第二款规定："国家保护名胜古迹、珍贵文物和其他重要历史文化遗产。"

③生态环境。《中华人民共和国宪法》第一章总纲的第二十六条第一款规定："国家保护和改善生活环境和生态环境，防治污染和其他公害。""国家组织和鼓励植树造林，保护林木。"

二、《中华人民共和国环境保护法》

《中华人民共和国环境保护法》于 1989 年颁布并实施。保护和改善生活环境和生态环境是该法的目的之一，其所指的环境范围很广，包括大气、水、海洋、土地、矿藏、森林、草原、野生生物、自然遗迹、人文遗迹、自然保护区、风景名胜区、城市和乡村等。该法明确规定环境保护规划必须纳入国民经济和社会发展的计划，国家采取有利于环境保护的经济、技术政策和措施，使环境保护工作同经济建设和社会发展相协调。

该法要求各级政府对具有代表性的各类自然生态区域，珍稀、濒危的野生动植物自然分布区域，重要水源涵养区域，具有重要科学文化价值的地质构造，著名溶洞和化石分布区，冰川、火山、温泉等自然遗迹，以及人文遗迹、古树名木等采取措施加以保护，严禁破坏；不得在风景名胜区、自然保护区和其他特别保护区域内建设污染环境的设施；建设任何污染或有潜在性污染的项目必须提交有关授权部门为该项目作出的环境影响报告书，在该报告书经相应级别的环保行政部门批准后计划部门才可批准建设。开发利用自然资源时必须采取措施保护生态环境，防止植被破坏、水土流失、水源枯竭、种源减绝以及其他对自然环境造成伤害的现象。进行城乡建设应当结合当地自然环境的特点，保护植被、水域和自然景观，并加强城市园林、绿地和风景名胜区的建设。违反该法规定，使土地、森林、草原、水资源、矿产、渔业、野生动植物等资源破坏的，依照有关法律的规定承担法律责任。

三、《中华人民共和国野生动物保护法》

《中华人民共和国野生动物保护法》于 1988 年 11 月 8 日公布，1989 年 3 月 1 日施行。2004 年 8 月 28 日作了修订。为了更有效地实施该法，我国于 1992 年 3 月 1 日和 1993 年 10 月 5 日分别发布了《中华人民共和国陆生野生动物保护实施条例》和《中华人民共和国水生野生动物保护实施条例》。该法的目的是保护和拯救珍稀、濒危野生动物，保护、发展和利用野生动物资源。国家对野生动物实行的方针是加强资源保护，积极驯养繁殖，合理开发利用，鼓励开展野生动物科学研究。

该法规定野生动物资源属国家所有，公民有保护野生资源的义务；各级政府有责任管理野生动物资源，制定保护、发展和合理利用野生动物资源的规划和措施，并开展保护野生动物宣传月活动，以提高公民保护意识。国家和地方政府分别制定国家和地方重点保护野生动物名录，保护野生动物及其生存环境，对珍稀、濒危物种给予重点保护。在野生动物主要栖息繁殖区域划定自然保护区，组织资源调查并建立资源档案，监测环境对野生动物的影响。在自然灾害威胁野生动物时要采取救护措施，政府补偿保护野生动物造成的损失。禁止猎捕、出售、收购国家重点保护的野生动物或其产品；因特殊情况或需要捕捉国家重点保护的野生动物需要申办特许猎捕证；驯养繁殖要持有驯养繁殖许可证并凭证向政府指定收购单位出售；运输要有准运证；进出口要办理允许进出口证明书。自然保护区、禁猎区和禁猎期内禁止猎捕野生动物和从事其他影响野生动物栖息繁衍的活动；其他情况下猎捕非国家重点保护野生动物必须取得狩猎证并限额猎捕；经营利用野生动物及其产品的，应当交纳资源保护管理费。在保护法和条例中对奖励、惩罚和法律责任作了详细规定。

四、《中华人民共和国文物保护法》

《中华人民共和国文物保护法》于 2002 年重新修订并公布实施，该法明确规定：各级文物保护单位，分别由省、自治区、直辖市人民政府和市、县级人民政府划定必要的保护范围，作出标志说明，建立记录档案，并区别情况分别设置专门机构或者专人负责管理。全国重点文物保护单位的保护范围和记录档案，由省、自治区、直辖市人民政府文物行政部门报国务院文物行政部门备案。《文物保护法》中规定了文物保护单位的保护范围和建设控制地带、历史文化街区与村镇以及历史文化名城三类空间范围及其相应的法律规定。

(1) 保护范围。文物保护单位的保护范围内不得进行其他建设工程或者爆破、钻探、挖掘等作业。但是，因特殊情况需要在文物保护单位的保护范围内进行其他建设工程或者爆破、钻探、挖掘等作业的，必须保证文物保护单位的安全，并经核定公布该文物保护单位的人民政府批准，在批准前应当征得上一级人民政府文物行政部门同意；在全国重点文物保护单位的保护范围内进行其他建设工程或者爆破、钻探、挖掘等作业的，必须经省、自治区、直辖市人民政府批准，在批准前应当征得国务院文物行政部门同意。

（2）建设控制地带。根据保护文物的实际需要，经省、自治区、直辖市人民政府批准，可以在文物保护单位的周围划出一定的建设控制地带，并予以公布。在文物保护单位的建设控制地带内进行建设工程，不得破坏文物保护单位的历史风貌；工程设计方案应当根据文物保护单位的级别，经相应的文物行政部门同意后，报城乡建设规划部门批准。

在文物保护单位的保护范围和建设控制地带内，均不得建设对文物保护单位及其环境有污染的设施，不得进行可能影响文物保护单位安全及其环境的活动。对已有的污染文物保护单位及其环境的设施，应当限期治理。

（3）历史文化街区、村镇。保存文物特别丰富并且具有重大历史价值或者革命纪念意义的城镇、街道、村庄，由省、自治区、直辖市人民政府核定公布为历史文化街区、村镇，并报国务院备案。

（4）历史文化名城。保存文物特别丰富并且具有重大历史价值或者革命纪念意义的城市，由国务院核定公布为历史文化名城。

五、《中华人民共和国野生植物保护条例》

《中华人民共和国野生植物保护条例》于 1996 年 9 月 30 日由国务院批准公布，自 1997 年 1 月 1 日起实施，目的是为了保护、发展和合理利用野生植物资源，保护生物多样性，维护生态平衡。《条例》所保护的野生植物，是指原生地天然生长的珍贵植物和原生地天然生长并具有重要经济、科学研究、文化价值的濒危、稀有植物。药用野生植物和城市园林、自然保护区、风景名胜区内的野生植物的保护，同时适用有关法律、行政法规。在中华人民共和国境内从事野生植物的保护、发展和利用活动，必须遵守《条例》。中华人民共和国缔结或者参加的与保护野生植物有关的国际条约与《条例》有不同规定的，适用国际条约的规定。但是，中华人民共和国声明保留的条款除外。《条例》的公布实施，使中国野生植物保护工作纳入了法制管理的轨道。条例在以下六方面作出相应的法律规定：①管理体制及各级政府的职责；②野生植物分级管理；③野生植物采集管理；④野生植物出售、收购管理；⑤环境影响评价；⑥涉外活动管理。

其中，《条例》规定了管理体制及各级政府的职责：国务院林业行政主管部门主管全国林区内野生植物和林区外珍贵野生树木的监督管理工作。国务院农业行政主管部门主管全国其他野生植物的监督管理工作。国务院建设行政部门负责城市园林、风景名胜区内野生植物的监督管理工作。国务院环境保护部门负责对全国野生植物环境保护工作的协调和监督。国务院其他有关部门依照职责分工负责有关的野生植物保护工作。县级以上地方人民政府负责野生植物管理工作的部门及其职责，由省、自治区、直辖市人民政府根据当地具体情况规定。

另外，《条例》规定了野生植物的分级管理：对中国的野生植物实行“加强保护、积极发展、合理利用”的方针，并明确对野生植物实行重点保护。为了具体落实保护措施，《条例》将受保护的野生植物分为国家重点保护野生植物和地方重点保护野生植物。

六、《中华人民共和国自然保护区条例》

《中华人民共和国自然保护区条例》于 1994 年 10 月 9 日颁布，同年 12 月 1 日起施行。自然保护区是指将有代表性的自然生态系统，珍稀、濒危野生动植物种的天然集中分布区，有特殊意义的自然遗迹等保护对象所在的陆地、陆地水体或者水域依法划出，予以特殊保护和管理的特定区域。制定该条例的目的是为了加强自然保护区的建设和管理，保护自然环境和自然资源。

该条例规定自然保护区的发展规划应纳入国民经济和社会发展计划，制定、实施国家自然保护区发展规划，采取有利于发展自然保护区的经济、技术政策和措施。对于典型的自然地理区域中有代表性的自然生态系统区域，珍稀、濒危野生动植物自然集中分布区，具有特殊保护或重大科学文化价值的生态综合体或自然遗迹，应当建立自然保护区；自然保护区一经批准建立不得随意改变和撤销，其性质、范围、界线的调整或改变须经原批准人民政府的批准；单位和个人有保护自然保护区内自然环境和自然资源的义务，并有权检举和控告破坏、侵占自然保护区的行为。自然保护区内禁止砍伐、放牧、狩猎、捕捞、采药、开垦、烧荒、开矿、采石、挖沙等破坏性活动。自然保护区按其重要性和价值分为国家级和地方级，并设立相应级别的专门管理机构，管理经费由地方政府安排，国家对国家级自然保护区给予资金补助。自然保护区按其功能和管理需要，划出核心区、缓冲区和实验区，如有必要可于自然保护区外划定外围保护带；在核心区和缓冲区内不得建设任何生产设施，实验区内不得建设污染环境、破坏资源或景观的生产设施，开展参观或旅游活动必须经主管部门批准，外围保护带建设的项目不得损害自然保护区内的环境质量。条例最后规定了违法者应承担的法律责任。

七、《风景名胜区管理暂行条例》

《风景名胜区管理暂行条例》于 1985 年 6 月 7 日颁布实施。目的是加强风景名胜区的管理，更好地保护、利用和开发风景名胜资源。风景名胜区的特征是自然景观、人文景观集中，环境优美，具有观赏、文化或科学价值，能供人游览。按其价值、环境质量、规模和游览条件，分为国家、省和市（县）三级，分别由相应主管部门和人民政府划定和批准公布。风景名胜区要依法设立人民政府，对其保护、利用、规划和建设进行整体管理；没有设立人民政府的，应建立管理机构。区内土地不得侵占，古树名木严禁砍伐，一切景物和自然环境必须严格保护，不得破坏或随意改变；设施要与景观协调且不能污染环境。封山育林、植树绿化、保护好林木植被和动植物生长、繁衍是风景名胜区的主要职责之一，爱护景物、林木植被、野生动物等是区内居民和游览者的义务和责任。

八、其他相关法律

与保护性用地的法制管理密切相关的法律法规还有以下几种，这些法律对我国保护性用地体系的建设和管理提供了法律依据。

1.《中华人民共和国海洋环境保护法》

《中华人民共和国海洋环境保护法》于 1982 年 8 月 23 日颁布，1983 年 3 月 1 日实施。该法的目的是保护海洋环境和资源，防止污染损害，保护生态稳定，保障人体健康，促进海洋业的发展。进入中国管辖海域内的一切单位和个人都有责任保护海洋环境，并有义务对污染损害海洋环境的行为进行监督和检举。国家及有关省级政府可以根据海洋环境保护的需要划定海洋特别保护区、海上自然保护区和海滨风景游览区，并采取相应的保护措施。建造大中型设施必须采取措施保护水产资源，在鱼蟹洄游通道要设置过鱼设施。禁止毁坏海岸防护林、风景林、风景石和红树林、珊瑚礁。在海上自然保护区、水产养殖场、海滨风景游览区内禁止排污。各级环境保护部门应当加强入海河流的管理，防治污染，使入海河口处的水质处于良好状态。违反该法造成或可能造成海洋环境污染损害的，要按该法及有关法律规定承担法律责任。

2.《中华人民共和国农业法》

《中华人民共和国农业法》于 1993 年 7 月 2 日颁布实施。该法的目的之一是坚持以农业为基础发展国民经济的方针，促进农业的持续、稳定、协调发展。中国的农业是采用大农业的概念，因此农业包括了种植业、林业、畜牧业和渔业。该法明确规定森林、山岭、草原、荒地、滩涂、水流等自然资源属国家或集体所有，这与中国以公有制为基础的特征相一致。为发展农业，必须合理地利用资源，保护和改善生态环境。该法要求各级政府应当制定农业资源区划和农业环境保护规划，组织农业生态环境治理，并划定基本农田保护区，实行特殊保护；国家对水土保持工作的方针是预防为主、全面规划、综合防治、因地制宜、加强管理、注重效益，加强小流域治理，控制风沙危害，预防和治理水土流失、土地沙化；禁止毁林开荒、烧山开荒、围湖造田以及开垦国家禁止开垦的陡坡地，合理利用水、森林、草原、野生动植物等自然资源，防止被污染或破坏。

3.《中华人民共和国土地管理法》

《中华人民共和国土地管理法》于1986年6月25日颁布，1988年12月29日修正并实施，并于1998年8月29日重新修订。该法的目的之一是加强土地管理，维护土地公有制，保护、开发土地资源，合理利用土地。该法要求各级政府必须贯彻执行十分珍惜和合理利用土地的方针，编制土地利用总体规划，以国家行为确定各类土地的使用权或所有权，保证全面规划加强管理、保护土地资源；在江河、湖泊的安全区内的土地利用应当符合江河、湖泊综合开发利用规划的要求；为防止土地浪费，规定只有列入国家固定资产投资计划的或准许建设的国家建设项目才可申请用地；对于违规使用和破坏土地资源的行为作了详细的法律责任规定。

4.《中华人民共和国水土保持法》

《中华人民共和国水土保持法》于1991年6月29日颁布并实施。1993年8月1日又颁布了《实施条例》。制定该法的目的之一是预防和治理水土流失，改善生态环境，发展生产，并将这一工作作为各级政府的重要职责。该法要求从事可能引起水土流失的生产建设活动的单位和个人必须采取措施保护水土资源。治理水土流失；要求各级政府有计划地组织封山育林育草、轮封轮牧，防沙固沙，保护植被，禁止在坡度25°以上的陡坡地开垦种植农作物；采伐林木要采用合理方式，严格控制采伐，采伐后要及时完成更新造林；企事业单位因工程建设造成植被破坏的，必须采取措施恢复表土和植被，防止水土流失；对水土保持设施和治理成果应当加强管理和保护。

5.《中华人民共和国森林法》

《中华人民共和国森林法》于1984年9月20日颁布，1985年1月1日实施。1986年5月10日又颁布了《实施细则》。1998年颁布修订后的《中华人民共和国森林法》，2000年颁布《森林法实施条例》。制定该法的目的是保护、培育、合理利用森林资源，加快国土绿化，发挥森林蓄水保土、调节气候、改善环境和提供林产品的作用；明确森林资源为全民或集体所有，明确森林资源包括林地以及林区内的野生动植物。该法规定国家对森林资源利用的保护性措施有限额采伐、征收育林费、建立林业基金等；规定植树造林、保护森林是公民应尽的义务，各级政府应组织全民义务植树并负责建立护林组织，加强森林保护，最终实现森林覆盖率达到30％的国家目标；对用材林实行消耗量低于生长量的经营原则。木材年度生产计划由国家统一制定，采伐必须申办采伐许可证；禁止毁林开垦等行为，建设活动应不占或少占林地，必须占用的需按规定办理；国家林业主管部门和省级政府应在不同自然地带的典型森林生态地区、珍贵动物和植物生长繁殖的林区及其他具有特殊保护价值的林区划定自然保护区，对区内各类资源严加保护；林区内珍贵树木和具有特殊价值的植物资源也要认真保护，不经相应主管部门批准不得采集和采伐；受国家保护的野生动物禁止猎捕，有特殊需要必须按规定办理审批手续。

6.《中华人民共和国草原法》

《中华人民共和国草原法》于1985年6月18日通过，同年10月1日施行。制定该法的目的在于通过调整人们在草原开发利用、改善和保护中所产生的各种社会关系，保护草原生态系统和生物生产能力。最终目的是保护和改善人类环境和促进经济和社会的发展。法律所保护的客体是草原的所有权和经营权，而保护的对象则是整个草原生态系统，包括土地、动物、植物等。为保证草原的保护与经济、社会发展相协调，规定各级政府应当将草原保护纳入经济和社会发展计划，加强草原保护、建设和合理利用，提高草原的载畜能力。为防止草原破坏，规定要合理使用草原，防止过量放牧；草原使用者应当调整放牧强度，补种牧草、恢复植被；严格保护草原植被，禁止开垦和破坏；在草原上割灌木、挖药材、挖野生植物等必须经草原使用者同意并经政府批准。禁止在荒漠草原、半荒漠草原和沙化地区挖砍灌木、药材和其他固沙植物。地方各级政府应当采取措施防止草原鼠虫害，保护捕食鼠虫的益鸟益兽。对违反《草原法》的行为也规定了相应的法律责任。

7.《中华人民共和国渔业法》

《中华人民共和国渔业法》于1986年1月20日公布，同年7月1日起施行，制定该法的目的之一是加强渔业资源的保护、增殖、开发和合理利用。各级政府主管部门要按规定重点保护渔业资源品种和对其管理的渔业水域进行统一规划，采取措施，增殖渔业资源；向受益者征收增殖保护费，专门用于增殖和保护渔业资源。禁止炸鱼、毒鱼，禁止捕捞有重要经济价值的水生动物苗种，禁止围湖造田，对国家禁止捕捞的珍贵水生动物应当予以保护；不得使用禁用的工具和方法及不符合规定的网具捕捞，不得在禁渔期和禁渔区捕捞；在鱼、虾、蟹洄游通道建闸筑坝要有过鱼设施或相应补救措施；在苗种重点产区用水或引流时要采取措施保护苗种。各级政府应依法采取措施保护和改善渔业水域的生态环境，防止污染，并追究污染者和违法者的法律责任。

第四节　趋势——走向世界的中国体系结构

一、中国保护性用地体系的结构

从本章前述几节来看，我国保护性用地体系已经初步形成。不难看出，我国的保护性用地体系是建立在六大部门系统的基础上的。同时，保护性用地又分为从县级到国家级和世界级这样不同的等级层次。在图 3—2 中，从下往上，显示级别从县级一直到世界级，箭头显示了这样的逐级提升，上一级从下一级中选择。

该体系主要针对的是物质空间的保护性用地，对于口头艺术和非物质遗产，似乎在体系之外。其实，口头艺术和非物质遗产也是存在于一定的具体空间范围之内的，是可以作为本体系的某一类保护性用地纳入到本体系之内的。如纳西文化在丽江一带，丽江古城是历史文化名城，属于历史文化保护区。

这一保护性用地体系的提出，是立足中国国情，尤其是正视现有的行政系统特征。美国和加拿大等国的以国家公园管理局统一管理为核心的国家公园管理模式，一直被学术界所推崇，作为理想模式来研究。中国保护性用地体系的建设和发展水平与发达国家有着较大的差距，但是，这一体系的初步建立，是和中国国情以及发展现状和认识水平相适应的。美国和加拿大的管理模式，其生命力在于其不断地调整发展中，也在于它们与本国实际情况的紧密结合。当然，一个统一的管理体系的出现，仍是我们所盼望的。至于实现统一模式的时间，笔者认为，不仅取决于人们特别是领导层对保护性用地的认识，还需要恰当的时机，特别是中国国家行政机构改革调整之时可以考虑进行管理部门的

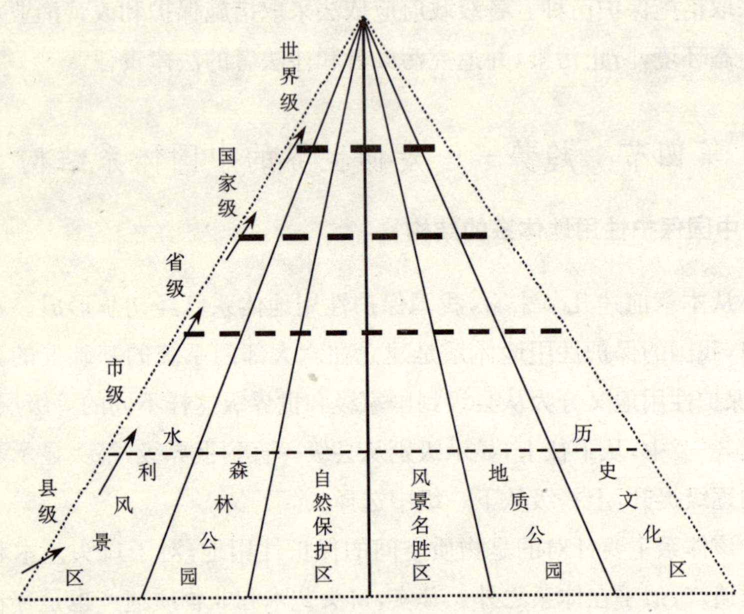

图 3—2 中国保护性用地体系的层次结构

整合。现阶段任何忽视中国现有管理体制特点，忽视部门利益和地方利益的管理改革思路，只会成为理想主义在纸上的表现，以至于被个别官员称之为脱离实际、热情而浪漫，却不实用。

二、体系与世界遗产

中国于 1985 年 11 月批准参加“遗产公约”。1987 年 12 月，长城、北京故宫、周口店北京人遗址、秦始皇陵、敦煌莫高窟和泰山六处遗产被批准列入《世界遗产名录》。近 15 年来，中国在《遗产公约》范围内与教科文组织合作开展了许多旨在增强遗产保护意识，提高遗产管理水平的活动，如在泰山举行的“壁画保护国家培训班”(1990 年)，在黄山举行的“风景资源保护与管理国家讲习班”(1993 年)，在西陵和敦煌举行的"全国木结构古建筑保护与管理研讨班"及"中国石窟文物保护国家培训班"(1994年),在承德举办的"中国世界遗产管理国家培训班"(1997年),在北京召开的"亚太地区青少年世界遗产论坛"(1997年)。北京电视台自筹资金赴国外实地拍摄了广泛介绍世界各国遗产的大型电视系列片《人类的共同遗产》。1991年至今,中国慕田峪长城、周口店"北京人"遗址获得了国际修复捐款和技术设备援助,黄山和丽江古城得到了教科文组织的紧急救灾援助。中国参加"遗产公约"仅十余年即在保护遗产方面取得令人瞩目的进展,受到教科文组织和国际保护专家的高度赞扬,对于弘扬中国文化和自然遗产,不断提高我国遗产管理和保护水平发挥了积极作用(陶伟,2001)。

近年来,经联合国教科文组织世界遗产委员会批准,中国在2004年又一批文化和自然遗产进入世界文化和自然遗产名录。至此,在中国的世界文化和自然遗产已达30项(表3—14)。

表3—14　中国世界遗产一览表

序号	项目名称	加入年份	备注
1	中国长城	1987	文化遗产
2	北京故宫	1987	文化遗产
3	甘肃敦煌莫高窟	1987	文化遗产
4	陕西秦始皇陵及兵马俑	1987	文化遗产
5	周口店北京人遗址	1987	文化遗产
6	泰山	1987	自然遗产、文化遗产
7	黄山	1990	自然遗产、文化遗产
8	四川九寨沟	1992	自然遗产
9	黄龙	1992	自然遗产
10	武陵源	1992	自然遗产

续表

序号	项目名称	加入年份	备注
11	承德避暑山庄及周围庙宇	1994	文化遗产
12	曲阜孔庙孔府与孔林	1994	文化遗产
13	西藏布达拉宫—大昭寺	1994	文化遗产
14	武当山古建筑群	1994	文化遗产
15	峨眉山—乐山大佛	1996	自然遗产、文化遗产
16	庐山	1996	文化景观遗产
17	丽江古城	1997	文化遗产
18	平遥古城	1997	文化遗产
19	苏州古典园林	1997	文化遗产
20	颐和园	1998	文化遗产
21	天坛	1998	文化遗产
22	大足石刻	1999	文化遗产
23	武夷山	1999	自然遗产、文化遗产
24	洛阳龙门石窟	2000	文化遗产
25	明清皇家陵寝	2000	文化遗产
26	皖南古村落	2000	文化遗产
27	都江堰—青城山	2000	文化遗产
28	山西云冈石窟	2001	文化遗产
29	三江并流	2003	自然遗产
30	高句丽	2004	文化遗产

三、体系与“人与生物圈计划”

中国以“人与生物圈计划”为窗口，在资源、环境、生态领域开展了一系列有应用价值的研究项目，建立了中国人与生物圈保护区网络，传播了生物圈信息，促进了环境教育和人才培训，推动了与美国、荷兰、加拿大、澳大利亚等国环保界的双边交流与合作，为实现中国可持续发展作出了贡献。1978 年 2 月，中国科学院设立了中华人民共和国“人与生物圈”国家委员会。1987～1995 年，中国利用德国 380 万美元的信托基金，在华实施了涉及森林、水、城市生态系统等八个研究课题的中德生态研究大型合作项目，取得了丰硕成果。自 1979 年起，中国的一批著名自然保护区，如长白山、神农架、九寨沟、西双版纳等，陆续被认定为世界生物圈保护区，这不仅提高了中国自然保护区在国际上的地位，也加强了中国自然保护事业与国际上的交流和联系。1996 年世界自然保护联盟向我国人与生物圈国家委员会授予了“国际帕克斯成就奖”，以表彰中国对自然保护事业的贡献，至 2001 年中国的世界生物圈保护区已达 21 个(傅振国、钟嘉报，2001)。中国一批保护区加入世界生物圈保护区网络，推动了自然保护事业的发展和人与生物圈计划在中国更好的实施，同时既表明人与生物圈计划在中国正不断地深入发展，也表明中国自然保护区的建设与发展已引起国际上越来越广泛的关注。我国 21 个自然保护区列入“人与生物圈计划”世界生物圈保护区网的名称见表 3—15。

表 3—15　中国“人与生物圈计划”保护区网情况一览表

名称	名称	名称
长白山自然保护区	武夷山自然保护区	宝天曼自然保护区
鼎湖山自然保护区	九寨沟自然保护区	赛罕乌拉自然保护区
锡林郭勒自然保护区	西双版纳自然保护区	贵州茂兰自然保护区
博格达峰自然保护区	卧龙自然保护区	浙江天目山自然保护区
盐城自然保护区	白水江自然保护区	丰林自然保护区
神农架自然保护区	四川黄龙自然保护区	北海市山口红树林保护区
梵净山自然保护区	高黎贡山自然保护区	南麂列岛自然保护区

四、体系与世界地质公园计划

联合国教科文组织将中国作为世界地质公园计划试点国家之一，中国地质科学院赵逊研究员被推选为世界地质公园专家组成员。为了响应联合国教科文组织提出的建立世界地质公园计划，中国于 2000 年启动了“国家地质公园计划”，国土资源部于 2000 年 8 月 25 日成立了国家地质公园领导小组和评审委员会，先后制定了《国家地质公园总体规划工作指南》、《国家地质公园评审标准》、《国家地质公园综合考察报告提纲》等文件，逐渐把国家地质公园申报和审批工作制度化。在《全国地质遗迹保护规划 2001～2010》中，提出抢救性地保护地质遗迹，计划在十年内，建立 310 处地质公园，力争使 5～8 处纳入世界地质遗产名录。

2004 年 2 月 13 日，联合国教科文组织在巴黎召开了地质公园网络成员专家评审会，25 个地质公园成为第一批世界地质公园网络成员。中国有 8 个地质公园进入首批世界地质公园网络名录，分别是安徽黄山、江西庐山、河南云台山、云南石林、广东丹霞山、湖南张家界、黑龙江五大连池、河南嵩山。地质公园正式成为自然保护体系中的一员。

2004 年 6 月 27 日～29 日，为表彰中国在世界地质公园计划工作中的努力和贡献，联合国教科文组织决定在中国北京召开第一届世界地质公园大会。笔者很荣幸受邀参加了这次盛会，亲历了中国首批 8 个世界地质公园的授牌仪式。

目前，国土资源部正积极准备 2005 年第二批世界地质公园的申报工作，已经有浙江雁荡山、福建泰宁大金湖、四川兴文喀斯特、内蒙古克什克腾四个国家地质公园通过了国内有关部门专家的初选，预计 2005 年 2 月向教科文组织正式提交相关申报材料。

第四章 保护性用地体系规划建设的理论

现有保护性用地的布局优化，新保护性用地的划定，都有必要把整体设计的思想融入，对保护性用地的整个体系进行综合考虑。对于以生物多样性保护为主的保护区体系规划建设，主要考虑以下的问题：①需要多少个保护区？②应在哪里建立保护区？③这些保护区面积应该多大？④要保护全部物种和生境类型，需要保护的土地面积是多大？

岛屿生物地理学理论包括的主要内容是物种平衡理论和物种数量理论。很多研究者就岛屿生物地理学理论在评估保护区设计和管理方面的作用进行了探讨(Soule and Simberloff,1986)。近年来，岛屿生物地理学理论在保护区设计的理论和实践方面融入了大量的科研结论，为保护性用地体系的规划建设提供了科学的理论依据，为其发展作出了重要贡献。

岛屿生物生理学是生物地理学的一个独立分支，其研究领域只局限在岛屿的范围内。它是研究岛屿上生物群落分布和演替规律的一门学科，区别于大陆生物地理学或海洋生物地理学。其主要特点是：岛屿具有明确的界限，其面积、大小、海拔以及离大陆的远近等均有所不同，岛屿上动植物群落的特征也容易观察到，并且其结构和组成也较简单。生物地理学是自然地理学范畴内的一个重要领域，它研究地球表面上植物和动物的分布形式以及产生这些形式的过程，也就是研究地表生物群落的时空量变过程。

岛屿，可以是海洋中真正的岛屿，也可以是山顶(对于许多物种而言，周围低地就是分布的阻限)、湖泊或为开阔地围绕的林地等假岛。根据人类需要，在大面积区域上设置的自然保护区或野生动物禁猎区，可以认为是被人类改变了的海中“岛屿”。

自然保护区等保护性用地的设立，可以说也是建立“岛屿”的一个过程，显然与岛屿生物地理学理论有密切的关系。保护区最终的物种数量与它的面积有什么关系呢？消失率是怎样随着保护区面积而变化的呢？依赖于面积的存活概率是怎样在各物种之间变化的？这些问题都需要由岛屿生物地理学理论来提供依据。

当然，自然保护区等保护性用地又不完全等同于海洋上真正的岛屿，它有其自身的特殊性。以自然保护区为例，人为建立的自然保护区一般是从大陆上隔离出的一部分，这样必然在不同程度上破坏了原始平衡的生态系统。在达到新的平衡之前，物种组成和数量都会发生变化，而海洋中岛屿上的生物群落经过长期的演替，其结构和组成是相对稳定的。因此研究保护性用地，特别是以保护自然为主的自然保护区和森林公园等，又不能完全套用岛屿生物地理学的全部理论，只能在总体上和原理上加以借鉴。

岛屿生物生理学对历史文化区的保护及其规划，仍是具有一定的参考意义。在全球化的浪潮下，经济一体化带来文明的冲击。在一些少数民族聚集地，已经成为文化上的“孤岛”。这类保护性用地，需要在文化特色上突出民族聚集地，建立相应的保护地，建立受保护的文化的“栖息地”。尤其在国家尺度上，建立历史文化区的保护体系，保护文化的多样性，从而保护本国的民族文化。

第一节 岛屿的物种平衡原理*

有关研究表明，一个岛屿只能支持有限数量的物种，即使在利用人工手段增加或减少物种使岛上动物资源变得丰富或贫瘠之后，该物种数量仍将向该平衡点回归(MacArchur，1963；Wilson，1967)。这种平衡是通过物种的迁入和灭绝得以维持的，而这些比率又是由岛屿的面积与侵入系统物种分布地的距离等因素决定的(尚玉昌，2002)。

一、物种迁入与消失的平衡

据研究发现，岛屿上的物种数量是迁入①与消失②(灭绝)之间动态平衡的结果。物种数量的平衡中存在着物种组成的变化。对任何特定的岛屿来说，由于资源的限制，现有物种总数量的增加会使物种消失率上升，同时也会使新物种的迁入率下降(MacArchur，1963；Wilson，1967)。迁入率和消失率随岛上物种总数量而改变的过程，如图 4—1 表示。

在图 4—1 中，虚线是消失曲线，消失率随现有物种增加而增高，实线是迁入曲线，迁入率随现有物种增加而下降；两条曲线的交点即迁入率和消失率相等，此时的物种数量 S 就是物种平衡数。

物种迁入到一个岛上，是大陆和其他岛屿上物种个体扩散的结果。岛屿距大陆等物种源越远、隔离程度越高，扩散个体到达该岛的可能性

---

* 本部分内容的研究得到北京大学环境学院林伟立博士的指导和协助。

① 物种的迁移是指某物种种群的一定个体移居至岛屿，并且能繁殖后代的过程。影响迁移率的大小主要是岛屿的有效面积以及岛屿与物种源的距离。

② 物种的消失是指岛上某些物种的个体数减少到不能进行繁殖的程度。造成物种消失的原因很多，主要有生物因素(包括竞争、捕食、寄生和疾病)、地理因素(隔离、海拔)、生境改变(地质变化、气候、密度、人类干预)等。

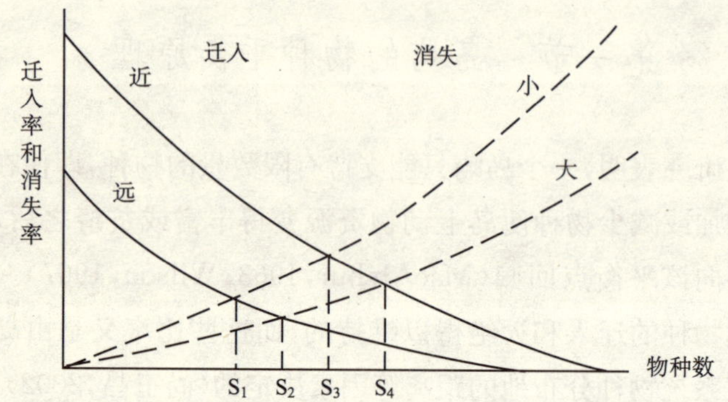

图 4—1 岛屿生物地理学的 MacArchur 和 Wilson 理论的图解

（资料来源：转引自邬建国。注：在迁入与消失曲线的交点上达到平衡，S1、S2、S3、S4 是不同类型岛屿的平衡点）

越小，而岛屿面积的增大会提高对扩散个体的接受能力。因此，迁入率随隔离程度增大而下降，随面积增大而上升。消失率是种群大小的函数，种群越小，消失的可能性越大。消失率主要受岛屿面积的影响，在一个面积不大的岛上很难维持多个物种的较大群落。由于消失率和迁入率的关系，岛屿越大、隔离程度越低，形成平衡时的物种数也就越多。为便于理解，可以这样进行直观的描述，即当保护性土地的面积每增长 10 倍，就几乎可以使岛屿能够支持的物种平衡数量增加 1 倍。

岛屿周围和内部的环境条件发生较大变化时，就会影响迁入率和消失率，破坏迁入和消失之间的平衡，如果以后环境条件又得到稳定，那么岛上物种数量又会逐渐趋向新的平衡。这种重新达到物种数量平衡过程，会在下列两种情况下出现。

（1）突变后的平衡类型。当岛屿上的动、植物区系由于自然灾害或实验手段而消失后，在开始时迁入会成为主导因素，岛上的物种从无到有逐渐增多，而最后达到平衡。但达到平衡的速度显然取决于生物分类类群，而不同生物类群达到平衡速度差异很大。1893 年克拉克托火山喷发消灭了该岛上的生物群，根据麦克阿瑟和威尔逊的分析，岛上植物种数一直在增加，但鸟类被认为到 1920 年就达到了平衡。

(2) 缓和(或减少)类型。当岛屿周围和岛屿上生境发生了改变，如森林和植被面积下降或与物种源的隔离程度加大等，岛上生物将处于“过饱和”状态，即现有的物种数量多于保护区处在平衡的物种数量，岛上物种数将逐渐变少以达到新的平衡。这一过程，称之为缓和或减少。在自然保护区内，物种数量趋势有表现出存在着缓和过程。如美国华盛顿州来尼尔山国家公园的哺乳动物在 1920 年为 50 个种，到 1935 年下降到 49 个种，而到 1974～1976 年降为 37 个种。这个区内，在 50 多年中丧失了 26％的哺乳动物种。

二、平衡周转

根据迁入与消失的平衡规律，任何一个岛屿在外界和内部环境保持稳定的条件下，岛上物种的数量会达到平衡，并且保持稳定；同时，又由于迁入和消失的不断发生，岛上的物种组成会不断发生变化。这种物种数量相对稳定而组成成分随时间改变的过程称为物种的平衡周转。

英格兰萨里地区的伊斯特树林内繁殖鸟的观测记录，完整说明了平衡周转的规律。此片树林是布克海姆公地中一片 112 公顷稠密的栎树林，从 1949～1975 年，除 1957 年外每年对伊斯特树林中的繁殖鸟种群进行调查。调查统计数字的整理结果是，27 年间曾在该树林中进行过繁殖的鸟有 44 种，其中只有 16 种每年都繁育，其余的种是有时迁入，有时消失。

在 27 年中迁入和消失的鸟类数量与林内繁殖物种数量的关系，通过图 4—2 来表示。根据迁入物种和林内繁殖种数量间的回归分析，可得出迁入回归直线的斜率为－0.38，而消失直线的斜率为1.0。从迁入直线和消失直线的交点得出伊斯特树林中鸟类平衡物种期望值为32，每年消失和迁入的期望值为3，其变动的范围在0～6之间。

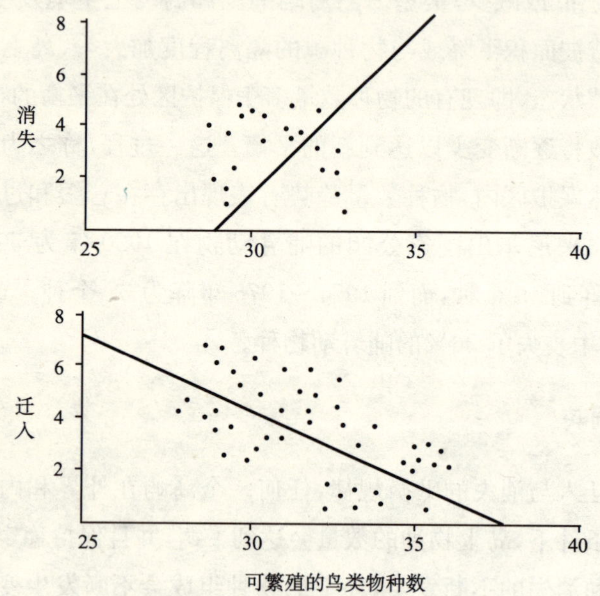

图4—2 伊斯特树林中鸟类物种的迁入和消失

（资料来源：转引自韩兴国）

研究案例表明，在一个岛上不断有物种迁入和消失，物种组成成分在变动，但物种数量平衡在某个数附近，这也再次证实了麦克阿瑟和威尔逊研究结论是正确的。

三、指导意义

平衡原理主要的结论有以下两点。①在任何岛屿上，新的物种不断迁入和原有的物种不断灭绝，虽然物种组成成分在变动，但物种的数量根据迁入—灭绝之间平衡规律将保持在某个平衡数上。根据这一规律还可看到，岛屿面积越大，隔离程度越低，迁入—灭绝达到平衡的物种数量越多。②对岛屿周围及其内部生境的任何扰动和改变都会导致岛屿保持的物种平衡数量的减少。

平衡原理把一小块保护区或生境当作“岛屿”，当从类似生境中隔离出来后的一小块保护区或不能保存其所有原产物种的生境，其所能支持的物种数量将由于物种的迁出而下降至一个新（低）的平衡点。然而，保护区的面积越大，其所面临的物种丧失威胁也就越轻，其物种丧失的速率也就越慢。例如，较长的“休闲期”结束后，保护区将以新的物种组成水平达到重新平衡。

第二节　岛屿的物种数量原理

一、数量与面积

物种数量与面积关系是个经验关系，即大面积地块比小面积地块包含更多的物种。目前对这个关系的解释主要有以下三种：首先是生境的多样性，物种随面积增加是因为较大的面积上有更多的生境类型和生境组合；第二种解释是大面积的岛屿拦截了较多的入侵者，物种较多；第三种解释是在大面积岛上物种种群平均较大，从而局部消失的机会较小，在任何时候大岛上共生的物种比小岛多。

通常认为，面积影响物种数量有两种方式：第一种方式是面积大小影响生境的多样性，随着面积的增大，生境变异增大，从而适合更多的物种生存；第二种方式是面积的变化引起栖息地临界值的变化，因而导致物种的随机消失过程。此外，资源数量和资源结构也是影响物种的重要因素之一。

在同一岛屿上，对同类栖息地的不同面积上物种数的调查统计，发

现有下列关系(阿伦尼乌斯—格里森,Arrhenius-G1eason 模型):

$$S = CA^{Z};或 \ln S = \ln C + Z\ln A$$

式中,Z=f[X(u,v,h),Y(X)],S 代表植物和动物分类类群的物种数目,如鸟类、蕨类、维管束植物和甲虫等分类类群,A 代表空间面积;C 是常数;Z 为取决于地域空间结构的指数,是 X 和 Y 的函数;X 表征了地域结构,分别以经度 u、纬度 v 和高度△去说明;Y 表示了与空间 X 相邻地域的作用;Z 的典型值在 0.18~0.35 之间。康奈(Conner)计算了包括多种分类类群的 100 个物种与面积关系方程,得到 Z 的平均值为 0.3。

图 4—3 表示新几内亚附近俾斯麦群岛(Bismark—Archipelago)的岛屿上鸟类的总数与面积的关系。

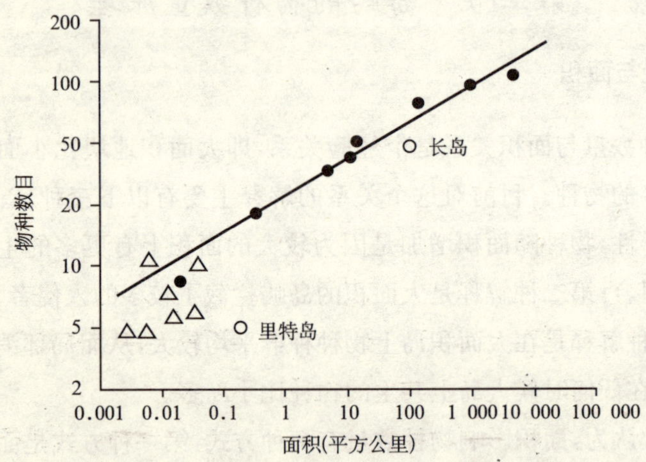

图 4—3 群岛的岛屿面积与物种数量之间的关系

(资料来源:Diamond,1976。注:●表示受保护岛屿;○表示爆发过的火山;△表示潮波淹没过的小岛)

俾斯麦群岛中非海洋性低地的留鸟种数 S,作为岛屿面积的函数以双对数标尺作图。黑圈点表示相对地未受变动的岛，将七个最大岛的黑圈点，按最小二乘法原理配了直线，$S=18.9A^{0.18}$。空圈点代表已爆发过的火山即长岛和里特岛，由于植被尚未完全恢复，物种数量仍低于平衡，尤其是里特岛。三角代表在1881年被里特潮波所淹没过的珊瑚小岛（Diamond，1976）。总结典型调查范围内的S—A关系和Z值，一个大致的规律是：面积减少90%，物种平衡数量相应地减少一半。

二、数量与距离

物种与距离关系也是个经验关系，它表现为岛屿上的物种数量随着它离开大陆或较大岛屿距离的增加而减少。图4—4表示热带太平洋岛屿离新几内亚距离与岛类种数的关系。纵坐标（对数标尺）是将距离新几内亚较大种源岛（Sourceisland）500公里以上岛屿上的非海洋

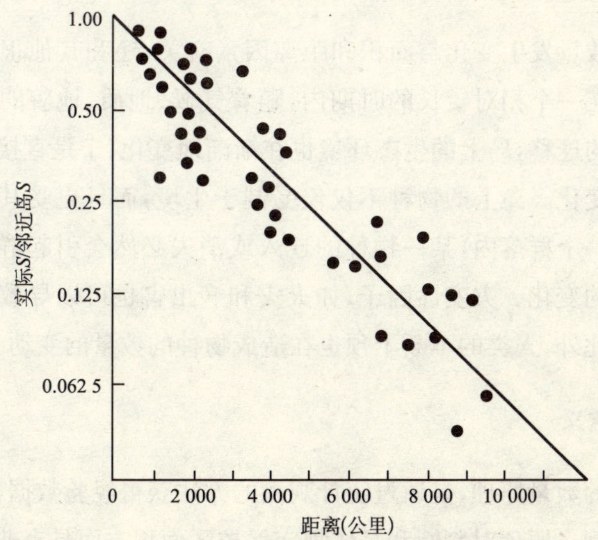

图4—4　岛屿离物种种源的距离与物种数量之间的关系

（资料来源：Diamond，1976）

性低地留鸟的种数，除以新几内亚邻近同等面积的岛屿上的鸟类种数的值。横坐标是与新几内亚的距离。近似直线的关系意味着物种数量随距离而指数地下降，并按每 2 600 公里减少 2% 的因子而下降(Diamond，1976)。

三、距离与数量及面积之间的关系

岛屿隔离程度对物种数量的影响，使物种—面积方程中的 C 值随隔离程度的增加而减小。

岛屿上的物种数量与岛屿面积有关，可以用方程 $S=CA^Z$ 来拟合，它在双对数纸上呈直线。岛屿的隔离程度对方程中的 C 有较明显的影响，隔离程度越高，岛上的物种越少，C 值也低。

四、影响物种数量的其他因子

物种数量发生变化与面积和距离因素有关，还和其他很多偶然因子相关。在一个相对较长的时期内，随着气候、地质、地貌的变化以及其他物种的迁移，岛上的生态环境也在渐渐地变化，于是直接影响到物种数量的变化。岛上的物种不仅仅受制于生境，而且也受其他生物的制约。在一个群落内，某一物种的迁入或消失必然会引起群落内其他物种组成的变化。灾变性因子，如火灾和病虫害也可以导致某些物种的灭绝。此外，人类的不断干预也在造成物种的数量的变动。

五、指导意义

物种的数量原理，是通过统计观测的方法获得经验数据，从而建立起来的模型。原理对判断和具体划定保护区面积方面具有非常重要的意义。例如，物种数量和面积关系经验公式的应用。已有许多国家作出过这方面的尝试。

原理的具体应用，是在确定可以包括每一生态类型中所有基础组成物种的可延续种群的最小面积方面作了尝试。针对这个问题已有很多人作过了详尽的研究，做了大量的工作。

该理论的基础是，确定可保证动植物物种野外生存的"最小可延续种群的大小"，然后估计维持这些种群生存所需的面积。这种面积可根据对该生态系统中数量最稀少物种的密度进行测量，并将获得的数值增大，直到该系统中最易受危的物种具有适当的种群大小为止而得到。估计最小可延续种群大小的方式有两种。①利用遗传学和数学方法估计，可由能维持某一具有一定性别比例物种的自然遗传杂交水平的可繁殖个体数量、远缘繁殖水平和世代长度组成，据此得出的估计结果。②研究处于小岛中隔绝种群可稳定生存种群的最小数值，根据此方式所提出的个体数量值。

第三节　规划建设的岛屿生物地理学原理

一、规划建设的原则

通过平衡原理和数量原理的介绍可以看到，自然类型的保护区是被农田、居民区、城市或其他已开发的土地所包围隔离的一种"岛屿"。因此，可以用岛屿生物地理学理论作为保护区体系建立的理论依据。规划建设需要考虑如下原则（马敬能等，1998）。

（1）面积效应原则。当新迁入物种与生于岛上原有种的灭绝之间达到动态平衡时，岛上物种的数量与岛屿面积的大小有关。面积大的岛屿物种数量多，面积小的岛屿物种数量少。大的保护区比较小的保护区可容纳更多的物种。

（2）隔离效应原则。岛屿离大陆种源地远，岛上达到平衡时的物种数量少，近则物种数量多。在保护区设计时，要考虑保护区（或生境斑块)之间的距离,彼此近则目的物种可在保护区之间迁移,有利于保护作用的发挥。散布能力低的种比泛生种更容易消失灭绝。

(3) 平衡效应原则。物种的平衡数量是由迁入的新种和岛上原有种灭绝之间的平衡来确定。新种的迁入取决于隔离效应,而原有种的灭绝取决于岛屿的大小。较小的保护区对较大的保护区来说,要维护种的生存繁衍而不致灭绝就比较困难。

(4) 递减效应原则。与大陆脱离时间短的岛,其岛上的物种数量处于"过饱和"状态而产生缓和或减少过程,随之物种数量由于灭绝而逐渐减少,一直达到新的平衡时恒定。若一新建保护区类似一孤岛,其建后一段时间内,有一个物种数量减少的过程。

(5) 环境效应原则。环境变异大,资源结构复杂的岛上可容纳较多的物种。设立保护区时要考虑地理、气候和资源等条件,在条件差的地方(如沙区和干旱草原区等)相应地要增大面积才能保护同等数量的物种。

二、保护性用地面积大小的确定

平衡原理指出,自然保护区保护物种的多少,一般是服从物种—面积关系的,即面积越大保护的物种越多。但是由于土地资源和经费的限制,自然保护区又不可能无限扩大。一般来讲,保护区的面积因保护的目标种不同而变化。因此,在保护区设立时,要根据具体的保护物种来估计其最小生存种群(Minimum Viable Population,MVP),再由最小生存种群来确定保护区面积。

但是,最小生存种群的确定直到目前为止仍然处在研究和发展阶段,还没有一些具体的模型来进行理论推算。确定最小生存种群时应考虑下列一些主要因素:①物种的生物学特性;②物种的性别和年龄分配结构;③物种所处的生态系统;④自然保护区内小生境的变化;⑤人为活动的影响;⑥突变因子。

最小生存种群的确定,是一个涉及多学科,如生物分类学、生态学、自然地理学、气象学、地质学和遗传学等的复杂课题。只有在实践中仔细观察,对实际资料的深入研究,才有可能对不同的保护物种确定合理的最小生存种群。根据索尔(Soule)对实际观察资料的分析,最小生存种群中包含的个体数一般要超过50,才能确保该种群维持较长的生存时期。

因此,根据最小生存种群和个体生存领域,可大致估计出保护区的设计面积。例如,希望建立一个至少能维持50头貂熊生存的自然保护区,则该保护区的面积至少要4 500×50=225 000公顷。用这一数字来衡量我国有貂熊生存的呼中自然区的面积(194 000公顷),则该保护区面积过小,如不扩大,貂熊数量将会下降。尤其是以保护东北虎为主的七星砬子自然保护区,面积只有33 000公顷。如果设想东北虎的生存领域与美洲狮相仿,除非进行人工添加饲料,否则上述面积的东北虎保护区难于长期维持稳定种群。

每个保护区内有成千上万个物种,要逐个找出各物种的最小生存种群是很困难的。大型食肉动物在自然界中处于最高营养层次,此类生物的存在表示该地域的营养循环还属正常,各营养层次的食物链没有中断,在一定程度上保持了物种的多样性。因此,在设立一个自然保护区时首先要顾及下列物种:稀有、珍贵或濒危物种、大型肉食动物和大型食草动物。保护区的面积至少要能容纳地域内存在的上列物种长期生存的最小生存种群。

在岛屿生物地理学物种数量原理中,提到的物种消失率与岛屿面积有关。保护区的缓和过程,使物种数量下降,某些物种将会消失。因此在设计保护区时,要考虑尽可能地减少物种消失速度,延长缓和过程。

每个生物个体都要占有一定的领域以维持其生存。根据最小生存种群的理论，我国646个国家保护物种，估计平均每个物种的每个种群要占有50 000公顷才能得以持续生存。表4—1列选了北美洲部分野生动物的生存领域面积，可以作为确定物种的最小生存种群参考。

表4—1 北美洲部分野生动物的生存领域

种 名	生存领域(公顷)
麝鼠(muskrat)	2.9
短尾鼬(short—tailed weasel)	5.26
红狐(red fox)	62.0
貂(marten)	215
花斑臭鼬(spotted skunk)	26.7
豪猪(porcapine)	34.9
长尾鼬(long—tailedweasel)	30.7
河狸(beaver)	53.20
渔貂(fjsher)	1 610
黑熊(black bear)	1 760
水貂(otter)	3 010
猞猁(1yrnx)	5 710
黑尾鹿(mule deer)	420
郊狼(cogote)	453
浣熊(reccoon)	480
驼鹿(elk)	943
美洲狮(congar)	49 700
灰熊(gizzeg bear)	377 000
貂熊(wolverine)	4 500

资料来源：Diamond et al.，1984。

三、保护性用地数量多少的确定

物种数量原理指出，物种与面积关系为：

$$S = CA^{Z} \quad (0 < Z < 1)$$

对于一个面积为 A 的保护区和两个面积为(1/2)A 的小保护区，它们包含的物种数各为：

$$S1 = CA^{Z}$$

$$S2 = 2 \cdot C(A/2)^{Z} = (2/2^{Z}) \cdot CA^{Z}$$

由于 $0<Z<1, 2/2^{Z}>1$，所以总面积与一个大保护区相等的两个小保护区内包含物种数之和，大于单个大保护区。

但是两个小保护区包含的物种有可能部分相同。当 Z＝0.3 时，两个小保护区内有 80％物种相同，则他们包含的总物种数将与一个大保护区相同；而当有 90％相同时，两个小保护区内包含的总物种数只有一个大保护区的 90％。因此，从保护物种多样性的角度看，当两个小保护区环境差异较大，才会包含较多的总物种数。从物种和面积的关系中，不能得出是一个大保护区还是多个小保护区更优的绝对结论。但大部分人仍然相信，一个大保护区要比两个有同样总面积的小保护区能保存更多的物种。

一个稀有物种常常能够生存于一个达到物种新的平衡点的小保护区境内。这是因为物种在保护区内的减少，往往导致竞争水平的急剧下降，所以与有很多物种存在时相比，保护区可以支持一些物种以较大的种群密度生存下来。另外，实施具有间隔的多个小保护区形成的系统也有很多的实际优点。小保护区容易实施管理、保护和监测，可以占用较少的土地，甚至可以划成两个保护区。在实际操作中，选择一个具有多种景观的综合地带划定保护区，比为保护更多的物种而划定一个大的保护区更容易。另外在保护和管理方面，特别是当物种丧失非常严重的情况下，较小的保护区也较容易采取一些积极主动的措施。

因此，可以认为：①当费用较少时，集中财力建立一个满足最小生存种群要求的保护区，以保持保护区内生物的长期生存；②当费用较充足时，可考虑重复设置几个保护区。但每个保护区都要有足够大小，以保证能容纳保护对象和最高营养层次动物的最小生存种群。

四、保护性用地的形状和分布

保护区的形状应尽量保持较规整的形状，避免有过于突出的部分。在条件许可时，最好保持近于圆形。这样使保护区内物种扩散距离保持最小，增加保护区中心向周围部分的扩散率，防止局部消失，提高保护区的有效面积。

保护区内的物种数量和种群内的个体数量，可以通过迁入而得到增多。因此，保护区要设置在靠近物种源的地方或保护物种主要迁徙路线上。有多个小保护区且位置分布均匀，有利于保护区间的生物迁徙和扩散，以缩短保护区之间的迁徙距离，或于保护区间设置便于生物迁徙和扩散的走廊。

利用生物地理学原则，迪阿蒙德(Diamond)提出了保护区的形状和大小的设计(图 4—5)。迪阿蒙德用一组圆形直观地表示出保护区(自然)的设计原则。Diamond 的模型认为，一个大的保护区比具有相同面积的几个小保护区更好。但是以上结论在一些具体情况中也不一定完全正确，如一些小的保护区比一个大的保护区在保护的生境范围上更加成功的话，或者当这些小的保护区都单独地分布在不同的生物地理区域内时，就无法得出这样的结论。

Diamond(1976)提出用中间(较好)的形式在保护物种方面，比用左边(一般)的形式作为保护区有更好的效果。中间的设计方案优于左边，A 示意大保护区优于小保护区，B 示意单个大保护区优于总面积相

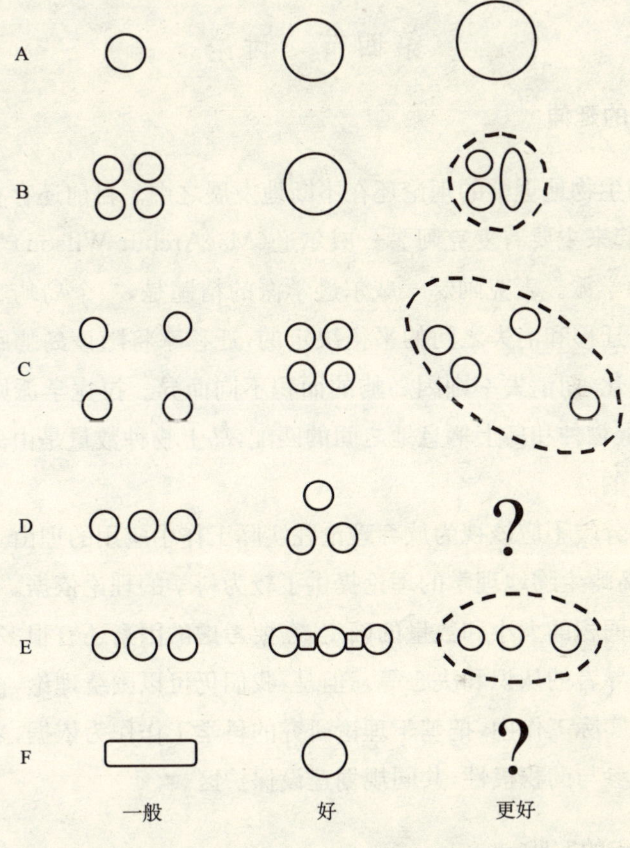

图 4—5 保护区设计的生物地理学原则

(资料来源:Diamond,1975;Soule,1986)

等的多个小保护区,C、D、E 示意聚集或有走廊的保护区优于分散的保护区,F 示意圆形保护区优于其他形状保护区。

根据实地观察,Soule(1986)提出,对大多数动物类群来说,用右边的形式实际上会更好地保护"单一"种群避免疾病的传播及其他周期性的问题。虚线表明要进行综合性的科学管理。

第四节　讨论

一、理论的延伸

岛屿生物地理学的理论还在不断地发展之中。目前还存在一些分歧，归结起来主要有麦克阿瑟—威尔逊（MacArchur-Wilson）学派和拉克（Lack）学派。麦克阿瑟—威尔逊学派的精髓是，一个岛屿上物种的数量是由迁移和消失之间的平衡决定的，迁移率将随该岛屿距大陆的远近而变化，而消失率则因岛屿的面积不同而异。拉克学派则强调的是，岛屿上物种和岛上栖息地之间的匹配，岛上物种数量是由岛上生态环境决定的。

这些分歧不应该视为放弃理论在实际工作中应用的理由。在实际工作中，岛屿生物地理学的理论提供了较为科学的理论依据。当然，保护性用地面积的大小和数量的确定，需要考虑的因素还有很多，例如政府部门领导者的认识和决心等。但是，我们仍可以围绕理论，在体系规划建设的实际工作中，把基于理论研究的科学工作作为依据，来调动利益相关方参与的积极性，共同规划建设保护区。

二、进一步的实践

许多年来，IUCN 和 UNEP 就一直致力于建立一个包括各种类型的国家公园、保护区在内的全球性保护区网络。应该注意的是，即使一个地区已经拥有了一个广泛的保护区系统，仍然要意识到在每个生物地理分区内仍会有一些物种要灭绝。在多个生物地理分区内都受到了保护的物种，其整个群体在野外生存的可能性将增大，所以在实际工作中，应该优先选择此种保护区系统对特有物种加以保护。另外，在一个保护区内保护更多的物种，在建立保护区系统时，应向物种丰富的地区倾斜。①在具有特殊生态类型和代表性的主要生物地理单元中，不应仅建立一个保护区，我们应该力求在每个生态系统中建立更多的保护区。这样做，既能防止“把所有的鸡蛋都放在一个篮子里”，还可以对其他类型加以保护。②在选择应受保护的地区时，采用生态系统的方式更有益，但同时也应考虑所应当重点保护的系统组成物种。为了确保对这些显著的指示物种进行保护，我们可以假设大部分不重要的物种也会同时得到保护。将一些物种选作指示物种比选其他物种更为有利，我们必须选取一些重要的类群加以考虑。

第五章 保护性用地规划管理的方法技术

第一节 景观持续利用的系统分析程序

规范化的程序是保护区面临解决的问题之一。格迪斯在 1915 年出版的《进化中的城市》中，提出了科学认识城市的方法，形成影响至今的规划过程："调查—分析—规划"。在此，以国际上这些丰富的理论方法为基础，结合工作中的实际情况，尝试建构一套可操作的景观持续利用的系统规划程序。

景观持续利用的系统分析，首先需要与之相应的调查、分析评价和优化的程序，以便在实践中应用。本节主要借鉴景观生态学的理论和方法，建立景观持续利用模式构建所需的程序，即系统分析程序，可以分为识别、诊断、优化和管理四大阶段，主要工作有八个方面，即识别阶段的确定目标任务和现状调查（信息收集），诊断阶段的分类与评价，优化阶段的区域战略、功能调整和单元设计，管理阶段的机构设置和政策制定等（图 5—1）。

一、调查识别阶段

调查是景观持续利用研究的基础，包括确定目标及其空间范围（研究区范围）和调查收集研究区内自然社会要素等基础资料和相关资料，旨在获取区域的背景知识，为进一步进行景观利用分析和优化作好基

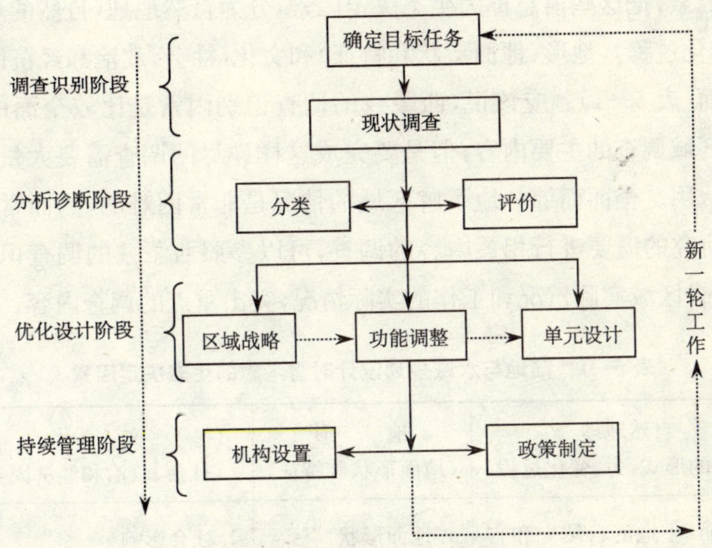

图 5—1　系统分析程序

础信息的准备。资料通常包括以下三方面：①自然环境方面的情况，例如地质、地形、土壤、气候（包括小气候在内）、灾害、水文情况等，观察自然灾害及其对人类的影响，尤其是对景观利用的影响情况；②人文社会方面的情况，例如人口情况、村镇分布、文化遗迹、建筑物及民居情况、景观利用现状等状况，重在调查人类对已有景观开发的情况；③特殊地块的调查，例如可供观赏的景色（如水域）、怡人的视觉景象及其特色，或是一片生态意义突出的林地等。

本阶段的重点工作内容在于调查和评价非生物和生物组分、现代景观的结构、生态现象和过程、人类活动对景观的影响及造成的后果、人类造成的生态事故等。采用的方法宜野外调查和室内资料分析相结合，整理出区域景观利用相关情况的清单，评价其现状特点和限制因素等。美国著名景观规划师约翰·西蒙兹曾从规划的角度总结了调查识别的因素，把这些信息称为生态决定因素，分为自然地理（自然的形式、力、变化过程）、地形（地面形状和特征）和文化（社会、政治和经济因素）三方面（表 5—1）。应该说，西蒙兹的调查识别因素是比较全面的，涵盖了区域调查的主要内容，但是要完成这样详尽的调查需要大量的时间和费用。全面而综合地了解区域的情况是非常困难的，因而常常是根据研究的需要进行相关内容的调查，可以参照西蒙兹的调查识别因素，结合区域实际情况和工作的实际情况，突出重点的调查内容。

表 5—1　陆地与水域规划设计时需考虑的生态决定因素

自然地理 （自然的形式、力、变化过程）	地　形 （地面形状和特征）	文　化 （社会、政治和经济因素）
1. 地质（土地的自然史和它的土、石构成） a. 基岩层 b. 面层地质 c. 承载能力 d. 土壤稳定性 e. 土壤生产力	1. 地面形状 a. 水—陆的轮廓 b. 地势的起伏 c. 坡度分析	1. 社会影响 a. 社区的资源 b. 社区的思想倾向和需要 c. 邻地的使用 d. 历史的价值
2. 水文（涉及地表水和大气水的发生、循环和分布） a. 河流与水体 b. 洪水：潮汐和洪泛 c. 地表水排泄 d. 侵蚀 e. 淤积	2. 自然特征 a. 陆地 b. 水面 c. 植被 d. 地形价值 e. 自然景色的价值	2. 政治和法律约束 a. 政治管辖范围 b. 功能分区 c. 筑路人和在他人土地上的通行权 d. 土地再划分规定 e. 环境质量标准 f. 政府的其他控制

续表

自然地理 （自然的形式、力、变化过程）	地　形 （地面形状和特征）	文　化 （社会、政治和经济因素）
3. 气候（一般占优势的天气条件） a. 温度 b. 湿度 c. 雨量 d. 日照和云盖 e. 盛行风和微风 f. 风景及其影响范围	3. 人工的特征 a. 分界标志和边界 b. 交通道路 c. 基址改良 d. 公用事业	3. 经济因素 a. 地价 b. 税款结构和估价 c. 区域发展的潜力 d. 基址外的改良需要 e. 基址内的开发投资 f. 投资—利润比率
4. 生态（对生命和活动物质的研究） a. 生态群落 b. 植物 c. 鸟类 d. 兽类 e. 鱼类和水生物 f. 昆虫 g. 生态系统：价值、变化和控制		

资料来源：Simonds J. O.，1978。

二、分析诊断阶段

分析诊断的重点是分类和评价，同时关注研究区的背景区位，或称之为生态区位，即在上一级尺度中所处的地位。分析诊断还需要对景观开发条件进行分析，判别其发展的可能方向和生态建设保护的途径。

分类可以借鉴景观生态学的方法。景观生态分类是从生态学的角度对景观进行划分，根据调查，针对区域内景观要素的组成结构以及功能特点，建立景观生态类型的划分体系。分类单位既要体现景观的综合性，也要表明景观的生态学意义。在景观的组成要素中，地貌是景观形成和分异的主导因素，植被可视为各要素相互作用的综合反应，在实际工作中可以把地貌作为基本线索、以植被为标志进行分类。分类一般结合景观利用现状和功能，如基于生活、生产和生态环境三方面的分析。不同类型具有不同的功能，也具有不同的管理开发方式，如生产型斑块可以市场配置为主导，生态型斑块（或基质）则应考虑以政府行为为主导。在不同的空间尺度上，空间结构类型可以有点状、线状和面状三种类型。

分析诊断需要对区域从整体角度进行综合评价。这种评价主要目标是对区域现状进行了解，可以是定性的，也可以是定量的。定性的评价可以通过对区域的调查，对景观利用的现状、特征和一些限制因素进行定性的讨论，为理想格局的构建提供依据。定量评价方法多样，有许多数学模型提供了技术支持，如模糊聚类分析等。根据不同的目的，评价可以有许多方法，例如脆弱性评价、敏感性评价、适宜性评价、格局评价等，为该地区生态环境的改善、自然资源的合理利用和经济的持续发展提供依据。对于景观利用这样复杂的系统，宜采用定性和定量相结合的方式进行。定性和定量评价，其选择的评价单元可以是景观类型的单元，也可以用行政区划单元为单位，便于应用相关的统计指标。此时一般假定单元内部是均质的，评价结果反映行政单元内的平均水平。当以下一级行政单元为单位时，则可以显示上一级行政单元区域的内部差异。如以乡镇行政单位为评价单元时，可以反映县域内部的差异，即不同乡镇之间的差别。

三、优化设计阶段

优化设计的主要内容是战略的确定、功能区划调整和单元设计，即通过对景观利用的诊断分析，对其空间格局进行优化，进行格局构建、功能区的划分、典型地块规划和工程示范等。优化是从整体协调和优化利用的角度出发，确定功能单元及其组合方式，选择合理的利用方式。优化体现在结构和功能两方面，功能规划是将结构赋于社会属性的过程；结构规划是功能的空间落实，主要通过结构的不同类型，构建不同的功能单元。基于持续利用思想的景观利用优化，目的是在空间上合理布局，实现生活、生产和生态需求三者的平衡，考虑地貌等自然条件的优势和限制，结合下一级行政单元之间的景观利用差异，进行相应的分区利用。

区域战略考虑的主要内容是确定景观利用开发的空间战略。在确定空间战略时，应该综合考虑自然条件和社会经济现状。优化时必须充分考虑景观的固有结构及其功能，如河流廊道、大的自然斑块等，包括自然条件和社会等各方面的限制因素。在此基础上，选择或确定区域景观开发空间战略，例如增长极形式需要确定一个发展的核心，点轴形式需要分别确定发展的核心和发展扩散的空间轴线。

功能区划调整，也可以说是分区管理，是对人们的需求以及满足这一需求的土地利用进行规划。功能区划调整主要是对斑块功能的分析。景观持续利用的概念模式，功能分区则探讨生活、生产和生态三方面在空间上的安排。对于生活类型的斑块或点，在利用上要突出人居环境的营建，建立合理的村镇体系。对于生产型的斑块，在布局上应尽量集中，提高景观的利用率。对于生态功能型的斑块，应实行必要的保护措施；对特殊意义的地块，可以建立保护区，实行全封闭保护，如自然保护区。功能区划调整主要结合地貌、植被和水文等自然环境特征和社会经济条件进行，同时要参照基本格局的规划，使各区承担相应的功能。

单元设计主要关注的是斑廊基设计，特别是一些重点斑块的开发利用设计。①作为大面积的基质是区域景观的基调，在基本格局的确定中意义重要，影响区域整体的发展方向，如众多的湖泊形成了鱼米之乡的自然基础。②作为斑块，既要考虑区位等社会因素，又要结合自然条件如地形的考虑，还要使斑块面积尽量减小而易于融入基质中，例如对开发区这类生产型斑块进行的设计。③廊道是连接能流、物流和信息流的通道，并起到过滤作用或成为物种的避难所和集聚地。主要有通道、隔离带、源、汇和栖息地。廊道设计包括硬件如绿带（林带）、水系和道路交通等带状物的优化，要点是形成合理的体系，又尽量减少对环境的影响。

四、持续管理阶段

管理是规划实现的过程，是景观持续利用的关键，包括技术、政策和经营管理等内容，主要针对优化过程中的关键问题，或对持续发展有着深刻影响的因素。持续管理应用景观持续利用的理念和原则，追求结构合理，功能协调，促进系统内的互利共生与良性循环，针对不同的类型，采取不同的对策和利用技术，确定合理的开发方向和程度。这样的考虑在景观的持续利用和管理中是非常重要的，影响着景观利用是否合理持续地发展。持续的管理应该是景观利益各方的协调，因为景观作为综合体涉及众多的因素，各方相关的利益都存在于这个综合体之中，因而持续管理应该是多方参与的管理，典型的管理模式如公众、政府和投资者形成的管理委员会。管理包括硬件系统和软件系统。硬件系统包括各类监测站点、试验场及有关职能管理部门的机构设置等，形成对景观变化的管理监督控制的体系，执行管理的功能。软件系统包括管理政策和法规的制订等。不同尺度等级的管理侧重点会有所不同，但是目标都是营建一个生活、生产和生态环境协调的系统，保持景观利用的持续性。

第二节　区划的理论方法

区划，简单地说就是区域的划分。区划这一概念的外延比较广泛，它泛指各种区域的划分，是对各种区域划分的高度概括。由于区划的对象和性质的不同，通常所说的区划大致可分为自然区划、经济区划和行政区划三大类别(陈传康等，1993)。

地球表面由于受各种地域分异规律的综合作用，使其各部分的自然地理特征发生明显的地域差异，按照区域的内部差异，进行区域划分，这就是自然区划。综合自然区划的理论与方法是综合自然地理学的重要组成部分，研究它的意义在于具体、系统地揭示自然地理综合体的地域分异规律和组合规律，掌握一定地域的自然地理综合特征，以便合理开发利用其自然资源和有效地改造其自然环境条件，为生产建设服务。

一、区划的原则

地域分异规律的学说是综合区划的理论基础。综合区划的原则是进行区划工作所必须遵循的准则。制定这些原则，目的是为了保证区划工作能正确地反映自然综合体地域分异的客观实际。根据陈传康等学者的见解，可以把常用的区划原则分为两大类：一是区划的一般原则，任何区划都必须考虑；二是区划的基本原则，是综合区划所必须遵循的原则(刘南威、郭有立，2004)。

(1) 统一性原则。统一性原则是指发生统一性，即任何区域单位都是在地域分异因素作用下历史发展的产物，它们都具有自己的年龄，历史发展道路的共同性使它们具有发生统一性特征。因此，进行自然区划必须探讨区域分异产生的原因与过程。但须注意以下三点。①任何区域单位都具有发生统一性，但不同等级或同一等级的不同区域单位，其发生统一性的程度和特点是不相同的。也就是说，区域单位的发生统一性是相对的。②由于低级区域单位是由等级较高的区域单位分化出来的，因此，越是低级的区域单位其年龄越小，发生统一性就越强。③对区域单位形成和演变的研究，当然可以追溯到相当久远的地质时期，但与现代自然环境关系最密切的主要是第四纪，尤其是全新世以来的环境变化，现代环境主要是通过这一时期的变化造成的，且迄今尚未结束。

(2) 一致性原则。一致性原则要求在划分区域单位时，必须注意其内部特征的一致性。这种一致性是相对的一致性，而且不同等级的区域单位各有其一致性的标准。例如，自然带的一致性体现在热量基础的大致相同；自然带的一致性体现于热量辐射基础相同条件下的大地构造与地势起伏大致相同；自然地带的一致性体现于水热对比关系及与之相应基带的土类、植被型、景观型也相类似等。由此看来，区域单位内部特征的一致性不是绝对的，而是相对的一致性。区划单位一致性的相对性质，表明其本身存在着一个等级单位系统。相对一致性原则既适用于自上而下的顺序划分，又适用于自下而上的逐级合并。

(3) 共轭性原则。每个具体的区划单位都要求是一个连续的地域单位，不能存在着独立于区域之外而又从属于该区的单位，这一属性即为区域共轭性。该原则决定了区划单位永远是个体的，不能存在着一区划单位的分离部分。根据这一原则，尽管山间盆地与其邻近山地在形态特征方面存在很大差别，但必须把两者合并为更高级的区域单位。同理，尽管自然界可能存在两个自然特征很类似但彼此隔离的区域，但不能把它们划为一个区域单位。

(4) 综合性原则。任何区域单位都是地域分异因素——地带性因素和非地带性因素作用下的事物。因此，在自然界既没有纯粹地带性的自然区域，也没有纯粹非地带性的自然区域。进行综合区划必须综合分析地带性和非地带性因素之间的相互作用及其表现程度的结果。况且，任何自然区域都是由各个自然地理要素组成的整体。因此，进行综合区划必须综合分析各自然地理要素相互作用的方式和过程，认识其地域分异的具体规律性。只有这样才能真正掌握区域自然地理综合特征的相似性和差异性，以及相似程度和差异程度，才能保证划分出的地域单位是不同等级的自然综合体。

（5）主导因素原则。进行综合区划时，必须在形成各自然区特征的诸要素中找出起主导作用的因素，这就是主导因素原则。抓主导因素原则并非忽视其他要素的作用，而是通过分析各因素间的因果关系，找出一两个起主导作用的自然因素，并选取主导标志作为划分自然区域的依据，主导因素必须是那些对区域特征的形成、不同区域的分异有重要影响的组成要素。它们的变化导致区域组成、结构的变化。

主导因素原则与综合性原则并不矛盾。后者强调在进行区划时必须全面考虑自然区域的各组成要素和地域分界因素；前者强调在综合分析的基础上查明某个具体自然区域形成和分异的主导因素。基于上述认识，有人把上两原则合称为综合性分析与主导因素分析相结合的原则。

上述的各项原则，都不是彼此相互排斥，而是相互补充的，可以把它们归结为一条总原则："从源、从众、从主"的原则。"从源"是指必须考虑成因、发生、发展和共轭关系；"从众"是指必须考虑综合性和完整性；"从主"是指应考虑其典型性、代表性。

二、区划的方法

区划的原则和方法是紧密相连的。每一个区划原则，都必须通过相应的方法加以贯彻。区划的方法主要有古地理法、类型制图法、顺序划分和合并法、部门区划叠置法、地理相关分析法、主导标志法等几种。

（1）古地理法。区域单位的古地理研究是阐明区域分化历史过程的最有效办法。这种方法是通过实地古地理和历史自然地理遗迹的考察，并借鉴有关古籍文献及地质历史资料，深入探讨区域分异产生的原因和过程，并根据自然区域逐级分异产生的历史过程的相对一致性，划分出不同性质和不同等级的区域单位。因此，发生统一性原则必须通过古地理法来贯彻。但是，要确定区域单位的年龄和发展历史需要占有丰富的古地理资料，而目前并不是所有区域都具备足够的资料，所以现在一般把古地理法作为一种必要的辅助方法。

(2) 类型制图法。类型制图法是根据土地类型单位的对比关系进行区划的方法(图 5—2)。这种方法首先在部门自然区划中普遍应用，如地貌区划、土壤区划、植被区划等都是以其类型图为依据的。土地类型图出现后，就成为综合区划的依据，也就是根据土地类型组合分布图式的差别来进行区划。

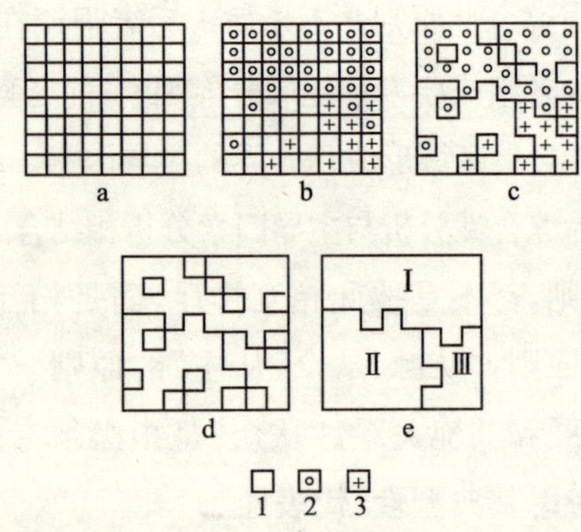

a. 划分出若干具体土地单位；b. 对土地单位进行分类，区分出三种土地类型(1、2、3)；c. 去掉土地单位的具体界限，即为表示土地类型差别的景观图；d. 根据土地类型的质和量的对比关系，即组合分布图式的地域差异，划分自然地理区(粗线条为自然地理区界线)，同一种分布图式所占有的范围相当于一个自然地理区；e. 去掉土地类型界线，即为自然地理区(Ⅰ、Ⅱ、Ⅲ)。

图 5—2 类型制图法

(资料来源：陈传康等，1993)

(3) 顺序划分和合并法。顺序划分法即“自上而下”的区划法，这种方法先着眼于地域分异的普遍规律——地带性和非地带性，按区域的相对一致性和区域共轭性划分出最高区域单位，然后逐级向下划分低级的单位(图 5—3)。

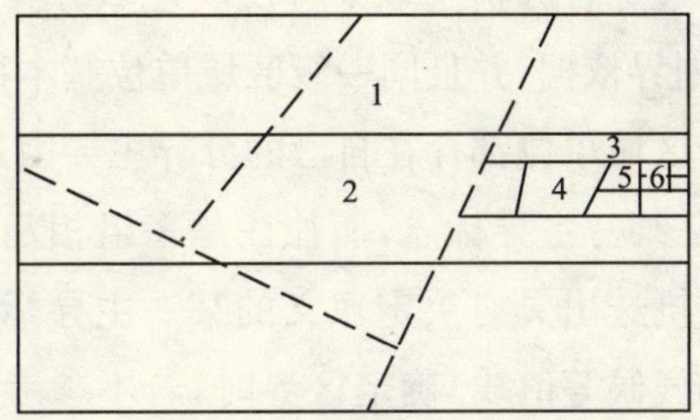

1) 根据大尺度的地带性和非地带性分异划分热量带和大自然区（Ⅰ₁:热量带界限，Ⅰ₂:自然大区界限）;2) 热量带和大自然区互相叠置，得出地区一级单位。地区也可视为热量带内的高级省性分异单位;3) 根据地区内的带段性差异划分地带、亚地带;4) 根据地带、亚地带内的省性差异划分自然省;5) 自然省划分为自然州;6) 自然州划分为自然地理区。

图 5—3　顺序划分图式

（资料来源:陈传康等,1993）

合并法即“自下而上”的区划法。这种方法是从划分最低级的区域单位开始，然后根据地域其共轭性和相对一致性原则把它们依次合并为高一级单位。在实际工作中，合并法通常是在土地类型图的基础上进行(图 5—3)。

(4) 部门区划叠置法。部门区划叠置法是采用各部门区划(气候区划、地貌区划、土壤区划、植被区划等)图的方式来划分区域单位，把各部门区划图重叠之后，以相重合的网络界线或它们之间的平均位置作为区域界线。当然，这并非机械地搬用这些叠置网格，而是在充分分析和比较各部门区划轮廓的基础上来确定界线。

(5) 地理相关分析法。地理相关分析法是运用各种专门地图、文献以及统计资料，对各自然地理成分之间的相互关系作分析后进行区划的方法。在区划工作中运用比较广泛，如果与叠置法配合使用，将会取得较好的效果。

(6) 主导标志法。主导标志法是贯彻主导因素原则经常使用的方法。在区划时，通过综合分析选取某种反映地域分异主导因素的自然标志或指标作为划界依据，并且同一级区域单位基本按同一标志划分。应该指出，每一个区域单位都存在自己的分异主导因素，但反映这一主导因素的不仅仅是某一主导标志，而往往是一组相互联系的标志和指标，人们可以从中挑选出具有决定意义的某一主导标志来。当还用主导标志和指标（如气候等值线）确定区界时，若不参考其他自然要素和指标（地貌、水文、土壤、植被）对区界进行订正，那么所划出的区界可能存在较大的任意性。通常用来确定区域界线的，往往是那些最鲜明、最灵敏的具有指示意义的标志——派生组成成分的土壤和植被。

区划的原则和方法是紧密联系的，这种联系可由图 5—4 给出。

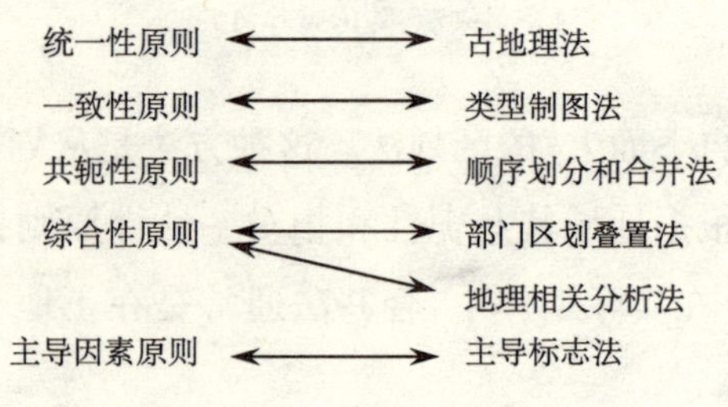

图 5—4 区划原则和方法的关系

区划的这些原则和方法都是相互补充的。应用其中的一个原则和方法，并不排斥其他原则和方法。

上述情况表明，在进行区划时，可以根据综合性原则和主导因素原则，采用与其相应的地理相关分析法和主导标志法确定区域单位的界线。两个原则和方法是密切联系和互相补充的，在实际工作中可以结合运用。建立在地理相关分析基础上的主导标志法，可以说是当前最好的区划方法。

应该指出，区划作为一种形式研究，可以视为一门涉及逻辑和数学的形式地理学。现代区划理论把地理区分为功能区和枢纽区，但无论功能区和枢纽区都是具有一定等级的系统。因此,确定区域的等级定义,为每一等级规定相应的分区标准,乃是各种区划研究的基础工作。功能区强调按区域的相似性和差异性进行分区。可以根据发生统一性、相对一致性、区域共轭性原则及与之相对应的方法,把相似的区域划为一个区域单位。同时根据综合性和主导因素原则及与之相应的区划方法,在发生差异变化的地方确定区界。不仅不应该强调用一个指标来划分某一级的所有区域单位,同一区域单位界线的不同段落也可用不同指标确定。但是所有这些指标的选取必须在保证区域相对一致性原则和反映区域分异主导因素的条件下进行。考虑到地域分异具有渐变的性质,某一区域的典型特征主要表现于其中心,边缘地区经常具有过渡性质。因此,区域的划分及界线的确定很复杂,根据具体情况进行全面分析,现代模糊数学关于区分具有过渡性质的模糊集合方法,对区划研究形式化具有特别重要的意义。

由于部门自然区划之间的不协调给部门区划叠置法的运用带来一些困难,但不能因此认为它"不可靠"或"太机械"而加以否认。从区划的发展,特别是从制图自动化的要求来看,叠置法具有很大的优点。

总之,统一性原则、一致性原则、共轭性原则作为区划的基本原则是进行任何区划都必须考虑的。综合性原则是使综合区划真正实现综合的重要保证,而主导因素原则不过是在某种情况下的权宜手段,通过它可以比较容易地划分出区域单位来。其他如地带性原则、非地带性原则、生物气候原则、省性原则等,显然是上述诸原则的具体化。

三、综合自然区划的等级和类型

综合自然区划是区划中的一种,是反映自然地理环境地域分异规律的一种系统研究方法。区划正确与否取决于能否客观地反映地域分异规律，而区划的等级系统正是这种规律的具体体现。因此，等级系统的研究是自然区划方法论的重要内容。

地域分异的结果，使自然界分化为一系列大小不同、等级有高低的区域单位，任何一级区域单位都是同时在地带性和非地带性因素的影响下形成的。然而，一部分区域单位的分化主要取决于地带性因素，另一部分则主要取决于非地带性因素。因此，自然界同时存在着两类区域单位，区划也有两种等级单位系统，即所谓的“双列系统”——地带性等级单位系统和非地带性等级单位系统。

由于地带性因素和非地带性因素同时作用于地表自然界，而上述两类区域单位各自反映其中一种地域分异因素，因此它们是不完全的综合性单位，其等级系统也是不完全综合性的区划等级系统。自然界还存在着反映两种分异因素的完全综合性单位，其等级系统就是一般所说的“单列系统”。

单列系统和双列系统的理论依据基本一致，主要区别在于强调的方面和使用的术语不同。

1. 双列系统

双列系统实际是分别按照地带性分异规律和非地带性分异规律而拟定的两列综合自然区划单位等级系统。

(1) 地带性区划单位。地带性区划单位是由于地带性因素(太阳辐射)在地表按纬度分布的差异，引起与之有关的自然地理综合体，大致沿纬线方向延伸而呈带状分布的自然地理单位。地带性单位一般分为自然带、自然地带、自然亚地带和自然次亚地带的等级系统。

(2) 非地带性区划单位。非地带性单位是由非地带性因素作用形成的。非地带性因素是指决定海陆分布、地势起伏、岩浆活动等现象的地球内能。它首先使地球上分成海陆，而有了海陆就有海陆相互作用。这种海陆相互作用与地势构造分异结合起来，就形成了非地带性单位。

目前通用的非地带单位等级系统是大区、地区、亚地区、州。

从分析的角度出发，一部分自然地域单位的分化主要取决于地带性因素，另一部分则主要取决于非地带性因素。因此，自然地域单位可分为双列等级系统——地带性区划单位和非地带性区划单位。从综合的观点出发，双列系统的自然地域单位虽然都是具有综合性的自然地域单位，但它们却只是分别侧重反映某一方面的地域分异因素，因此应视为不完全的综合性地域单位，这样说来，地表应存在着综合反映地带性因素和非地带性因素的自然地域单位，就是单列条件。

根据伊萨钦科的观点，把地带性单位和非地带性单位分别作为纵横坐标轴，其等级对称的单位交叉叠置所得的联系单位如图 5—5。

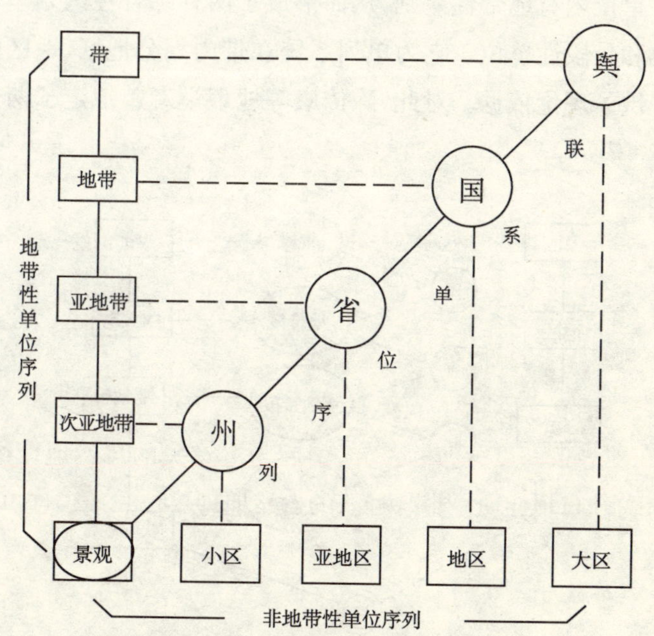

图 5—5　双列系统相叠置的联系单位序列

（资料来源：陈传康等，1993）

2. 单列系统

在综合自然区划中，单列等级系统地域单位划分是按照区划的原则和方法，首先划分地带性单位和非地带性单位，然后通过有机联系的叠置和对比分析建立完全综合性区划等级系统。这里的叠置包含两方面的意义：一是指等级相称的单位叠置，二是指并非机械的交叉，而是通过地理相关分析的基础上交替运用不同的主导标志对叠置后的界线进行适当的调整和修正。也就是说，双列系统的不完全综合的区划单位通过有机联系的叠置，可以转化成由完全综合性区划单位构成的单列系统。

双列系统区划单位的叠置，使地带性区域单位内有非地带性差别，非地带性单位内有地带性差别，从而形成了两种综合性区划单位——省性单位和带段性单位。它为单列系统在带内划分地区、地区内划分地带等提供了理论依据。对此，陈传康等地理学者曾拟定了两个示意图（图 5—6～7）。

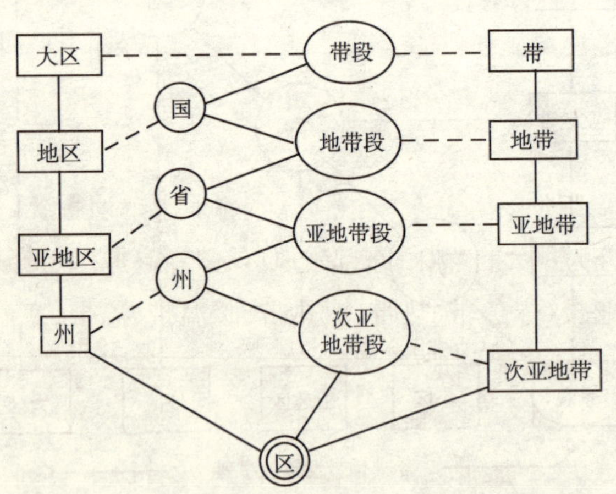

图 5—6 由双列系统获得单列系统的示意图

（资料来源：陈传康等，1993）

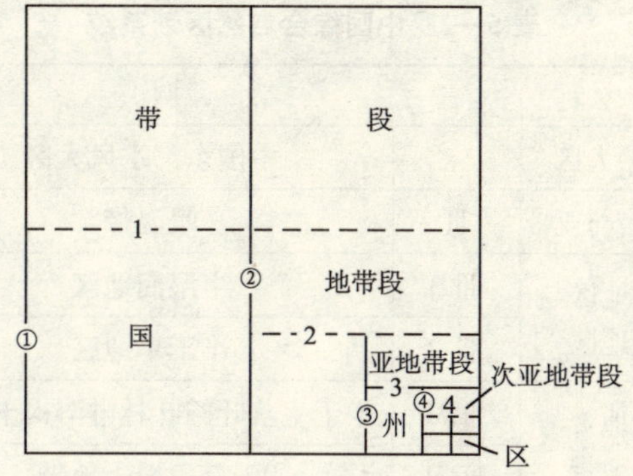

①大区界线，②地区界线，③亚地区界线，④州界线；
1. 带界线，2. 地带界线，3. 亚地带界线，4. 次亚地带界线

图 5—7　单列系统逐级划分示意图

（资料来源：陈传康等，1993）

从图示可以看出单列系统所包括的区划单位自上（高级）而下（低级）依次为：带段—国—地带段—省—亚地带段—州—次亚地带段—区（景观）。其中，带段、地带段、亚地带段、次亚地带段是带段性单位，即非地带性单位内的地带性分异；国、省、州、区是省性单位，即地带性单位内的非地带性差异，借用行政区划的等级单位名称，使级别一目了然，但又不是行政单位。

1995 年出版的《中国综合自然区划》亦采用单列系统，自上而下依次把全国划分为三大自然区（东部季风区、蒙新高原区、青藏高原区）、6 个热量带与亚带（赤道带、热带、亚热带、暖温带、温带、寒温带）、18 个自然地区和亚地区（湿润地区 8 个、半湿润地区 3 个、半干旱地区 3 个、干旱地区 3 个）、28 个自然地带与亚地带（10 个地区仅各有一个地带，另 8 个各含 2～3 个地带）、90 个自然省；自然省以下只列出了区划单位的等级名称，而未进行具体区划。其等级系统及其各级区划单位的名称、代号、实例和对应单位如表 5—2。

表 5—2 中国综合自然区划系统

<table>
<tr><th>等级序列</th><th>名　　称</th><th colspan="2">举　　例</th><th>对应单位</th></tr>
<tr><td rowspan="2">未列级</td><td>自然大区</td><td></td><td>中国东部季风大区</td><td>舆</td></tr>
<tr><td>热量带与亚带</td><td>Ⅲ</td><td>暖温带</td><td>带段</td></tr>
<tr><td rowspan="2">第一级</td><td rowspan="2">自然地区与亚地区</td><td>ⅢB</td><td>半湿润地区</td><td rowspan="2">自然国</td></tr>
<tr><td>ⅢC</td><td>半干旱地区</td></tr>
<tr><td rowspan="2">第二级</td><td rowspan="2">自然地带与亚地带</td><td>ⅢB1</td><td>半干生落叶阔叶林淋溶褐土地带</td><td rowspan="2">地带段</td></tr>
<tr><td>ⅢC1</td><td>干草原黑土地带</td></tr>
<tr><td rowspan="2">第三级</td><td rowspan="2">自然省</td><td>ⅢB(3)</td><td>黄淮平原省</td><td rowspan="2">自然省</td></tr>
<tr><td>ⅢC(2)</td><td>陕甘黄土高原丘陵省</td></tr>
<tr><td>第四级</td><td>自然州</td><td></td><td></td><td>自然州</td></tr>
<tr><td>第五级</td><td>自然县</td><td></td><td></td><td>区(景观)</td></tr>
</table>

资料来源:赵济:《中国自然地理》,高等教育出版社,1995 年。

3. 综合自然区划单位的类型

自然区划通过区域系统研究方法,对地表自然界进行划分和合并,得出一定的区域等级系统,这一系统强调区域单位的个体特征。然而,对地表自然界的研究还存在着另一种系统研究法——分类系统法,即类型研究。这样一来,地域系统研究方法就包括区域划分和类型划分。当然,只有区域划分才是自然区划,这是大多数地理学家所赞同的。但在过去的地理文献中,有人把前者叫做区域区划,后者叫做类型区划。

(1) 区域与类型。①类型单位是通过对某种对象特征的逐级抽象概括而获得的。自然环境的地域类型单位只存在于其分布区中;而任何等级的区域单位都是具体的,都作为个体区域而存在。②类型单位作为具体对象的属性是逐级概括的结果,因此单位级别越高,其共同属性越少;而区划单位作为具体区划单位逐级划分和合并的结果,不存在属性的抽象概括问题,愈高级的单位所包含的低级单位愈多,也愈复杂。③每一个具体区划单位具有空间连续性和完整性，即区域共轭性；类型单位则表现出分离的分布状态，在区域上常常具有一定的分布规律，可以利用低级单位的分布规律作为“自下而上”区划的根据。④每一级区划单位都属于一定的类型，都可以进行类型研究。

由此可见，两种系统法既平行又有一定的联系。自然地理综合体是多级的，自然地理学的类型研究也是多系列的，可以讨论区的分类系统，也可以讨论省的分类系统。

(2) 分类标志及等级系统。在进行地理综合体分类研究时，必须善于区分地理综合体的分类标志。每一个地理综合体都具有各种各样的特征和标志，分类标志是许多地理综合体所共有的标志。因此地理综合体的分类应根据分类标志来进行。

大部分地理学家都同意借用生物学的分类等级系统作为各级地理综合体的等级系统。因此，每一等级地理综合体的分类都使用种、属、科、纲、门等。这只是为了方便和便于比较。确定各级地理综合体分类级别的严格定义，是目前这方面研究的重要任务。例如，什么是区种、什么是省属等。这类研究刚刚开始，目前尚未具备进行系统理论总结的条件，因此我们暂时只能介绍各级地理综合体分类的某些实践方案。

第三节　保护性用地体系规划的方法技术体系

保护性用地的规划管理，自然类的保护性用地，如自然保护区，一直以来是以自然科学为基础并由自然科学家来指导的，管理者所应用的主要是自然科学知识和技术。其中，历史文化区的保护，特别是文化古迹的保护，则由文物古建等专家领衔指导，是人文学科和工程学科的结合。二战后，随着全球游憩活动的迅速增长，公园和保护区的这种自然管理方式发生改变，管理者也发现伴随着游人的增加而产生了新问题。随着自然和人文社会科学技术和知识的发展,保护性用地的规划管理也产生了一些新技术方法。这些技术方法的发展和应用,使得许多自然和文化保护的理念得以实现。

一、土地分区(Zoning)

土地分区起源于19世纪末的德国,是美国和加拿大等国在城市发展管理中的一种常用手段。目前,美国的土地利用分区规划已做得非常详细,城市范围内的分区规划已落实到每一块土地。

土地分区是土地用途管制的重要技术,是指将一定范围内的土地划分成不同的土地使用分区,并以土地使用分区图来界定每一分区的范围及区位,同时规定不同的土地使用规则。分区规划是根据总体规划的需要而判定的,在经过一系列的程序后,通过的分区规划同样具有法律效力。

土地分区很快在国家公园和保护区的规划管理中得到应用,并在实践中不断得以发展。最早的分区是二分法,土地被分为自然和游憩两大区。后来开始实行三分法,在周边游憩区与核心自然保护区之间设置了一条带状缓冲区,形成"核心区—试验区—缓冲区"的分区模式。分区体系随着研究和实践的不断发展,也作了许多调整。美国国家公园管理局在1960年拟定了以资源特性为依据的分区模式,1982年则明确规定各国家公园应按照资源保护程度和可开发利用强度划分为自然区、史迹区、公园发展区和特殊使用区四大区域,并就每个分区再划分为若干次区(杨锐,2003)。加拿大国家公园分区分为特别保护区、原野区或原始自然区、自然环境区、户外游憩区和公园服务区五个区(许学工、Eagles等,2000)。目前,根据保护区的保护和经营目的与目标,用科学方法在全区范围内进行功能分区,已成为保护区规划建设和管理的必要手段之一。

土地分区系统确保国家公园或保护区的大部分土地及其生物资源得到保护而处于原野状态，人为设施限于最低水平。游人或其他利用活动及其相应的设施只允许占公园的一小部分或只限于与保护目的相符合的水平上。土地分区系统的主要原则有：①分区系统应适用于须进行分区的所有类型的保护区；②每个分区必须有明确的目标和容易理解的经营目的；③各分区能反映它的保护和利用作用的相对重要性；④分区能有助于立法的贯彻和执行；⑤文化资源是根据它的保护要求及与公园的其他价值、活动相比较而进行分区。

土地分区系统作为公园或自然保护区经营管理的指南，必须在完善而精确的分析后再进行分区。分析的信息是根据建立公园的目的和目标提出的，如资源的重要性、资源的敏感性、展览解说的潜力、游憩的可能性、游人的特点、当地的地区条件、现有土地利用状况和公众观点等。对其中的文化、历史和考古资源可以视为其景观资源的一部分，根据它的重要性与公园其他价值、活动关系来考虑它们的适当分区。在某些情况下还应保留当地群众的一些特殊权利和活动如捕鱼等，但是应使当地群众在进行传统活动时明确分区的保护和利用的双重目的。对环境敏感点或特殊资源没有划入分区中的特别保护区而又须严格保护的，应在其资源经营计划中指明。

二、游憩机会序列(ROS)分析

ROS(Recreation Opportunity Spectrum)给不同的游客体验制定目标，是一个针对户外游憩环境，提供一个较完整的分类层次和定义的理论框架，希望通过对游客需求的了解、经营管理者的判断和公众的参与，发展出适当的游憩机会环境，建立一系列的游憩机会，以使游客追求到所期望的体验。ROS 的目的是希望人们可以在不同的环境、不同的活动中寻求到其所需要的游憩体验。

ROS框架的核心是在游憩区里可以开展怎样的游憩活动。管理就是要达到每个游憩区所支持的游客体验并最终产生社会和经济效益。ROS不仅只注重游憩活动或人类活动的自然环境，ROS还基于这样的理念：人们在特殊的游憩区参与游憩活动是为了达到所希望的体验和利益。通过改变游憩区如通过关闭进入某一地区的唯一道路，我们可以改变使用者的密度并促进一系列更为自然的体验，而不是更社会化的体验。同样，禁止机动船在内陆湖航行，我们不仅可以改变游人的活动，而且还能促进对游人有利的各种体验。

游憩机会序列框架认为，游憩活动与环境构成游憩体验，而根据旅游体验的不同，区分为由原始至都市六个类别（图5—8）。ROS基本上是先从六项考虑因素：交通可及性、非游憩资源利用、现场经营管理、社会互动、可接受游客冲击程度及可接受管理程度，来探讨游憩区在现代原始型中的游憩机会分布情况，然后就整体研究其适合的范围，并予以ROS类别的定位。定位后游憩机会再反馈运用于游憩规划和游憩资

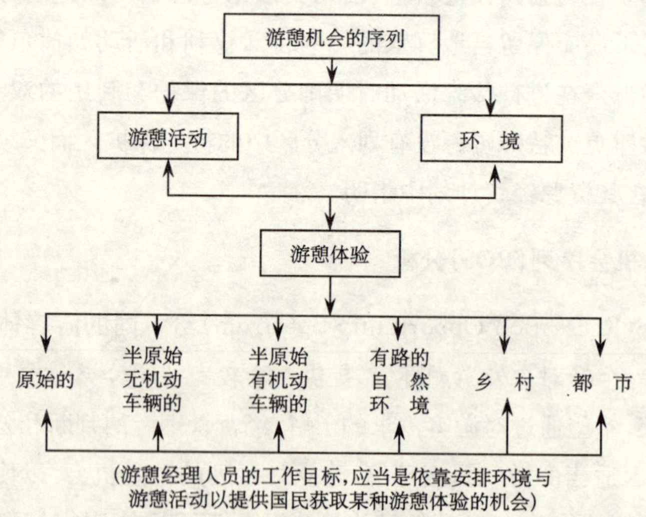

图5—8 游憩机会序列框架

源的分配中，最后再依其指导原则来执行与经营管理。

三、可接受的改变（LAC）

LAC（Limits of Acceptable Change）这一理念是由美国林业局和一些研究人员发展起来的。LAC 理念的基本前提在于认定只要有游憩利用，就必然产生环境改变或社会改变，现在的任务不是探讨“多少使用量才算过度”，而是判断“怎样的改变可予以接受”。

LAC 框架由四个基本部分组成。①确定可接受的并能实现的社会和资源标准。②确定期望的与现实环境之间的差距。③确定缩小这些差距的管理措施。④监测与评估管理效果。图 5—9 描述了运用该

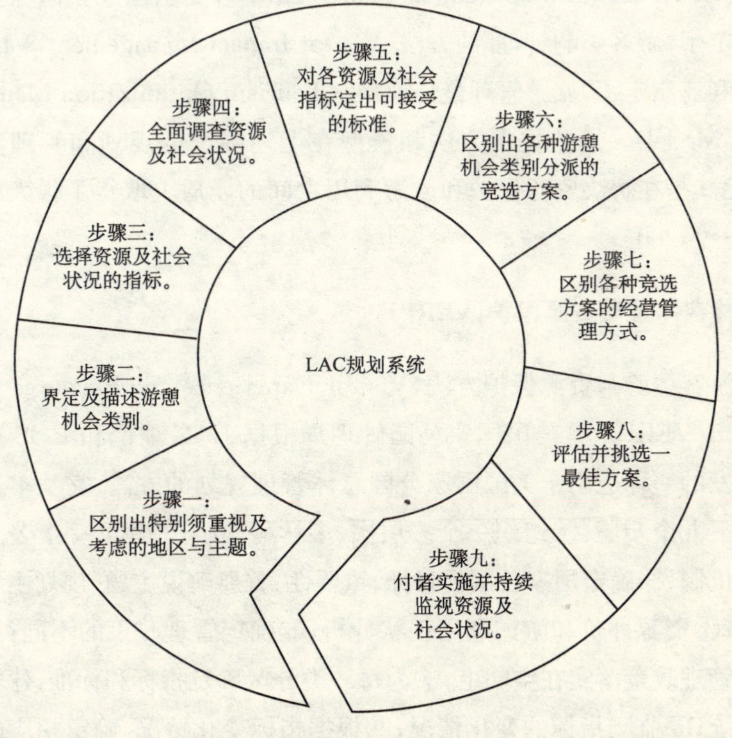

图 5—9　LAC 规划系统示意图

框架的九个步骤:①区别出特别须重视及考虑的地区与主题;②界定及描述游憩机会类别;③选择资源及社会状况的指标;④全面调查资源及社会状况;⑤对各资源及社会指标定出可接受的标准;⑥区别出各种游憩机会类别分派的竞选方案;⑦区别各种竞选方案的经营管理方式;⑧评估并挑选一最佳方案;⑨付诸实施并持续监视资源及社会状况。

LAC理论的诞生,带来了国家公园与保护区规划和管理方面革命性的变革,美国国家公园管理局根据LAC理论的基本框架,制定了"游客体验与资源保护"方法(Visitor Experience and Resource Protection,VERP);加拿大国家公园局制定了"游客活动管理规划"方法(Visitor Activities Management Plan,VAMP);美国国家公园保护协会制定了"游客影响管理"的方法(Visitor Impact Management,VIM);澳大利亚制定了"旅游管理最佳模型"(Tourism Optimization Management Model)。这些技术方法和模型在上述国家的规划和管理实践中,尤其是在解决资源保护和旅游利用之间的矛盾上取得了很大的成功(杨锐,2003)。

四、游客体验与资源保护(VERP)

游客体验与资源保护方法(Visitor Experience and Resource Protection,VERP),是美国国家公园管理局根据LAC理论和ROS技术等开发的一种适用于美国国家公园总体管理规划的方法,它基本上包括以下九个步骤:①组织一个多层次、多学科小组;②建立一个公共参与的机制;③确定国家公园的目标、重要性、首要解说主题、规划主要课题等;④资源评价和游憩利用现状分析;⑤确定管理政策的不同类别;⑥将管理政策落实在空间上;⑦为每一类分区确定指标和标准,建立监测系统;⑧监测指标的变化情况;⑨根据指标变化情况,确定相应的管理计划。

VERP 的特点主要有以下五个方面：它应用承载力的概念和 LAC 理论将保护和利用之间的妥协关系明确量化；游览机会的提供取决于资源状况而不是现有的游览体验和服务设施；提供多样化的游客体验，采用定性属性定义游客体验；强调多学科参与和公众参与；将监测管理和规划实施纳入整个规划工程（杨锐，2003）。

五、游客影响管理（VIM）

游客影响管理（Visitor Impact Management，VIM）的理念，是由国家公园与保护区协会（美国一个民间公园组织）和主要由阿伦·格瑞夫领导的高等院校的研究人员共同协作发展起来的。它产生于对游憩承载能力的文献研究，目的在于为公园和保护区的管理者提供必要的管理游客影响的方法，也考虑到在国家公园中的环境问题及游客的体验。应用条件是与其他的计划框架相结合或作为把影响问题局部化的管理工具。

VIM 过程由八个步骤组成，包括一组法律或政策检查、社会和自然两方面科学问题的确定、分析以及专业见解。①评估前的基础资料检查，总结现存条件。②管理目标检查。对与立法要求和政策指南一致的目标进行检查，尤其检查游客体验的资源管理目标，以明确地阐述特定区域的目标，比如维持一个水生区的自然植被。③选择主要的影响指示物。确定可量化的社会和生态变量，选择那些与区域管理目标最相关的因子，列出指示物和管理单元一览表。④对关键的影响指示物选择标准。对选择的影响指示物用期望的条件重新阐述管理目标，对期望的条件进行量化描述，比如在特定点植被丧失不超过 30%。⑤标准和现存条件的比较。对社会和生态影响指示物进行实地评价，以确定与所选择的标准的一致性和不同点。⑥确定可能的影响原因。检测反映不可接受影响的发生和严重程度的利用形式和其他潜在因子，描述引起管理注意的因子。⑦确定管理战略。检测所有可能涉及游客影响原因的直接和间接管理战略，列出管理战略指示物和单元。⑧执行。

VIM 理念根据游人不恰当的或过量利用而对自然界或社会环境产生不希望看到的改变的反应，提出了游人管理问题的解决方法。承载能力依然是 VIM 理念的中心，但对于问题和相关的生态或社会标准两个方面来说，能够被精确地确定。为了确定人与影响之间、利用与影响之间、地区条件与影响之间的相互关系，VIM 要求进行社会科学和自然科学的研究。国家公园局与几所美国大学合作成立的公园联合合作机构，极大地方便了公园和保护区管理机构对社会科学的应用。

六、游客活动管理规划(VAMP)

VAMP(Visitor Activities Management Plan，VAMP)是由加拿大国家公园局和许多专家发展起来的。20 世纪 80 年代初，来自内外部的批评使加拿大国家公园局的成员确信，解说和游客服务应该用更专业的方法来管理。因此，外界的批评使得对解说和游客服务的关注更加重视。

VAMP 框架意味着与其他设立已久的过程，如自然资源管理过程采取一致的行动(图 5—10)。这两个过程一起为两个决策机构提供信息，一个结构是系统计划，用以“评估候选的国家公园”，另一个是公园管理计划，使得已建成的国家公园执行国家公园政策。

VAMP 框架以游客活动形式为中心，就这一点来说，它是唯一的。通过处理实际的活动，避免了通过地理的、人口统计的以及游客心理特征来推断或预测行为以进行市场研究所共有的困难。游客活动形式把一项特别活动(如越野滑雪)与参与者的社会、人口统计特征联系起来，与该项活动的环境需求以及影响这项活动的趋势联系起来。对越野滑

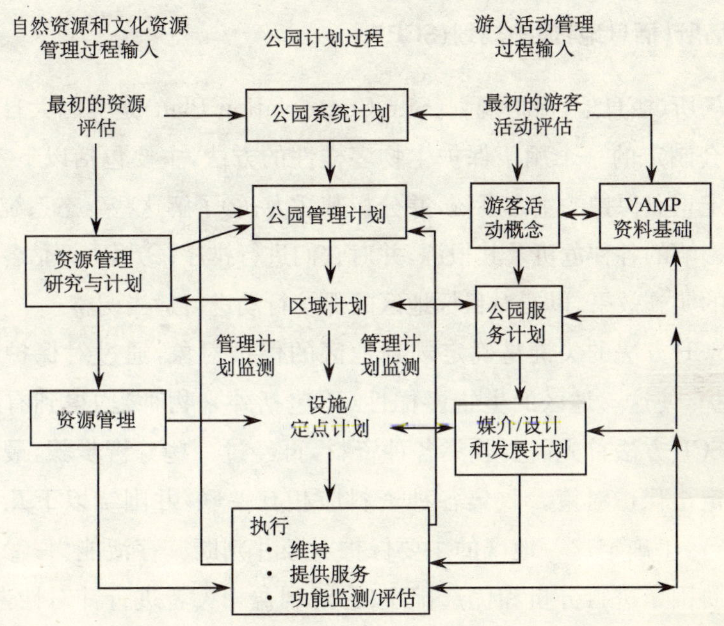

图 5—10　VAMP 作用的国家公园计划过程

（资料来源：许学工等，2000）

雪来说，由加拿大国家公园局所应用的游客活动形式由 4 个次级活动组成，即娱乐性的日常滑雪、健身滑雪、竞技滑雪、边远山区滑雪。参与活动者的社会和人口特征、所用设备、动机以及这些活动的环境需求差异，使涉及越野滑雪活动的各个次级活动彼此间差异明显。对规划和管理工作来说，重要的是这些差异带来不同的服务需求，并对环境产生不同的影响。例如，竞技滑雪需要建造符合越野滑雪协会所制定的标准场地，而边远山区的滑雪并不需要对场地进行改造，因为自然的地形正是这项活动所要求的环境。VAMP 现应用于国家公园、国家历史公园和遗产运河中（如安大略省的龙多运河）。

七、场所(栖息地)保护规划(SCP)

场所(栖息地)保护规划(Site Conservation Plan)是美国大自然保护协会制定的一个用于保护生物多样性的方法,主要包括以下三点:①确定重点保护的生态系统,并分析其活力;②了解这些生态系统产生不利影响的各种危机及其根源,并对它们进行排序;③慎重评估各保护项目的实施效果,以便对目标地区的保护行动进行适当调整。

SCP方法的关键是确定规划地区的保护对象,通过对保护对象的保护,使这一地区的生物多样性(不包括外来物种)均得到有效保护。SCP方法首先需要收集各种资料,再经过一些分析步骤,最后才能制定出保护对策。收集各种资料应相互关联,并围绕以下几个方面进行:①确定这一地区的主要保护对象并判断其存活能力;②对关键威胁因子进行分析和优选排序;③对利益相关者进行针对性考察,以了解他们与保护对象及其威胁因子之间的联系。明确了保护的总体目标和优先重点之后,规划人员就可以着手进行规划。规划应包括:①给出一组优选对策,这些对策将有助于改善保护对象的保护状况、缓和关键威胁因子和加强保护能力建设;②提出一整套监测指标,以评估这一目标地区各种保护行动的效果。这一规划过程的一个重要特点是其互动性,即它是一个可以不断完善和更新的框架,可以对它不断地进行调整,以保障那些对于改善生物多样性保护状况和减轻其威胁因子十分有效的保护活动能不断得到延续(杨锐,2003)。

八、其他相关技术

1. 环境影响评价(EIA)

环境影响是指人类活动(经济活动和社会活动)对环境的作用和导

致的环境变化以及由此引起的对人类社会和经济的效应。环境影响评价就是要对上述作用、变化以及效应进行评估，并制定避免或减轻不利影响的对策措施（陆雍森，1999）。

环境影响评价（Environment Impact Assessment，EIA）就是指对拟议中的人类的重要决策和开发建设活动，可能对环境产生的物理性、化学性或生物性的作用及其造成的环境变化和对人类健康和福利的可能影响，进行系统的分析和评估，并提出减少这些影响的对策措施。环境影响评价可明确开发建设者的环境责任及规定应采取的行动，可为建设项目的工程设计提出环保要求和建议，可为环境管理者提供对建设项目实施有效管理的科学依据。

环境影响评价一般分为环境质量评价（主要是环境现状质量评价）、环境影响预测与评价以及环境影响后评估。这是一个不断评价和不断完善决策的过程。

环境影响评价工作分为三阶段（图 5—11）。第一阶段为准备阶段，主要工作为研究有关文件，进行初步的工程分析和环境现状调查，筛选重点评价项目，确定各单项环境影响评价的工作等级，编制评价工作大纲。第二阶段为正式工作阶段，其主要工作为进一步作工程分析和环境现状调查，并进行环境影响预测和评价环境影响。第三阶段为报告书编制阶段，其主要工作为汇总、分析第二阶段工作所得到的各种资料、数据，得出结论，完成环境影响报告书的编制。

经过 30 年的发展，已有 100 多个国家建立了环境影响评价制度。继美国建立环境影响评价制度后，先后有瑞典（1970 年）、新西兰（1973 年）、加拿大（1973 年）等国家建立了环境影响评价制度。与此同时，国际上也设立了许多有关环境影响评价的机构，召开了一系列有关环境影响评价的会议，开展了环境影响评价的研究和交流，进一步促进了各国环境影响评价的应用与发展。我国于 2002 年 10 月 28 日公布了《中

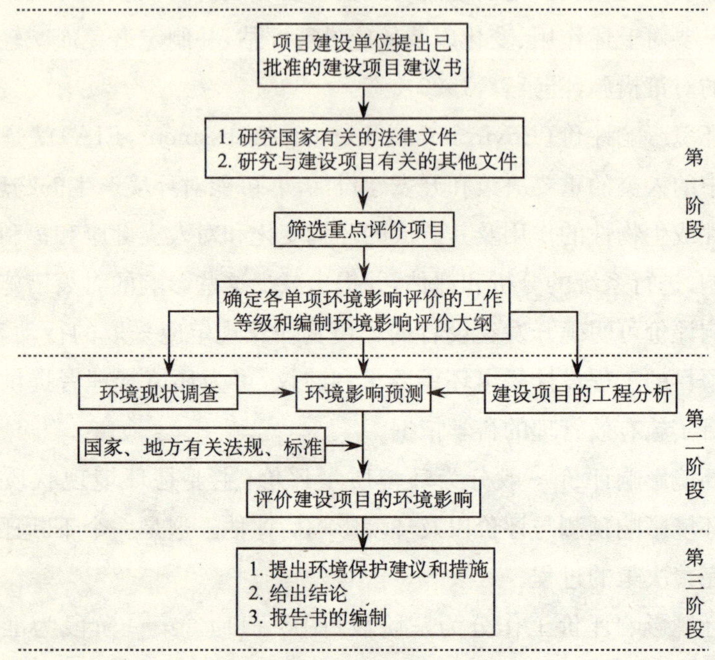

图 5—11　环境影响评价工作程序

（资料来源：全国人大法制工作委员会，2002）

华人民共和国环境影响评价法》，并于 2003 年 9 月 1 日起施行。虽然环境影响评价不是针对国家公园和保护性用地体系而定的，但它对保护性用地体系的影响丝毫不逊于国家公园基本法。

2. 优势—劣势—机会—威胁分析

"SWOT"是优势（Strength）、劣势（Weakness）、机会（Opportunity）和威胁（Threat）四个英文单词首字母的缩写词，SWOT 分析方法是哈佛商学院的 K. R. 安德鲁斯于 1971 年在其《公司战略概念》一书中首次提出的。SWOT 分析方法是通过对研究对象优势和劣势的分析，找出可能的发展机会和威胁因素，因而又称为"优势—劣势—机会—威胁”分析方法。

SWOT 分析法最先在企业发展研究中得以应用，主要是通过自身的优势(Strength)和劣势(Weakness)分析，找出存在的发展机会(Opportunity)和威胁因素(Threat)。SWOT 分析法将企业面临的外部机会和威胁，与企业内部具有的强势和弱势进行对比，得出四种组合方式，从中找到优势和机会能否避免劣势，消除威胁；如还不能，还有哪些行动避免劣势，消除威胁？

SWOT 分析方法能够使操作者明晰分析对象的资源、能力与所处的运行环境之间相互适应的相关信息，因此又被称为 SWOT 适应性分析。其理论基础是有效的战略应能最大程度地利用自身优势和环境机会，同时使自身限制和环境威胁的影响降至最低。SWOT 分析方法虽是由目标战略学派的安德鲁斯教授提出的，但是被各学派和咨询公司所普遍接受，是一种应用广泛的战略分析与选择工具。不仅适用于商业企业，也适用于一般性的项目。例如在规划领域，在加拿大渥太华大都市的战略规划编制过程中，就曾应用 SWOT 方法进行分析并取得很好的效果。

应用 SWOT 分析方法的基本步骤如下：①客观地掌握分析对象所具有的优势、劣势、机会和威胁之所在，其中的优势和劣势是内部要素，而机会和威胁是外部要素；②进行内部要素与外部要素之间的矩阵分析，将优势与机会、优势与威胁、劣势与机会、劣势与威胁中的内容两两关联进行分析；③根据现状因素之间的关系分析，确定采取什么样的调整与改进措施，从而得出解决问题的方案。

在保护性用地规划管理计划的制定过程中，SWOT 分析法的应用，为保护性用地在协调保护和利用、消除威胁和选择发展方向等方面，发挥了积极的作用。例如，在风景名胜区规划管理过程中，SWOT 分析方法的应用，可以在风景名胜资源评价的基础上，很好地协调风景名胜资源的有效保护与合理利用，消除存在的威胁，选择发展的方向。

3. 市场细分

市场细分是20世纪50年代中期由美国学者史密斯提出的，主要有两个依据，即顾客需求的异质性和企业资源的有限性。细分的目的是为了进行更为有效的市场竞争，并针对不同的市场提供不同的游憩机会。

细分一个市场的方法有很多，最恰当的方法必须根据商品和市场本身的特点来确定。在一般的情况下，我们都用通常方法对市场进行细分，这些普遍适用的细分方法主要有三种。①地理细分。从地理上细分消费品市场主要依靠地理区域的划分，如省、市、县，范围稍大一点的，有沿海、中部、西部，再大一点，有北方、南方、城市、乡村等。例如，客源市场细分为游客区域、城镇规模等。②人口细分。人口统计的变量非常复杂，性别、年龄、收入状况、教育程度、职业等都是需要考虑的因素，在国际市场上还会碰到人种、国籍等变量。收入细分是卖主掌握精品市场和大众化市场区别的法宝，收入高的消费者，会比较注重产品的外观式样能否传达社会地位的信息和个性追求，对产品质量有较严格的要求，一般收入者，则只会着眼于产品的实用性。③心理细分。在现代市场营销理论和实践中，市场细分的心理变化受到了前所未有的重视。相关统计发现，社会阶层、生活方式等也明显影响到游客的旅游动机。

4. 3“S”技术

20世纪50年代以来，随着以计算机为代表的新技术及卫星与航天技术的发展，人类已经进入信息社会和太空时代。以遥感(RS)、全球定位系统(GPS)和GIS所构成的3“S”集成的空间信息高技术在这种背景下应运而生并得以蓬勃发展，目前在资源普查和城市规划等方面发挥着日益重要的作用。

地理信息系统(Geographic Information System,GIS)是采集、存储、管理、分析和描述整个或部分地球表面(包括大气层在内)与空间和地理分布有关的数据的空间信息系统(邬伦等,2001)。

遥感(Remote Sensing,RS)是一种远离目标,通过非直接接触而判定、测量并分析目标性质的技术。遥感技术所获影像信息量大,覆盖面广,能够从大尺度整体的角度分析所研究的对象。

全球定位系统(Global Position System,GPS)是以卫星为基础的无线电导航定位系统,具有导航、定位和定时的功能,可以提供精密的三维坐标、速度和时间。

在技术流程上,RS、GIS和GPS系统具有互相补充、互相衔接的特点。GIS是一种兼容、存储、管理、分析、显示与应用地理信息的计算机系统,它既是综合性的技术方法,本身也是研究实体和应用工具。RS具有明显的空间和时间特性,GPS的定位、导航和适时技术对其具有非常重要的意义。三种技术的集成将极大地方便有关信息的搜集、处理和应用。

3"S"作为技术系统,基本功能是在计算机软件和硬件的支持下,把空间数据及相关的各类属性数据,以一定格式输入、存储、检索、显示和综合分析应用。3"S"由一系列相关的软件和硬件构成,有四个重要的组成部分:计算机硬件设备用于存储、处理和显示数字地图数据;计算机软件系统执行系统的各项操作功能;数据是系统的操作对象;系统的组织管理者要求掌握系统的管理和使用知识,这是3"S"中最活跃、最重要的组成部分。

3"S"技术的意义和作用,是它能迅速系统地收集、整理和分析研究区各种地理信息,通过数字化储存于数据库中,并采用系统分析、数理统计等方法建立模式,全面系统地提供所研究地区的历史、现状和发展趋势的信息,因此GIS是研究和决策的支持系统,是土地持续利用分析、规划和管理决策中必不可少的技术手段。

从3“S”技术发展进程可以看到，其中GIS早期就是为地籍管理和自然资源管理而发展起来的。今天依然显示了它在自然资源研究和管理中的重要作用。在国家公园和保护区等保护性用地的研究和规划中，在政府土地部门的土地利用规划和日常管理中，3“S”技术都提供了强有力的技术支持。其意义不仅仅是提高了效率，同时还为我们观察研究国家公园和保护区等保护性用地提供了新的视角和途径。

第六章 北京市风景名胜区体系的规划实践*

北京市是全国政治、文化、交通和对外交往的中心，是国际化大都市。驻有联合国机构和110多个建交国家大使馆，与东京、纽约等城市缔结了友好关系，同130多个国家和地区有经贸往来。北京作为首都，是最大的交通枢纽和旅游城市，又是国家历史文化名城，享誉世界的中国古都。3 000多年前为燕国都，初称蓟，辽为陪都，称燕京，后为金、元、明、清都城。1928年设市，称北平，中华人民共和国成立后改为现名。

北京地处东经115°25′～117°30′、北纬39°28′～41°05′之间。西部、北部和东北部为山区，西部属太行山脉，北部和东北部属燕山山脉，东南部为平原。境内最高处是位于门头沟区的东灵山，海拔高程2 303米，最低处为通县东南边界，海拔高程约8米。全市总面积为16 808平方公里，其中山区为10 400平方公里，占总面积的62%；平原为6 408平方公里，占总面积的38%。辖东城、西城、崇文、宣武、朝阳、海淀、丰台、石景山、门头沟、通县、大兴、顺义、平谷、密云、怀柔、昌平、延庆和房山18个区县。

---

* "北京市风景名胜区体系规划"项目主持人为杨锐教授，成员包括党安荣副教授、祁黄雄博士（博士后）以及武磊、杨海明、翟林等规划师和研究生。因为时间等多方面的原因，本章内容为项目研究阶段的总结，并非完全等同于规划方案，特此说明。

北京地处华北平原北端，雄踞于燕山脚下，东南距渤海 150 公里。地势西北高，东南低。西、北、东三面环山，西部山区统称为西山，属太行山脉；北部山区统称为军都山，属燕山山脉。东南部为山前倾斜平原。西部和北部是连绵不断的群山，一般海拔 1 000～1 500 米，最高峰东灵山高达 2 303 米；东南是缓缓向渤海倾斜的平原。北京地区属标准的温带大陆性季风气候，四季分明。最冷的一月平均气温－4.6℃，最热的七月平均气温 25.8℃。年降水量一般在 640 毫米左右，主要集中在 6～8 月。境内主要河流有永定河、潮白河、温榆河、北运河和拒马河等。古人提到："幽燕自昔称雄，左环沧海，右拥太行，南襟河济，北枕居庸。苏秦所谓天府百二之国，杜牧所谓王不得不可为王之地。"这是对北京得天独厚的自然地理环境的绝好概括。

北京四季分明，自然景观丰富，而且历史悠久，因此风景名胜资源十分丰富（彩图Ⅻ）。1982 年，八达岭—十三陵被国务院审定为国家重点风景名胜区。1999 年，北京市政府正式下文，风景名胜区管理职能交与市园林局。市园林局作为主管部门，开始有计划有步骤地以风景名胜区相关法规政策引导，编制并实施规划，规范风景名胜区的保护和开发活动。2000 年 1 月，市政府审定批准了潭柘—戒台等为北京市首批市级风景名胜区。2000 年 3 月，市政府正式发布了《关于公布首批市级风景名胜区的通知》。同时，各区、县政府通过资源调查、评估等一系列程序，相继审定、批准了 17 处区（县）级风景名胜区。目前，北京市拥有各级风景名胜区 26 处，其中国家级 2 处，市级 7 处，区县级 17 处。面积为 2 210 平方公里，分布在北京的东北、西北、西南九个区县，初步形成了具有数量较多、面积较大、等级齐全、类型多样、扇状散布等特点的北京市风景名胜区格局。

第一节 立项依据、意义和技术路线

一、体系规划的依据

我国《宪法》第二十二条第二款明确规定:“国家保护名胜古迹、珍贵文物和其他重要历史文化遗产。”国务院于1985年6月7日颁布的《风景名胜区管理暂行条例》规定:“凡具有观赏、文化或科学价值,自然景物、人文景物比较集中,环境优美,具有一定规模和范围,可供人们游览、休息或进行科学、文化活动的地区,应当划为风景名胜区。”近年来,国务院更是把风景名胜区与历史文化名城保护一起,作为城乡规划中的重要内容,在相关的政策文件中加以强调,如国发13号文件。

2004年1月,北京市规划委员会和北京市园林局上报北京市人民政府“关于开展‘北京市风景名胜区系统规划’工作的请示”(市规文[2004]76号)中指出:为了落实“国发[2002]13号和建规[2002]204号文件的要求,尽快组织编制我市风景名胜区系统规划,才能使风景名胜区资源得到有效的保护和管理,避免恶性循环,确保我市风景名胜资源的可持续发展。”另外,“北京城市总体规划”修编工作已正式启动,风景名胜区系统规划作为城市总体规划中一项重要的专项规划,可纳入到“北京城市总体规划”修编的整体工作之中。

编制“北京风景名胜区体系规划”是落实“北京城市空间发展战略研究”,完善“北京城市总体规划”修编内容的需要。根据“北京城市空间发展战略研究”:“北京的西部、北部是山区和浅山区,以长城、十三陵、周口店北京人遗址、潭柘寺等为代表的历史文化遗产遍布,不但是北京历史文化的典型代表,而且许多遗址还是世界文化遗产,是人类的宝贵财富。同时这一地区还是北京的绿色屏障，是北京水源保护地的主要地区，对北京的生态、环境和社会可持续发展意义重大。”根据这一认识，“北京城市空间发展战略研究”的核心是构筑“两轴两带多中心空间结构”的城市空间发展战略（彩图Ⅳ），其中的西部生态带，就是上述北京西北部山区和浅山区。

北京市市域范围内现有风景名胜区 26 处，总面积达 2 200 余平方公里，绝大部分分布在北京市的西部和北部，占到西北部山区和浅山区的 1/4 以上，占全市市域面积的 13%。由此可以看出，北京风景名胜区是“西部生态带”不可或缺的组成部分，是“北京历史文化的典型代表”，是“北京的绿色屏障”，是北京可持续发展的重要保证，是北京发展生态和文化旅游的重要场所。从这个意义上讲，不编制“北京市风景名胜区体系规划”，不将其主要内容纳入“北京城市总体规划”修编之中，我们就不可能对市域 13%的国土面积进行有效的保护、利用和管理。

编制“北京风景名胜区体系规划”符合世界国家公园和保护区运动的发展趋势。“国家公园”这一提法最早出现于美国。1872 年，美国国会批准建立了黄石公园，它是世界上第一个国家公园。1872～2001 年，国家公园运动从美国一个国家发展到世界上 225 个国家和地区，从单一的国家公园概念衍生出“国家公园与保护区体系”、“世界遗产”和“生物圈保护区”等相关概念。截至 1997 年，世界上共有 225 个国家和地区建立了国家公园与保护区体系，国家公园与保护区的数目为 30 350个，总面积为 13 232 275 平方公里（相当于中国与印度国土面积之和），占地球表面积的 8.83%。其中第二类，即国家公园分布在 155 个国家与地区，总数为 3 384 个，总面积为 4 001 605 平方公里，占地球表面积的 2.67%。

这些国家公园和保护区是全球可持续发展的前提条件，因此许多国家和其下属行政区都编制有“国家公园与保护区体系规划”。中国的风景名胜区相当于国外的国家公园和保护区，风景名胜区体系相当于国家公园体系。《北京城市空间发展战略研究》提出“结合山水布局，实施国家公园战略，在城市的周边分别建设西北郊历史公园、东郊游憩公园、北郊森林公园、南苑三海子及团河行宫公园”（彩图Ⅴ）。在北京如何实施国家公园战略，如何建立城郊公园体系，“北京市风景名胜区体系规划”将在这一方面作出规划。

二、项目意义

北京市总体规划修编工作启动以来，市委、市政府确定了“政府组织、专家领衔、部门合作、公众参与、科学决策”的工作模式。这次修编工作突出了四个特点，一是以城市问题为导向；二是以资源环境为基础；三是以产业发展为动力；四是以协调发展为目标，努力把科学发展观贯彻到总体规划编制的全过程和内容的各方面。风景名胜区体系规划是修编中的专项规划之一。编制“北京市风景名胜区体系规划”的作用和意义体现在如下四个方面。

（1）加强风景名胜资源管理的整体性和有序性。世界国家公园运动发展的130年间，认识上一个重要的转变就是从“岛屿状”保护走向“网络状”保护，也就是说要将国家公园和保护区作为一个完整的系统进行保护、利用和管理，而不是若干散点。如何根据北京风景名胜资源的肌理和脉络，增强北京市风景名胜资源管理的整体性、有序性和动态稳定性，明确市域风景名胜区发展总体战略，确定各风景名胜区在体系之中的地位与职能，是“北京风景名胜区体系规划”的首要任务。

(2) 应对旅游业发展带来的机遇和威胁。改革开放以来,中国旅游业高速发展(图 6—1),这其中既蕴含着风景名胜区发展的机遇,也隐藏着风景名胜资源的危机。如何摆正保护与利用的关系,使风景名胜资源在充分有效保护的前提下,得到可持续的利用,使保护和利用走上良性循环的道路,是"北京风景名胜区体系规划"的重要任务。

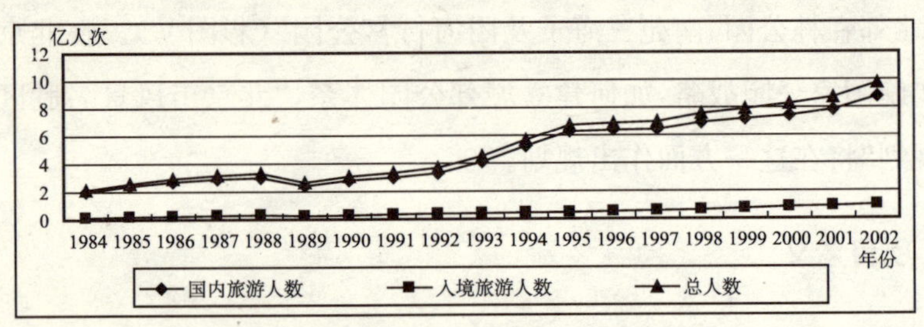

图 6—1 中国旅游人数的发展变化

(3) 协调风景名胜区体系与城镇体系和周边社区之间的关系。风景名胜区体系与城镇体系是阴阳互补、相辅相成的两个体系。他们都是人居环境的重要组成部分。前者以资源保护和提供游憩观赏机会为目标,后者则是以发展为主的体系。如何协调风景名胜区体系与城镇体系和周边社区之间的关系,是"北京风景名胜区体系规划"的第三项任务。

(4) 协调风景名胜区和相关保护性用地之间的关系。除风景名胜区外,北京市域范围内还存在自然保护区、国家地质公园、森林公园、重点文物保护单位等保护性用地。这些保护性用地在管理目标和政策方面有一定的相同之处,但在管理机构和空间分布上又有很多交叉和重叠,如何协调风景名胜区和这些相关保护性用地之间的关系,是编制"北京市风景名胜区与城镇体系的关系"的第四项任务(彩图Ⅵ)。

三、体系规划的技术路线(图6—2)

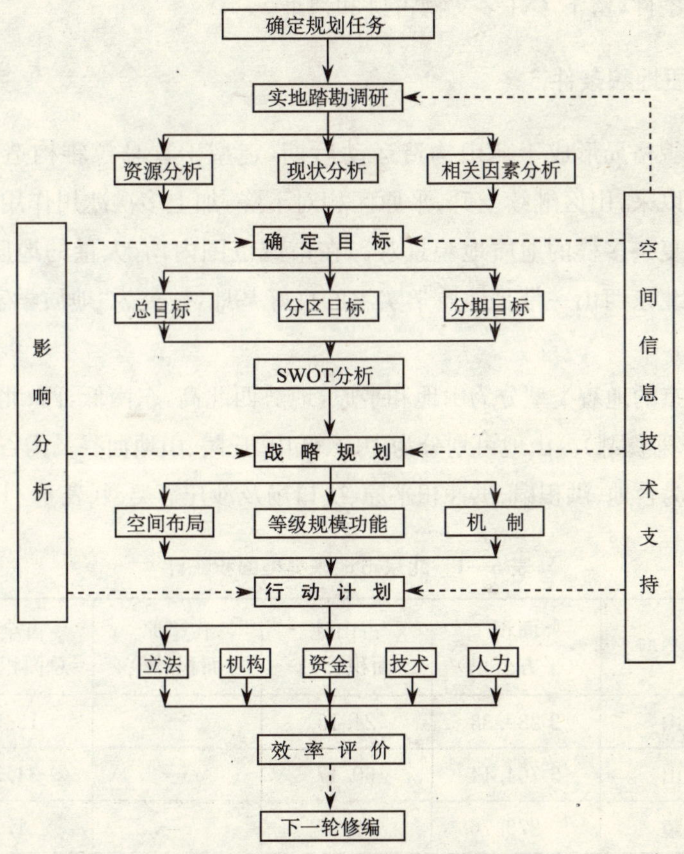

图6—2　体系规划的技术路线

第二节　风景资源形成的自然背景

北京地处燕山山脉和太行山脉交汇处，华北平原的北部，古北京湾内，处于暖温带半湿润季风气候带。复杂多样的自然环境，为形成市域内丰富多样的自然景观和生物多样性提供了良好的自然环境条件，同时有利于农业生产的自然环境也为区域内人类历史文明的发展提供了有利的条件，留下了许多文物古迹和遗址。

一、地质地貌条件

地貌格局形成于燕山构造运动后期，定型于喜马拉雅构造运动。第四纪以来，山区继续上升，平原区相对下降，加上多次冰川作用，改造成目前复杂多样的地质地貌景观。在市域范围内，有大量的地质地貌遗迹。北京西山一带是地质学实习的良好基地，被誉为“地质学家的摇篮”。

北京的地貌类型分为山地和平原，地势西北高，东南低，西、北、东三面环山（彩图Ⅶ）。山地可划分为中山、低山、丘陵、山地河谷及沟谷，平原可划分为台地、洪积扇、洪冲积平原、决口扇及沙丘等类型（表 6—1）。

表 6—1 北京市地貌类型面积统计

地貌类型	面积（平方公里）	占山地面积（%）	占平原面积（%）	占全市总面积（%）
中山	2 289.33	24.15	—	13.94
低山	5 704.14	60.17	—	34.72
丘陵	279.76	2.95	—	1.70
山地河谷及沟谷	1 077.52	11.37	—	6.56
台地	129.05	1.36	—	0.79
洪积扇	1 443.81	—	21.20	8.79
洪冲积平原	4 539.86	—	66.68	27.63
平原河道	553.34	—	8.13	3.37

续表

地貌类型	面积（平方公里）	占山地面积(%)	占平原面积(%)	占全市总面积(%)
决口扇及沙丘	271.96	—	3.99	1.66
官厅、密云水库	138.43	—	—	0.84
总计	16 427.20	—	—	100.00

注：中国科学院地理研究所于 1982 年对北京市面积进行量算，全市总面积为 16 427.2 平方公里，地貌类型是以此数据为基数进行分类统计的。

二、气候条件

北京市属暖温带半湿润季风气候，夏热多雨，秋爽冬寒，春短干旱。一月平均气温为－5℃～－10℃，七月平均气温为 24℃～26℃，年较差为 15℃～30℃，气候属温带大陆性季风气候，年平均气温为 12℃左右。年平均降水量 626 毫米，是北京地区地下水的主要补给来源。

北京冬春少雨雪，夏秋多阴雨。多年平均年降水量为 595 毫米，年际、年内降水分布极不均匀，汛期局部地区易发生地形性暴雨。自 1724 年（清雍正二年）至 1995 年的 272 年间，最大年降水量为 1 406 毫米，最小年降水量仅为 242 毫米，相差近 5 倍。在一年内，6 月至 9 月降水量约占全年降水量的 85%，其余时间降水量只占 15%。年平均气温 11℃～12℃。年平均水面蒸发量约 1 120 毫米，陆地蒸发量平原约 500 毫米，山区约 400 毫米。无霜期平原为 190 天，山区为 150 天左右。由于地理和气候的特点，导致洪、涝、旱、碱等自然灾害频仍，水旱灾害交替发生。

三、水文条件

自然界中水主要分为地表水和地下水。

(1) 地表水。北京境内分布着大小河流200多条,分属于海河流域的永定河、潮白河、北运河、大清河和蓟运河五大水系。新中国建立后,先后修建了大、中、小型水库85座,总库容量约74亿立方米,开挖大型引水渠4条,整修与新建湖泊30个,湖水总面积9.74平方公里,使河湖水连成一体,已初步建起比较完善的河湖水网。

(2) 地下水。全市地下水可开采量约为25亿立方米/年。地下水是北京市重要的供水资源,但地区开采极不均匀,城近郊区及部分卫星城镇开采大于补给,远郊大部分地区采补基本平衡。1961~1984年,北京市地下水年平均补给量为39.51亿立方米,其中平原区为29.61亿立方米;年平均消耗量为40.09亿立方米,其中平原区为31.63亿立方米。到1984年,全市地下水贮存变化量累计亏损39.97亿立方米。

四、土壤条件

北京地区土壤覆盖率为82%,面积为138万公顷(2 067万亩)。山区土壤以砾质轻壤土为主,厚度小于30厘米的薄土层和粗骨土为35万公顷(523万亩),占山区土壤面积的47.3%,涵蓄水分能力低,水土易流失。平原区土壤主要是洪积物,以轻壤质为主,约占一半以上,其余为砂壤质和中壤质。东南部是盐碱地集中地区。

北京地区的土壤,受地带性和垂直带性因素的影响,从山地到平原的分布,有一定的规律性,同时又受地貌、水热条件的影响。从山地到平原,土壤分为山地草甸土、山地棕壤、褐土、潮土、沼泽土、水稻土和风沙土七类。

五、植被条件

北京受暖温带大陆性季风气候的影响,形成的地带性植被类型为暖温带落叶阔叶林。由于境内地形复杂,生态环境多样化,致使北京植被种类组成丰富，植被类型多样，并且有明显的垂直分布规律。此外，北京地史上未受第四纪冰川的影响，其植物区系为第三纪植物区系的直接后代，这也是北京植被类型及植物种类较丰富的原因之一。

1987～1989年，北京市开展了山区野生经济植物资源调查，记载野生植物600种，其中经济植物300多种（未含材用、牧用、观赏类）。在经济植物中，药用植物最多，达291种。1990年北京市农业区划委员会办公室编辑出版的《北京山区野生经济植物资源手册》，共介绍了227种。北京师范大学生物系贺士元等编写的1992年修订版《北京植物志》，收录北京地区维管植物169科、898属、2 088种和171变种、亚种及变型，其中栽培植物约占1/5。其后，又陆续发现记载一批新种、变种。

六、动物状况

北京地区动植物区系处于南北方动植物的一个过渡地带。复杂多样和优越的地理环境，以及其他方面的自然、人文因素，形成了北京地区比较丰富的野生动植物资源。

1958年秋，北京大学开始对北京地区的野生动物资源进行调查研究。到1964年的调研结果表明，北京地区有两栖纲动物4种、爬行纲动物8种、鸟纲动物80种、兽纲动物30种。此外，北京自然博物馆蔡其侃等从20世纪50年代开始从事北京地区鸟类学研究，通过调查和考察，并将采集和收藏的鸟类标本进行整理，在1988年1月编辑出版《北京鸟类志》，共记录有鸟类61科、18目、343种、29亚种。在1992年9月北京市林业局等编辑出版的《北京野生动物保护管理手册》中，记载有陆生野生脊椎动物近420种，约占全国同类种数的19%。其中兽类40余种，鸟类340余种，爬行类20余种，两栖类约10种。到1995年，北京地区统计有鸟类370种。

第三节 景观资源分析评价

一、总体评价

(1) 类型丰富。北京市域面积为 16 800 平方公里,其中西部与北部的山区面积达 10 418 平方公里,占整个市域的 62%左右。地貌类型主要是山地、丘陵、台地,海拔高度多数为 300～1 500 米,最高峰海拔 2 303米。广阔的山区极其复杂的地质构造,孕育了丰富的动植物资源、地质地貌资源与古人类遗迹。而在其东南部的开阔平原,则以适宜的人居环境条件吸引了历史上众多王朝在此建都,成为历史悠久的政治、文化中心,遗留了丰富的文化资源。即使在山区与平原区的交错带,也由于历代战争与疆域的变迁,造就了具有人类历史奇迹的构筑物——长城及其附属设施,具有重要的人文历史价值。北京的自然资源中尤其以地质地貌资源、生物生态资源为主体;文化资源中则以历史悠久的人类生存遗址、军事防御构筑物、皇家行宫建筑、皇家园林建筑、皇家陵墓建筑、传统民居建筑以及非物质形态的文化资源等。

(2) 历史悠久。北京地区属华北地层分区,从太古界的古老变质岩系直到第四系都有代表。周口店"北京人"遗址是可以追溯到公元前 18000 年到公元前 11000 年的新人类遗迹。北京拥有 3 000 多年的发展史、800 多年的建都史,久远的历史造就了北京市具有深厚的文化历史底蕴和丰富的文化历史资源。

(3) 生物多样性突出。据著名生态学专家陈昌笃教授研究,北京是世界各国首都中生物多样性最为突出的。

(4) 独树一帜。位于山区与平原区过渡地带的长城遗址举世无双,北京皇城的规划与建筑是人类历史上独一无二的伟大杰作。自然资源与文化资源的有机耦合,造就了北京市域风景名胜资源独树一帜的特征。

(5) 优势互补。北京市的市域范围内的某项自然资源本身可能并不是该专业或领域中的特有种，或者说没有特征唯一性，但当他们与周围的文化资源、城镇历史等综合考察的时候，其特征就显得非同寻常，这种自然资源与文化资源之间的优势互补，是北京市域资源的一个特点，是不容忽视的。

二、自然资源评价

(1) 地质地貌。北京地区大地构造位置处于中朝准地台燕山褶皱带中段以及华北断坳之西北隅。自太古代以来，本区经历了多次构造变动和多阶段旋回的地质构造演化。按其沉积建造、构造变动、变质作用和岩浆活动可划分为迁西、阜平、后吕梁—印支、燕山、喜马拉雅五个旋回。本区各时代地层出露良好，厚度大，沉积类型与沉积岩相比较复杂，生物化石丰富，沉积矿产发育。其中不少地区的地层与古生物研究成果闻名中外，如周口店洞穴堆积和北京猿人的发现等。

(2) 野生植物。北京市风景名胜区是北京市生物多样性的相对富集区，有近 2 000 种动植物资源和覆盖率高达 65%以上的森林植被，构成了环绕京城的生态环境圈，在保护首都生态环境方面起着不可替代的作用。北京市园林科学研究所与相关单位的合作，对北京市 1 个国家级风景名胜区和 7 个市级风景名胜区进行了生物多样性调查及研究工作，即石花洞国家级风景名胜区和慕田峪、十渡、潭柘寺—戒台寺、东灵山—百花山、金海湖—京东大溶洞—京东大峡谷、龙庆峡—松山—古崖居以及云蒙山市级风景名胜区（表 6—2～3）。根据 1999 年国家林业局和农业部颁布的《国家重点保护野生植物名录》，调查中共发现国家二级保护植物三种，即黄檗（Phellodendron amurense Rupr.）、紫椴（Tilia amurensis Rupr.）和野大豆（Glycine soja Sieb. et Zucc.）。此外，兰科所有野生种都在《濒危野生动植物物种国际贸易公约》的保护范围中，调查中共发现野生兰科植物八种。此外，本次调查中共发现北京植物区系中 17 个新记录种、1 个新记录变种和 7 个种的新分布地点。

表 6—2　北京市八个风景名胜区的植被类型和数量统计

风景名胜区	植被型组	植被型	群系
石花洞	3	4	9
慕田峪	3	4	22
十渡	4	6	31
潭柘寺—戒台寺	5	5	23
东灵山—百花山	5	5	25
金海湖—京东大溶洞—京东大峡谷	4	4	11
龙庆峡—松山—古崖居	4	5	16
云蒙山	3	4	16

表 6—3　北京市八个风景名胜区维管植物数量统计

风景名胜区	科	属	种
石花洞	82	213	324
慕田峪	107	357	626
十渡	105	323	512
潭柘寺—戒台寺	98	275	444
东灵山—百花山	112	367	766
金海湖—京东大溶洞—京东大峡谷	105	282	414
龙庆峡—松山—古崖居	109	361	663
云蒙山	98	319	549

(3) 野生动物。北京市山区面积大，河湖水面较多，为野生动物的栖息繁衍提供了良好的条件。据统计，全市有陆生野生动物420多种，其中鸟类340种、兽类46种、爬行类21种、两栖类9种。在这些动物中，列为国家Ⅰ级保护动物的有豹、白鹤、金雕、褐马鸡、大鸨等共10种；列为国家Ⅱ级保护动物的有斑羚、天鹅、灰鹤、号鸟等共51种(王民中，1999)。在丰富的鸟类资源中，留鸟约占20%，旅鸟约占49%，夏候鸟约占25%，冬候鸟约占6%；其中列为国家Ⅰ级保护的有白鹳、金雕、白肩雕、白尾海雕、褐马鸡、大鸨共6种，列为国家Ⅱ级保护的有斑嘴鹈鹕、白额雁、大天鹅、小天鹅、疣鼻天鹅、鸳鸯及鹰、隼、鸮等猛禽，共33种；列为北京市Ⅰ级保护的有各种白鹭、啄木鸟、普通夜鹰、白腰雨燕、三宝鸟、灰喜鹊、黑卷尾等，共26种；列为北京市Ⅱ级重点保护的主要是一些雁鸭类、鹭类、莺类、山雀、伯劳、杜鹃、百灵、太平鸟等107种(李守先，2002)。北京市园林科学研究所与相关单位合作，对北京市1个国家级风景名胜区和7个市级风景名胜区进行了生物多样性调查(表6—4)。

表6—4　北京市八个风景名胜区各类动物数量统计

风景名胜区	兽类	鸟类	两栖爬行类	鱼类	昆虫
石花洞	5	44	8		104
慕田峪	15	39	7		297
十渡	14	71	11	17	128
潭柘寺—戒台寺	11	37	4		71
东灵山—百花山	21	111	10		98
金海湖—京东大溶洞—京东大峡谷	10	43	7		111
龙庆峡—松山—古崖居	29	102	17	14	246
云蒙山	21	87	14	7	230

根据1989年国家林业部和农业部颁布的《国家重点保护野生动物名录》，调查中共发现国家级保护动物23种，其中国家Ⅰ级保护动物4种，国家Ⅱ级保护动物19种。其中国家Ⅰ级保护动物即黑鹳（Ciconia nigra）、金雕（Aquila chrysaetos）、白肩雕（Aquil heliaca）和褐马鸡（Crossoptilon manchuricum）。

（4）河流水体。北京地区的主要河流有属于海河水系的永定河、潮白河、北运河、拒马河和属于蓟运河水系的泃河。这些河流都发源于西北山地，乃至内蒙古高原。它们在穿过崇山峻岭之后，便流向东南，蜿蜒于平原之上。其中泃河、永定河分别经蓟运河、潮白新河、永定新河直接入海，拒马河、北运河都汇入海河后注入渤海。此外，解放初期以来，在各条河流上游修建了各类水库，用于生活饮用水源、农业灌溉水源、防洪蓄水设施等，随着社会的发展，其职能有所变化，有些已经成为重要风景名胜区中的有机组成部分。

三、文化资源评价

北京地区（非城区）文化资源在总体上有如下特色：文物古迹与其周边的自然环境有着密不可分的关系，由此形成了各种特色的文化景观。其中以下六方面的文化资源体系在北京地区最具典型性，能充分体现北京的文化资源特色。

1. 史前古人类文化体系

以房山周口店“北京人”遗址为代表的北京史前古人类文化体系，反映了北京地区文明的源头。周口店“北京人”遗址的发现对世界人类起源的研究起到了巨大推动作用。从时间分布上看，无论是旧石器时期遗址，还是新石器时期遗址，都反映出很强的时间延续性。

作为世界科学史上重要的发现地，周口店遗址拥有巨大的科学研究价值，因此1982年该遗址被联合国教科文组织确定为“世界文化遗产”。但是这一类型的文化资源往往缺乏传统文物古迹的观赏价值，只有通过合理的区域资源整合（如周口店与周边的上方山国家森林公园进行资源整合），以及在具体项目上进行深度挖掘（以保护文物为前提），使得这一类代表北京起源的文化资源逐渐成为北京的风景名胜。北京史前古人类文化体系如表6—5所示。

表6—5　北京史前古人类文化体系时间分段

时期	古人类	距今时间	发现时间
1.旧石器时期		距今50万年至1万年	
	直立人——“北京人”	距今50万年	1929年
	早期智人——“新洞人”	距今10万年	1967年
	晚期智人——“田园洞人”	距今2.5万年	2001年
	“山顶洞人”	距今1.8万年	1933年
2.新石器时期		距今1万年至公元前两千年	
	“东胡林遗址”（门头沟区）	距今1万年左右	1966年
	上宅文化遗址（平谷区东北上宅村）	距今六七千年左右	1984年
	北埝头遗址（平谷区西北错河南岸）	距今六七千年左右	1984年
	镇江营一期类型（房山区北拒马河西岸）	距今五六千年左右	
	雪山一、二期文化遗址（昌平区雪山村）	距今四至六千年左右	

2. 燕山长城军事防御体系

中国万里长城历经战国、秦汉直至明代的历朝建设，在中国北方形成了强大的军事防御体系。在这一体系中明长城以其惊人独到的设计、浩大的工程量、与自然环境融为一体的文化景观价值以及相当完整的保存状况，成为历代长城中的代表，于1982年进入联合国世界遗产名录。北京段的明长城由于负担着守卫京师的重任，所以从形制、材料、工艺等都要明显优于其他省区的长城。北京段的长城以风光优美的燕山为依托，因山就势形成了极富特色的“燕山长城”，其中以八达岭、慕田峪、司马台为其中代表，这些区段20世纪80年代后陆续分段开发为旅游景点，但有如下几种现象是令人担忧的。

分段开发导致万里长城作为一个完整的军事防御体系这一概念的消失，连续的城墙被人为的管理划分为若干区段，景点之间缺乏必要的空间和文化上的联系。

以八达岭为代表的“修我长城热”使许多极富历史价值、景观价值的长城遗址遭到了极大破坏，这是引以为戒的。近年来“修旧如旧”的思想有了一定共识，司马台、八达岭残长城等景点做了相当的工作。

划入非长城类景区中的长城的保护与开发是一个更需要妥善解决的问题，比如密云云蒙山等风景名胜区中的长城段。这里要着重提出的是，长城在历史上作为一个整体，在北京由西至东跨越门头沟区、昌平区、延庆县、怀柔区、密云县和平谷区六个区县，通过我们的历史考察，门头沟区的东灵山—百花山风景名胜区和平谷的金海湖—京东大溶洞—京东大峡谷风景名胜区内也是明长城分布区域，这两个区域应加强长城资源的普查，使长城保护体现应有的完整性。

长城资源完整性保护的另一方面体现在除了对长城城墙关隘、烽火台这些长城本体结构进行保护之外，对共同组成这一军事防御体系的屯兵卫所、古运兵道也应纳入长城整体保护之中(如八达岭附近的岔道城已纳入了北京第二批历史文化区名录，但更多的重要卫所还未得到应有的保护。

明代修长城过程中在长城南侧出现了许多戍边军人家属的村落，这是重要的长城文化资源，但长期以来未得到应有重视，与此相类似的还有兴建长城过程中古窑址、采石场的保护。

长城作为绵延几千公里的文物古迹，与其独特的周边环境形成了密不可分的关系。因此，保护长城沿线的自然景观在当前阶段甚至比保护长城本体更重要，任务更艰巨。北京的"长城公社"引发了许多争议，今后长城保护与开发应如何应对旅游房地产热潮的冲击是一个严峻的挑战。

长城游作为旅游产品长期一直停留在大众旅游层面，而改变这一局面，只有从时间、空间上深度挖掘"长城文化"，使休闲、探险成为长城游的主流（河北省正在实施的沿长城旅游公路项目倒是一个比较理想的构想，但关键是实施过程中对长城资源保护力度的把握，尽可能避免由此引发的对长城本体、长城景观以及周围环境的破坏）。

与长城相关保护内容：城墙、关隘、峰火台，屯兵卫所、古道，古村落、古窑址、采石场，长城沿线自然景观，长城文化。

3.古都皇家文化体系

在金中都时期，房山金帝陵（遗址）是北京最早、规模最大的皇家陵园，也是中国历史上为数不多的少数民族皇陵。营建时间长达 60 年，共葬有五代 17 位皇帝，这是北京建都 850 年的重要见证。而目前金陵在遗产保护中未得到应有的重视。

在元大都时期，元朝实行两都制：北京的元大都与锡林浩特的元上都，元朝统治者每年定期通过健德门、居庸云台、张家口往返于两都之间。该御路沿途遗留了大量皇家遗迹，如张家口的元中都。可通过遗产廊道这一概念将"元大都—元中都—元上都"纳入整体保护的体系。

在明北京时期，皇家陵寝是重要的保护对象。除了昌平十三陵之外，我们必须从遗产保护真实性、完整性的角度提高对海淀区景泰陵的认识（景泰陵为明代景泰皇帝的陵墓），建议将其申报为世界文化遗产明清皇家陵寝的拓展项目。

与皇家谒陵仪式相关的内容可通过研究进行整理发掘（正如天坛祭天仪式的发掘），这里要提到的是对皇陵附属设施（如巩华城、昌平卫）和谒陵路线（如沿线的朝宗桥）的整体保护。目前巩华城等皇陵附属设施现状不容乐观。

在清北京时期，清朝在北京周边地区兴建了大量皇家苑囿。其中西北郊的小西山和南郊的南海子都应整体纳入保护范围；避暑山庄是清朝重要的离宫，每年皇室都经过古北口往返于两地，同样可通过遗产廊道的方法对这段御道进行整体的保护。清东陵与清西陵分别位于河北遵化、易县，同样存在两条由北京出发的谒陵路线，沿线的相关文化资源需要进一步搜集、整理。

古都皇家文化体系还包括皇家行宫和御用场所以及王府、王陵等历史遗迹。

4. 传统寺庙道观文化体系

以云居寺、潭柘寺、戒台寺、法海寺、八大处等为代表，其中房山云居寺始建于唐代，珍藏了 14 000 余块石刻佛教大藏经版，被誉为北京的敦煌。北京流行一句俗语“先有潭柘寺，后有幽州城”，这反映了潭柘寺对于北京的深远影响；而与其毗邻的戒台寺有“天下第一戒坛”的称谓。

5. 大运河漕运文化体系

始建于元代的京杭大运河是人类水利史上的奇迹，其历史价值是不可低估的，但长期以来大运河并未作为文物进行妥善保护。近期大运河正在作为一项重要的历史遗产进行前期的资源普查，作为大运河起点的北京通惠河应作为这次工作的重点。

6. 口头及非物质文化遗产体系

北京拥有博得世界关注的传统戏曲、曲艺——京剧、相声、京韵大鼓等，同时北京的特色传统手工技艺——景泰蓝工艺、漆器工艺也是独树一帜的。此外，北京老字号、传统风俗以及传统地名都值得深入挖掘文化内涵，给予妥善保护。

北京市及周边国家重点文物保护单位分布如彩图Ⅷ所示。

第四节　建设过程与现状分析

一、建设过程

1982 年，八达岭—十三陵被国务院审定为国家重点风景名胜区。为了全面保护和利用好北京市的风景名胜资源，建立风景名胜区体系，1999 年 2 月 15 日市政府发出通知，转发了“北京市园林局关于加强本市风景名胜区保护管理工作的意见”。同年 4 月 14 日，汪光焘副市长专门召开了“风景名胜区保护管理电视电话会议”，明确了北京市的风景名胜区工作。市政府在体制改革三定过程中又进一步明确了北京市园林局为主管全市风景名胜区的单位，市园林局也为此组建了专门的管理部门——风景名胜处。风景名胜区的工作进入高速发展阶段，市域内的风景名胜资源开始逐步纳入风景名胜区的管理体制。市园林局作为主管部门，开始有计划有步骤地以风景名胜区的相关法规政策引导，编制并实施规划，规范风景名胜区的保护和开发活动。

2000 年 1 月 11 日，北京市政府审定批准了潭柘寺—戒台寺、慕田峪长城、石花洞、十渡、云蒙山、东灵山—百花山、龙庆峡—松山—古崖居、金海湖—京东大峡谷—京东大溶洞等为北京市首批市级风景名胜区。2002 年 5 月，石花洞被国务院审定批准为第五批国家重点风景名胜区。同时,各区县政府也相继审定批准了17处区(县)级风景名胜区。北京市首批市级、区(县)级风景名胜区审定公布后,依据国务院《风景名胜区管理暂行条例》,风景名胜区所在区、县人民政府均成立了管委会,协调辖区内风景名胜区的管理工作。管委会办公室有的设在区(县)园林局或在市政管委,有的设在区(县)旅游局。八达岭—十三陵是作为北京市最早的国家重点风景名胜区,由于隶属延庆、昌平两个区,一直以景区为单位设立"特区办事处",行使部分政府职能。经北京市人民政府首批审定的慕田峪、十渡等七个市级风景名胜区,均于2000年成立了以主要景区为主体的管委会,其中十渡、潭柘寺—戒台寺、慕田峪长城、石花洞、东灵山—百花山风景名胜区都在不同程度上实现了部分景区的职能管理。

在风景名胜区创建和管理机构建立的同时,市园林局紧紧围绕"资源评估"和"总体规划编制"两个方面展开工作。八达岭—十三陵风景名胜区作为北京市最早、也是唯一一处国家重点风景名胜区,其总体规划已于1992年编制完毕,并已通过国务院批准。2000～2002年,北京市园林局和市规划委就北京市风景名胜区规划建设及规划审批有关问题联合发文,规范风景名胜区规划建设工作,加大全市风景名胜区规划和建设管理工作的力度。根据国务院、建设部和北京市人民政府"关于做好城乡和风景名胜区规划工作"的有关文件精神,北京的一个国家级(石花洞)及七个市级(龙庆峡—松山—古崖居、十渡等)和两个区(县)级(妙峰山、云居寺)风景名胜区的总体规划均委托具有甲级规划资质的单位编制,并将于2004年底前完成并陆续上报审定批准,予以实施。

同时,为了加强风景名胜区的管理,更好地保护和利用风景名胜资源,市园林局以法律规章为依据,开展创建文明风景名胜区的活动,以此来推动风景名胜区的管理水平。这些依据包括1985年国务院发布的《风景名胜区管理暂行条例》，建设部相继制定的《风景名胜区管理暂行条例实施办法》、《风景名胜区建设管理规定》和《风景名胜区管理处罚规定》，以及《风景名胜区环境卫生管理标准》和《风景名胜区安全管理标准》。2000 年 8 月发布了北京市风景名胜区徽志和 DI 设计图册，并统一制作直径 80 厘米的铜质徽志，设置于北京市市级风景名胜区入口处标志物上。八达岭特区、十三陵特区、石花洞景区等近十处风景名胜区率先导入国际通行的 ISO9001 质量管理和 ISO14000 环境管理体系标准，将国际社会广泛认可的质量管理和环境管理的成熟经验引进来，已经取得了良好的环境绩效和社会经济效益。2003 年，八达岭—十三陵风景名胜区率先建立了规划监测信息管理系统，此项工作推动了北京风景名胜区的规划建设信息管理系统的进程。

目前，北京市已建立风景名胜区 26 个，其中国家级 2 个、市级 7 个、区县级 17 个，总面积达 2 200 多平方公里，占北京国土面积的 13.1%。当前，北京市已经初步建立起“以国家重点风景名胜区为龙头、以市级风景名胜区为骨干、以区(县)级风景名胜区为基础”的北京风景名胜区体系。这些风景名胜区围绕在北京的东北、西北、西南，分布在北京市九个区县，形成了良好的生态屏障，同时对开展科研和文化教育活动、保护生物多样性、丰富首都人民的业余生活等都具有重要的作用。

二、现状特征

1982 年，八达岭—十三陵被国务院审定为国家重点风景名胜区，但一直到 1999 年，风景名胜区的管理职能才由北京市政府正式下文交与市园林局。市园林局作为主管部门，开始有计划有步骤地以风景名胜区的相关法规政策引导，编制并实施规划，规范风景名胜区的保护和开发活动。2000 年 1 月,市政府审定批准了潭柘寺—戒台寺等为北京市首批市级风景名胜区。2000 年 3 月,市政府正式发布了"关于公布首批市级风景名胜区的通知"。同时,各区、县政府通过资源调查、评估等一系列程序,也相继审定、批准了 17 处区(县)级风景名胜区。目前北京市拥有各级风景名胜区 26 处,其中国家级两处、市级 7 处、区县级 17 处。面积为 2 210 平方公里,分布在北京的东北、西北、西南九个区县(表 6—6),初步形成了具有数量较多、面积较大、等级齐全、类型多样、扇状散布等特点的北京市风景名胜区格局。

表 6—6 北京市风景名胜区资源现状一览表

序	名称	级别	区位	资源现状
1	十三陵景区(八达岭—十三陵风景名胜区)	国家级	昌平区	(1) 历史价值高,是国家重点文物保护单位,国家级风景名胜区,世界遗产。 (2) 规模大,气势宏伟。 (3) 展示的内容多。 (4) 植被茂盛,北部有森林公园。平地果园分布多。
1	八达岭景区(八达岭—十三陵风景名胜区)	国家级	延庆县	(1) 中国珍贵的历史古迹,是国家重点文物保护单位,国家级风景名胜区,世界遗产。 (2) 修复时间最早,最为完整,开发历史长,影响最为深远的长城段。
2	石花洞风景名胜区	国家级	房山区	(1) 石花等地质奇观,很高的科学价值。 (2) 美学价值高。 (3) 规划范围明确。

续表

序	名称	级别	区位	资源现状
3	十渡风景名胜区	市级	房山区	(1) 地质地貌景观特色在北京地区突出,已经评为国家级地质公园。 (2) 河流构成的山水景观在北京地区特色明显,吸引力大。 (3) 规划范围明确,涉及 2 个镇的 26 个行政村。
4	东灵山—百花山风景名胜区	市级	门头沟区	(1) 东灵山的亚高山草甸在北京市面积最大,海拔最高。 (2) 百花山林场也是自然保护区,动植物资源丰富。 (3) 小龙门林场森林资源丰富,是多家大学的实习基地。 (4) 龙门涧地貌景观特色突出。
5	龙庆峡—松山—古崖居风景名胜区	市级	延庆县	(1) 龙庆峡山水结合,景观特色表现突出,动植物资源丰富,有较多的历史文化古迹,如庙宇。 (2) 松山动植物资源丰富,已建成国家级自然保护区。目前有部分接待设施。玉渡山资源也较为丰富。 (3) 古崖居为人类活动遗迹,历史价值和科学价值高。
6	慕田峪长城风景名胜区	市级	怀柔区	(1) 三座楼为其标志性景观,特色明显。 (2) 城墙两侧均有垛口,两边防守。
6	云蒙山风景名胜区怀柔片区	市级	怀柔区	(1) 是云蒙山的西大门。 (2) 交通便利。有相关公交路线。

续表

序	名称	级别	区位	资源现状
7	云蒙山风景名胜区密云景区	市级	密云县	(1) 动植物资源丰富,在林场的基础上,已申报成市级森林公园。 (2) 山势挺拔,景观丰富,可观云海,是游览观光的胜地。 (3) 可以远眺密云水库。
8	金海湖—京东大峡谷—京东大溶洞风景名胜区	市级	平谷区	(1) 金海湖旅游接待设施齐全。水库山水风光较好。 (2) 京东大峡谷动植物资源丰富,景色宜人。接待设施较全,游乐项目较多。 (3) 京东大溶洞形成的地层比其他溶洞的地层老。
9	潭柘寺—戒台寺风景名胜区	市级	门头沟区	(1) 潭柘寺历史悠久,有“先有潭柘,后有幽州”一说。影响范围广。 (2) 戒台寺历史悠久,戒台在佛教历史中地位高影响广,古松奇绝。
10	白草畔风景名胜区	区县级	房山区	(1) 与门头沟区共享百花山的景观资源。 (2) 有上山公路,可以直达主峰。 (3) 村级开发,接待服务设施有一定的规模。
11	将军坨风景名胜区	区县级	房山区	(1) 以一个山峰为景观主体,形似将军头盔。 (2) 企业开发。 (3) 租用范围明确。
12	上方山风景名胜区	区县级	房山区	(1) 以林场为基础,森林景观资源丰富,已评为国家级森林公园。 (2) 历史古迹多,有众多的庙宇遗址,部分已经修复。 (3) 林场具有明确的范围。

续表

序	名称	级别	区位	资源现状
13	云居寺风景名胜区	区县级	房山区	(1) 石经具有很高的价值,正申报市级风景区,准备申报世界遗产。 (2) 领导层保护意识强,管理水平高。已经通过 ISO9001 质量管理体系和 ISO14000 环境管理体系认证。 (3) 风景区内环境整洁,解说系统完善,管理规范。 (4) 有明确的范围。
14	珍珠湖风景名胜区	区县级	门头沟区	(1) 水体清洁,山水结合较好。 (2) 景区范围内有长城分布。
15	妙峰山风景名胜区	区县级	门头沟区	(1) 妙峰山庙会历史悠久,影响范围大。 (2) 山上建筑群颇具特色,属文物保护单位。 (3) 名木古树多,特别是松树。 (4)有明确的规划范围。
16	鹫峰风景名胜区	区县级	海淀区	(1) 植被丰富,已评为国家森林公园,是林业大学的试验林场。 (2) 世界梅园,汇集世界上现有梅树的许多品种。 (3) 机构较完善,保护和开发的职能部门水平较高。
17	凤凰岭风景名胜区	区县级	海淀区	(1) 分南线、中线和北线。 (2) 花岗岩地貌景观特色明显。 (3) 龙泉寺属文物保护单位,独具特色。 (4) 有餐饮住宿等接待服务设施。
18	阳台山风景名胜区	区县级	海淀区	(1) 有许多文物古迹。如大觉寺,金仙庵等。 (2) 民俗旅游活跃,有民俗村。 (3) 植被茂密,动植物资源较为丰富。

续表

序	名称	级别	区位	资源现状
19	白洋沟风景名胜区	区县级	昌平区	(1) 为沟谷景观,植被尚好。 (2) 镇里直接开发,企业运作,由公司管理。
20	白虎涧风景名胜区	区县级	昌平区	(1) 景观特色一般,以花岗岩地貌为主。 (2) 区位较好,与市区距离较近。
21	大杨山风景名胜区	区县级	昌平区	(1) 资源以森林为主,植被茂盛。有一些成片的松树林。 (2) 地貌构景较为丰富。
22	桃峪口风景名胜区	区县级	昌平区	(1) 资源特色一般,主要以水景为主。 (2) 接待服务设施齐全,有农家乐的民俗旅,也有多家档次高的宾馆,甚至有度假别墅。适合旅游度假。
23	司马台风景名胜区	区县级	密云县	(1) 富有特色,望京楼名气大。 (2) 长城修复上,"新旧分明",技术实用。
24	白龙潭风景名胜区	区县级	密云县	(1) 白龙潭水库为构景核心。 (2) 有部分文物古迹,如庙宇。 (3) 森林资源较为丰富。
25	云岫谷风景名胜区	区县级	密云县	(1) 山水结合紧密,景观特色明显。有遥桥峪水库和遥桥峪古堡等。 (2) 区内有丰富的动植物资源。 (3) 接待设施多,环遥桥峪水库有多家建筑形态各具特色的宾馆。 (4) 有中央领导人光临并题词。
26	唐指山风景名胜区	区县级	顺义区	(1) 唐指山水库和唐指山构成风景区的主体。山形简洁圆润,形似面包。 (2) 沟内植被较丰富,有大片果园。

北京市风景名胜区具有以下几方面的特征。

(1) 数量较多。北京市域范围内共有26个风景名胜区，高于全国平均水平。据报道，截至2004年2月，中国已经建立风景名胜区677个，如果按照34个行政区(省、自治区、直辖市、特别行政区)计算，平均每个行政区19.62个。

(2) 面积较大。北京市域范围内的风景名胜区总面积约2 210平方公里，占市域面积的13.15%，占山区面积的21.25%。而截至2004年2月，全国677个各级风景名胜区总面积只占国土面积的1%以上。

(3) 等级齐全。北京市有26个风景名胜区，其中国家级2个，占7.69%；市级7个，占26.92%；区县级17个，占65.39%。而全国677个各级风景名胜区中，国家重点风景名胜区177个，占26.15%；省级风景名胜区452个，占66.76%；市县级风景名胜区48个，占7.09%。

(4) 类型多样。在北京市现有的26个风景名胜区之中，有以国家级重点风景名胜区八达岭—十三陵为代表的人文型名胜古迹风景名胜区，以东灵山—百花山、云蒙山为代表的山岳型自然风景名胜区，有以石花洞、京东大溶洞为代表的溶洞型风景名胜区，还有森林、湖泊、潭泉等多种类型的风景名胜区。

(5) 扇状散布。现有风景名胜区在围绕北京市区的西、北、东山区的9个区县呈扇状散布。其中房山区数量最多，共6个(1个国家级、1个市级、4个区县级)，占全市风景名胜区总数的23.08%；面积最大的是门头沟区，面积达479.4平方公里，占全区面积的32.95%。26个风景名胜区中面积最大的有301平方公里(十渡风景名胜区)，面积最小的只有1.1平方公里，平均面积有85.01平方公里，其中区县级风景名胜区平均面积达20.73平方公里(表6—7)。

表 6—7 北京市风景名胜区分区县统计

区县名称	风景名胜区面积(平方公里)	风景名胜区数量(个)	国家级数量	市级数量	区县级数量
门头沟区	479.4	4	0	2	2
房山区	441.6	6	1	1	4
昌平区	300.6	4.5	0.5	0	4
海淀区	33.8	3	0	0	3
平谷区	285	1	0	1	0
延庆县	288	1.5	0.5	1	0
怀柔区	130	1.5	0	1.5	0
密云县	237	3.5	0	0.5	3
顺义区	15	1	0	0	1
总计	2 210.4	26	2	7	17

三、问题分析

1999 年以来，北京市风景名胜区的规划与建设取得了很大的进展，但与此同时，由于管理体制、思想认识、经济发展等诸多原因，也出现了不少需要尽快解决的问题，总结起来这些问题可以概括为下列“八个不”。

(1) 管理体制不顺畅。早在 1982 年，八达岭—十三陵国家级重点风景名胜区就作为国家级第一批风景名胜区建立了，但是北京市风景名胜区规划管理工作的真正起步是 1999 年，当时市政府明确风景名胜区的规划管理工作由市园林局主管。由于历史的原因，目前各区县的风景名胜区管理还分别由县区市政管委、园林局、旅游局等相关部门分管，而具体的基层管理机构则更多，如风景名胜区管委会、乡（镇）政府、村委会、旅游公司、开发公司、水库管理处、林场管理处等。另一方面，风景名胜区与各级自然保护区、国家森林公园等在空间上相互重叠，管理部门不统一、管理目标不一致，矛盾突出。因此，需要从体制上理顺风景名胜区的管理权限与职责。

（2）边界范围不确定。现有的2个国家级与7个市级风景名胜区虽然有规划界限，但并没有落实在实际的管理中，实际管理范围普遍小于规划范围。17个区县级风景名胜区通常只有四至范围的描述，还没有明确的空间范围界限，更谈不上空间上的管理边界。这种状况对于风景名胜区的规划管理、资源保护、经营开发，都造成了一定的困难与混乱。所以，对于已经完成规划的风景名胜区，需要尽快落实到管理当中；而对于没有完成规划的风景名胜区，需要尽快编制规划，确定风景名胜区的边界范围，并进一步落实。

（3）资源保护不得力。由于对建立风景名胜区的思想认识曾经存在一定的偏差，加之地方或部门经济利益的驱使，目前的风景名胜区，特别是区县级风景名胜区，在管理过程中，往往是以发展旅游和经营开发为主，而不是以资源保护为主要目的，未能真正贯彻国务院关于"科学规划、严格保护、合理开发、永续利用"的十六字方针。在风景名胜区内部及周围开展了程度不等的有关旅游开发的建设，有些甚至是过度开发与建设，造成了不同程度的资源与景观破坏。

（4）保护建设不均衡。建立风景名胜区的根本目的是为了资源保护。但是，北京市目前的风景名胜区主要分布在远郊县区的山区，以视觉自然景观和显性的实物性文化景观为主体。而事实上，在北京市近郊区的平原区，也有非常深厚的文化资源，特别是文化性的遗迹资源。例如，位于北京南郊大兴区的南苑御苑与团和行宫等，需要进一步挖掘其价值并进行保护，也需要建立相应的风景名胜区。

（5）建立标准不统一。目前所建立的风景名胜区，特别是区县级风景名胜区，申报与审批的标准不尽统一，存在"门槛"过低的现象，导致有些入选的风景名胜区资源条件并不好,景观价值并不高。而与此同时,有些需要保护的资源与景观却没有被列入风景名胜区的行列之中。

(6) 景区联系不紧密。目前的风景名胜区虽然数量较多,但平均面积不大,特别是区县级风景名胜区的面积普遍较小,10 平方公里及其以下的区域达八个,最小的只有 1.1 平方公里(将军坨风景名胜区),呈现出"零散分布、孤立经营、缺乏联系、没有体系"的尴尬局面,既不利于资源的保护,也不利于资源的利用。

(7) 经费支持不充足。资源的保护是一项公益事业,需要从区域、国家、后代的角度着眼考虑,需要有上级政府或者国家层面的专项经费支持。而事实上,目前用于风景名胜区资源保护方面的专项资金非常缺乏,导致风景名胜区的地方管理部门将资源保护放在第二位,而首要的是资源利用与开发,导致了资源的破坏。

(8) 规划调控不到位。在现有的 26 个风景名胜区中,正式作过规划的屈指可数,多数风景区(主要是区县级风景名胜区)根本就没有规划,造成在管理过程中漠视保护、任意开发、破毁严重的现象。特别是,从来没有将北京放在京津冀北区域当中,或者把北京市作为一个整体性的资源保护与利用的区域,以协调规划与整体保护规划。

第五节　体系规划的结构与分区

一、扇状圈层结构

根据北京市域范围的自然资源与文化资源的分布特点,并依据本次规划所确定的规划目标,将北京市风景名胜区体系的空间结构规划为自东南向西北的扇状圈层结构(彩图Ⅸ)。

以北京市市区为中心向外扩散的扇状圈层结构,由内向外分别为

“北京城区、平原区、过渡区、山地区”四个圈层。风景名胜区体系中的九大片区分别位于平原区(两个)、过渡区(两个)、山地区(五个)。

二、分区规划

北京市风景名胜区体系规划的初步方案，是把市域分成三大区九个类型区(彩图Ⅹ)。

1. 平原区风景名胜分布

平原区的两个类型区为南苑风景名胜区和古运河—潮白河—温榆河风景名胜区。

南苑风景名胜区主要位于北京市南郊大兴区境内，以历史上的“南苑”、团河行宫、西海子麋鹿园和现代的大兴农业观光园等为基础。通过文献研究与现场调研，认为该区域可以发展为南苑风景名胜区。其中，农业区可以逐步培育形成以农业观光、度假为主题的城市型生态公园。

古运河—潮白河—温榆河风景名胜区主要位于北京市东郊顺义区与通州区境内。以温榆河、潮白河、古运河为主要景观带的东郊游憩公园，结合了原有的沿河风景带和绿化带，融合以顺义、通州郊区的农业用地，以及奥运水上运动项目为核心的新型体育中心。“京东大芦荡”为核心的湿地区域应以保护为主。通过文献研究与现场调研，认为该区域可以发展成为古运河—潮白河—温榆河风景名胜区。

2. 过渡区风景名胜分布

过渡区的两个风景名胜类型区分别为北郊森林生态类型区和西北郊历史文化类型区。

关于北郊森林生态类型区，北京市空间发展战略认为该区域位于北郊昌平县境内，以现有昌平县境内的大杨山自然保护区及风景名胜区为基础，并扩大到银山塔林、蟒山森林公园，形成一个新的森林公园区域。本项目研究表明，该区域适宜在现有风景名胜区、自然保护区、森林公园等保护性用地的基础上，进行整合，形成新的森林生态类风景名胜区。

关于西北郊历史文化类型区，北京市空间发展战略认为该区域主要位于西北郊的海淀区与昌平区境内，以北京西北郊丰富的历史人文资源和西山风景区的自然景观资源为基础。这里现有的风景名胜区包括鹫峰风景名胜区、妙峰山风景名胜区、阳台山风景名胜区、凤凰岭风景名胜区等。此外，还有西山国家森林公园、鹫峰国家森林公园等。本项目研究表明，该区域适宜在现有风景名胜区、自然保护区、森林公园等保护性用地的基础上，进行整合，形成新的森林生态类风景名胜区。

3. 山地区风景名胜分布

山地区的五片风景名胜类型区分别为西部自然文化综合类型区、西北部文化生态类型区、北部地质生态类型区、东北部山水复合类型区以及中国长城国家重点风景名胜区北京段。

西部自然文化综合类型区主要位于北京西南郊区的房山区、门头沟区，是北京市历史文化的发源地，包括周口店、琉璃河燕都遗址、金中都等文化历史遗迹，较多的宗教寺庙及其周围的古树名木。其自然方面的特色主要反映在喀斯特溶岩地貌，有大片的溶洞群，如石花洞等。该区域自然与文化互为依存，综合特点明显。该区域现有的风景名胜区有石花洞国家级风景名胜区、东灵山—百花山市级风景名胜区、十渡市级风景名胜区、潭柘寺—戒台寺市级风景名胜区，还有白草畔区县级风景名胜区、将军坨区县级风景名胜区、上方山区县级风景名胜区、云居寺区县级风景名胜区和珍珠湖区县级风景名胜区。

西北部文化生态类型区主要分布在延庆县西北部，以古崖居风景区为代表的古人类遗迹、以松山国家级森林公园为代表的生态景观和以龙庆峡为代表的文化与生态相结合景区，构成了该区域的文化生态特色。该区现有的风景名胜区是龙庆峡—松山—古崖居市级风景名胜区，此外还包括松山国家级自然保护区、玉渡山县级自然保护区、玉皇庙山绒墓遗址等自然与文化资源。

北部地质生态类型区位于延庆县东北部白河两岸，主要以硅化木国家级地质公园为代表，该区域内地质现象众多，地貌形态独特。在两个中元古代海相沉积底层和三个火山盆地中，由目前华北最大的原地埋藏的硅化木群，有地应力挤压隆起的红石湾穹隆，有褶皱构造的六道河背斜等。大量的地质与人文景观交相辉映，构成了本区域独特的地质生态类景观，是京郊难得的集科考科普和观光休闲于一体的风景资源区。

东北部山水复合类型区位于密云县东南部与平谷区东北部，主要以云蒙山风景名胜区和金海湖—京东大溶洞—京东大峡谷市级风景名胜区为代表，此外还有白龙潭区县级风景名胜区、云岫谷区县级风景名胜区等，该区域的主要特点是以密云水库和海子水库为中心的山水景观，同时还有白龙潭龙泉寺、上宅文化遗址等历史文化资源。

中国长城国家重点风景名胜区北京段是沿着长城及遗址形成的一条带型区域，此区域内还包括长城两边的村落和屯兵卫所的遗址。涉及现有的风景名胜区有八达岭—十三陵国家级风景名胜区、慕田峪市级风景名胜区、司马台区县级风景名胜区，该区域长城遗址两侧分布了大量的有关中国古代战争防御体系的遗址。

第六节　体系规划的具体方案

一、体系规划的方案

(1)风景名胜体系规划的途径。根据北京市风景名胜区的现状分析与规划目标，本次风景名胜区体系规划采用了五种途径。①区域整合:将相邻的小型风景名胜区按照空间分布与资源类型的特征进行合并或调整;②边界调整:根据现有风景名胜区的空间分布与资源状况,进行边界的调整,使之更加合理;③边界划定:对于没有空间范围边界的区县级风景名胜区,根据资源状况并参照原有的面积划定边界;④范围核实:对于近期作过规划的风景名胜区,参照规划方案的合理成分与规划面积,确定空间范围;⑤新区建立:对于具有潜在风景名胜价值、值得进行资源保护的区域,建议建立新的风景名胜区,并划定范围边界。

(2)风景名胜边界确定的原则。根据北京市风景名胜区体系规划的目标与现行风景名胜区管理问题的分析,在风景名胜区规划建议中一项重要的工作就是风景名胜区规划边界或范围的确定与调整。为了保证边界调整的科学性与可行性,首先确定下属基本原则。①资源保护的完整性。根据自然景观资源与人文景观资源的空间分布及其保护的完整性,尽量利用自然地理界线,如一定的海拔高度、重要的河流沟谷、山脊或分水岭等,确定或调整风景名胜区边界。②保护利用的协调性。风景名胜区的建立主要是为了资源的有效保护,并开展适当的游憩活动与资源利用。开发建设是需要受到限制的,边界划定需要尽量避开人口聚集区、城镇建设用地、基本农田保护区等开发建设区域。③管理的可操作性。考虑行政区划与行政管理的现实状况,在保证资源保护完整性的前提下,尽量利用行政区划边界确定或调整风景名胜区边界,使风景名胜区的边界划分有利于管理工作的开展。同时,由于道路交通在资源破坏与保护通行方面的双重性,使得风景名胜区的划定要尽量避免跨越铁路与主要公路等道路交通线,而利用边界道路交通作为边界。

(3)风景名胜边界的调整。北京市现行的风景名胜区进行边界确定与调整之后,得到“北京市风景名胜区体系规划范围调整建议表”(表6—8)。

按照规划建议的远期目标进行结果统计，可以得到下列结论：从远期来看，北京市风景名胜区共 19 个，其中国家级 3 个、市级 6 个、区县级 10 个；风景名胜区面积共 5 203.9 平方公里，占市域面积的 31.0%（以总面积 16 807.8 平方公里计算），是现有风景名胜区总面积 2 210.4平方公里的 2.4 倍，增加了近 1.4 倍。

表 6—8　北京市风景名胜区体系规划范围调整建议

序号	名称	级别	类型	范围	新面积（平方公里）	原面积（平方公里）
1	中国长城风景名胜区北京段	国家级	建议新建	以北京市域内长城体系为中心，根据《北京市长城保护管理办法》向两侧各拓展 3 公里，形成 6 公里宽的长城公园带	2 336.8	—
2	十三陵风景名胜区	国家级	边界调整	十三陵部分向东扩展至昌平区界，取海拔 200 米以上形成十三陵风景名胜区	362.9	286
	八达岭风景名胜区	国家级	跨区整合	并入长城北京段	—	
3	石花洞风景名胜区	国家级	边界调整	东、南、西三个方向以佛子庄乡和河北镇行政边界为界，北边以大使河北岸的东西向山脊线为界	95.2	66

续表

序号	名称	级别	类型	范围	新面积（平方公里）	原面积（平方公里）
4	东灵山—百花山风景名胜区	市级（推荐国家级）	跨区整合	取海拔1 000米以上，向南以108国道为界，整合东灵山、百花山，合并原白草畔风景名胜区	300.2	300
5	十渡风景名胜区	市级（推荐国家级）	核定面积	按照上次规划范围	287.9	301
6	龙庆峡—松山—古崖居风景名胜区	市级（推荐国家级）	核定面积	按照上次规划范围	207.8	248
7	金海湖—京东大溶洞风景名胜区	市级	边界调整	大峡谷部分并入长城公园北京段，其余部分根据山体的完整性，取海拔100米以上，并退让出平原区资源一般的地区	124.3	285
8	潭柘寺—戒台寺风景名胜区	市级（推荐国家级）	核定面积	按照上次规划范围	122.5	73
9	云蒙山风景名胜区	市级	边界调整	参考了1993年的总体规划，调整了怀柔境内边界，向西以111国道为界，并去掉长城北京段穿越的部分	99.9	209

续表

序号	名称	级别	类型	范围	新面积（平方公里）	原面积（平方公里）
9	慕田峪风景名胜区	市级	边界调整	并入长城北京段	—	90
10	南苑风景名胜区	区县级（推荐市级）	建议新建	包括南海子麋鹿苑和团河行宫旧址	55.2	—
11	西山风景名胜区	区县级（推荐市级）	建议新建	取海拔100米以上，包括香山、植物园、八大处、颐和园和玉泉山	106.4	—
12	古运河—潮白河—温榆河风景名胜区	区县级（推荐市级）	建议新建	以三河交界处为核心，分别沿三条河中心线向两侧各拓展1 000米，形成2公里宽的绿地带，其中温榆河从沙河水库向上游连通至十三陵水库	130.0	—
	白草畔风景名胜区	区县级	跨区整合	并入东灵山—百花山风景名胜区	—	50
13	丫髻山—唐指山风景名胜区	区县级	边界调整	取海拔50米以上的山体，东以错河为界，包括了丫髻山、人人山、北大沟和唐指山	215.5	15
	司马台风景名胜区	区县级	跨区整合	并入长城北京段	—	35

续表

序号	名称	级别	类型	范围	新面积（平方公里）	原面积（平方公里）
13	云岫谷风景名胜区	区县级	跨区整合	并入长城北京段	—	23
	白羊沟风景名胜区	区县级	跨区整合	并入长城北京段	—	33.3
	珍珠湖风景名胜区	区县级	边界调整	并入长城北京段	—	86.4
14	妙峰山—小西山风景名胜区	区县级（推荐市级）	跨区整合	取海拔 300 米以上，包括凤凰岭、阳台山、鹫峰、妙峰山	266.4	20
	凤凰岭风景名胜区	区县级	跨区整合	并入妙峰山—小西山风景名胜区	—	9.7
	阳台山风景名胜区	区县级	跨区整合	并入妙峰山—小西山风景名胜区	—	16
	鹫峰风景名胜区	区县级	跨区整合	并入妙峰山—小西山风景名胜区	—	8.1
15	上方山—周口店风景名胜区	区县级	边界调整	取海拔 100 米以上植被较好的地区，向东南拓展以包括周口店猿人遗址	123.1	3.5
16	云峰山风景名胜区	区县级	建议新建	取海拔 300 米以上，北边以山谷为界	21.1	—
	白虎涧风景名胜区	区县级	边界调整	并入长城北京段	—	9.3

续表

序号	名称	级别	类型	范围	新面积（平方公里）	原面积（平方公里）
16	大杨山风景名胜区	区县级	区内整合	并入十三陵风景名胜区	—	4
	桃峪口风景名胜区	区县级	区内整合	并入十三陵风景名胜区	—	10
	将军坨风景名胜区	区县级	区内整合	并入石花洞风景名胜区	—	1.1
17	白龙潭风景名胜区	区县级	明确边界	取海拔250米以上，以101国道为界，以白龙潭所在山谷为中心，包括两侧植被较好的山体	14.0	10
18	云居寺风景名胜区	区县级（推荐市级）	明确边界	按照上次规划范围	37.8	20
19	喇叭沟门风景名胜区	区县级（推荐市级）	建议新建	以喇叭沟门乡的行政范围为风景区的范围（现有的自然保护区作为风景区的核心景观区）	296.9	—

远期北京市风景名胜区体系的空间分布如彩图Ⅺ和彩图Ⅻ所示。

二、体系规划的要点

北京市风景名胜区体系规划各风景区要点建议见表6—9。

表 6—9 北京市风景名胜区体系规划要点建议

序号	名称	级别	新面积（平方公里）	规划要点
1	中国长城风景名胜区北京段	国家级	2 336.8	① 根据《北京市长城保护管理办法》，确定风景区管理范围。加强规划和管理，严格落实市政府 500 米和 3 000米的控制线，防止出现“城市化、商业化和人工化”。 ② 建立统一的管理机构。 ③ 建立监测与管理信息系统。
2	十三陵风景名胜区	国家级	362.9	① 立法确定风景区管理范围，建立新的管理机构，明确管理职能。 ② 建立监测与管理信息系统。 ③ 景区内的现状公路部分路段宜改线。 ④ 市区财政宜投入更多的专项资金，除文物保护外，还需对周边景观进行必要的控制。
3	石花洞风景名胜区	国家级	95.2	① 加强洞穴科学保护技术研究。 ② 重构管理机构职能权限，理顺周边关系，进一步完善管理体制。 ③ 立法确定风景区管理范围。 ④ 建立监测与管理信息系统。
4	东灵山—百花山风景名胜区	市级（推荐国家级）	300.2	① 立法确定风景区管理范围。 ② 建立统一的管理机构。清水镇政府在风景区保护和发展中的作用有待于进一步发挥，应从风景区管委会和镇政府两者之间建立管委—政府—企业的平衡机制，调动各方的积极性。 ③ 建立监测与管理信息系统。 ④ 多方多渠道争取市区两级政府的财政支持，或其他资金来源。

续表

序号	名称	级别	新面积（平方公里）	规划要点
5	十渡风景名胜区	市级（推荐国家级）	287.9	① 加强河道治理。近期控制采沙河段，建议集中采沙，其他河段不得开采。 ② 严禁新增筑坝，对河道内的水坝实行统一管理，统一调度，总量控制。 ③ 立法确定风景区管理范围。 ④ 建立监测与管理信息系统。
6	龙庆峡—松山—古崖居风景名胜区	市级（推荐国家级）	207.8	① 立法确定风景区管理范围。 ② 建立统一的管理机构。 ③ 需要严格规划，严格管理，防止过度的城市化、人工化和商业化。 ④ 建立监测与管理信息系统。
7	金海湖—京东大溶洞风景名胜区	市级	124.3	① 加强各分景区的协作关系，尽快成立统一的管理机构。 ② 合理利用资源，科学研究并明确合理的开发方式，进一步明确宜建和限建项目。 ③ 立法确定风景区的管理范围。 ④ 建立监测与管理信息系统。
8	潭柘寺—戒台寺风景名胜区	市级（推荐国家级）	122.5	① 管理机构的职能需要进一步扩充，加大协调周边社区的能力。 ② 协调城镇发展和风景区发展的目标。 ③ 立法确定风景区管理范围。 ④ 建立监测与管理信息系统。

续表

序号	名称	级别	新面积（平方公里）	规划要点
9	云蒙山风景名胜区	市级	99.9	① 立法确定风景区管理范围。 ② 建立监测与管理信息系统。 ③ 建立统一的管理机构，对云蒙山景区范围内的开发项目进行统一管理。
10	南苑风景名胜区	区县级（推荐市级）	55.2	① 立法确定风景区管理范围。 ② 建立统一的管理机构与管理体制。 ③ 保护具有历史价值的文化资源，对周边的基本农田与村镇实行建设控制管理。 ④ 建立监测与管理信息系统。
11	西山风景名胜区	区县级（推荐市级）	106.4	① 立法确定风景区管理范围。 ② 建立统一的管理机构与管理体制。 ③ 对区内的自然资源与名胜古迹实行严格保护，对周边的区域实行建设控制。 ④ 建立监测与管理信息系统。
12	古运河—潮白河—温榆河风景名胜区	区县级（推荐市级）	130.0	① 立法确定风景区管理范围。 ② 建立统一的管理机构与管理体制。 ③ 严格保护河流水体与生态湿地不受污染，严格控制沿河两岸的开发建设。 ④ 对于区内以及周边的基本农田进行严格保护，建议以发展生态型观光农业为主题。 ⑤ 建立监测与管理信息系统。

续表

序号	名称	级别	新面积（平方公里）	规划要点
13	丫髻山—唐指山风景名胜区	区县级	215.5	① 立法确定风景区管理范围。 ② 建立统一的管理机构与管理体制。 ③ 注意保护区内的森林资源与历史文化资源。 ④ 逐步恢复丫髻山的民俗文化活动，将其建成周边居民的民俗文化中心。 ⑤ 建立监测与管理信息系统。
14	妙峰山—小西山风景名胜区	区县级（推荐市级）	266.4	① 立法确定风景区管理范围。 ② 完善管理机构的职能设置，加大其协调能力。 ③ 与海淀的凤凰岭、鹫峰和阳台山等风景区从资源的整合，如从庙会的角度整合成一体，形成完整的香道和庙会体系，体现老北京的民俗文化。 ④ 建立监测与管理信息系统。
15	上方山—周口店风景名胜区	区县级	123.1	① 立法确定风景区管理范围。 ② 建立统一的管理机构。 ③ 建立监测与管理信息系统。 ④ 改造云水洞，最好恢复为原自然状态，或改变现有的鬼怪开发主题。 ⑤ 加强游步道安全防护设施建设，特别是天梯一带。 ⑥ 增加森林生态旅游项目的开发，丰富游客的旅游选择。

续表

序号	名称	级别	新面积（平方公里）	规划要点
16	云峰山风景名胜区	区县级	21.1	① 立法确定风景区管理范围。 ② 建立统一的管理机构。 ③ 建立监测与管理信息系统。
17	白龙潭风景名胜区	区县级	14.0	① 立法确定风景区管理范围。 ② 改革管理体制，对企业宜采用特许经营方式。 ③ 建立监测与管理信息系统。 ④ 需要加强研究，对景区发展方向进行合理的定位。 ⑤ 加强与周边的景区协作。
18	云居寺风景名胜区	区县级（推荐市级）	37.8	① 立法确定风景区管理范围。 ② 建立监测与管理信息系统。 ③ 进一步推进世界遗产的申报工作，以申报促保护。 ④ 在风景区内的一切活动，必须坚持统一管理，坚持管委会的统一领导，包括对宗教活动，不能脱离党的领导。
19	喇叭沟门风景名胜区	区县级（推荐市级）	296.9	① 立法确定风景区的管理范围。 ② 建立监测与管理信息系统。 ③ 加强与区内其他保护性用地的协作。

第七节　体系规划实施的保障

一、立法方面的行动计划

（1）由北京市人民代表大会制定《北京风景名胜区管理条例》，作为北京市保护风景名胜资源的总法。

（2）由北京市人民代表大会制定《北京风景名胜区特许经营管理办法》，以此促进风景名胜资源的有效保护与合理利用。

（3）由北京市人民代表大会逐年逐个为进入北京市风景名胜区体系的保护单位制定管理条例，明确各保护单位的管理目标、管理边界、管理政策和管理机构，作为个体风景名胜区的管理依据。

（4）北京市人民政府组织有关专家，研究有关立法内容和执法监督问题。

二、技术方面的行动计划

（1）各个尚未编制总体规划的风景名胜区制定总体管理规划（20年）、战略规划（5年）和项目实施规划（1～3年）。

（2）制定北京市风景名胜区分类管理政策。

（3）制定北京市风景名胜区各项规划指南（包括区划体系）。

（4）制定北京市风景名胜区入选标准。

（5）落实北京市风景名胜区体系信息共享平台。

（6）建立北京市体系环境影响评价机制。

三、资金筹措方面的行动计划

（1）建立本市风景名胜区发展基金。基金的来源包括列入国民经济计划的财政预算拨款、特许经营税费和有关捐赠等。

(2) 通过立法途径,对风景名胜区内的经营活动,收取风景名胜资源有偿使用税。

四、人力资源方面的行动计划

(1) 对风景名胜区管理干部和职工进行定期的岗位培训。

(2) 采用多种方式,培训当地的居民,根据不同的目标确定相关的课程和方式,如提高环保意识,提高耕种技术水平。

五、机构完善方面的行动计划

(1) 对已有风景名胜区管理机构的职能进一步明确和细化。

(2) 对尚未建立管理机构的风景名胜区,根据《风景名胜区管理暂行条例》逐个建立。

参考文献

[1] Batisse M. 1982. *The Biosphere Reserve: A Tool for Environmental Comservation and Management*. Environmental Conservation, 9(2).

[2] Batisse, M. 1985. *Action Plan for Biosphere Reserve*. Environmental Conservation 12(1).

[3] Batisse, M. 1986. *Developing and focusing the Biosphere Reserve Concept*. Natural Rosources, Vol 12(3).

[4] Beltram, J. 2000. *Indigenous and Traditonal Peoples and Protected Areas: Principles*, Guidelines and Case Studies. IUCN.

[5] Bennett, A. E. 2003. *Linkages in the landscape: the Role of Corridors and Connectivity in Wildlife Conservation*. IUCN.

[6] Bennett, G. and Wit. P. 2001. *The Development and Application of Ecological Networks: A Review of Proposals, Plans and Programmes*. IUCN.

[7] Beresford M. and Phillips A. 2000. *Protected Landscape-A conservation model for the 21st century*. In the George Wright Forum, p. 17.

[8] Bridgewater, P., Philips, A., Green, M. et al. 1996. *Biosphere Reserves and the IUCN System of Protected Area Management Categories*. UNESCO.

[9] Darlington P. J. 1957. *Zoo geography: the geographical distribution of animals*. Wiley, New York.

[10] Diamond J. M. 1984. *"Normal" extinctions of isolated populations*. In: Extinctionsed. Nitecki MN. Chicago: University of Chicago Press.

[11] Diamond, J. M. and, R. M. May. 1976. *Island Biogeography the Design*

of Natural Reserves. Theoretical Ecology: Principles and Applications (Secondedition). Blackwell, Oxford.

[12] Dyer, M. I. and Holland, M. 1991. *The Biosphere-Reserve Concept: Needs for a Network Design*. Bioscience. 41(5).

[13] Farina, A. , 1998. *Principles and Methods in Landscape Ecology*. Chapman & hall.

[14] Forman, R. 1995. *Land Mosaic*. Cambridge University Press.

[15] Heaney L. R. and Patterson. B. D. eds. 1986. *Island Biogeograghy of Mammals*. Biol. J. Limmean Soc. p. 28 (1and2).

[16] IUCN CNPPA. 1983. *The Biosphere Reserve and Its Relation to Other Protected Area Management Categories*. First International Biosphere Reserve Congress Minsk/BSSR-USSR.

[17] IUCN. 1994. *Guidelines for Protected Area Management Catagories*.

[18] IUCN, UNEP World Conservation Monitoring Center. 2003. *United Nations List of Protected Areas*.

[19] Jongman, R. H. G. 1995. *Nature Conservation Planning in European: Developing Ecological Networks*. Landscape and Urban Planning. p. 32.

[20] Kingsland, S. 2002. *Designing Nature Reserves: Adapting Ecology to Real-world Problems*. Endeavour, 26(1).

[21] MacArchur R. H. and Wilson E. O. 1967. *The Theory of Island eography*. Princeton Press, Princeton, NJ.

[22] MacArchur R. H. and, Wilson E. O. 1963. *An equilibrium theory of insular zoogeography*. Evolution. p. 37.

[23] MacMahon J. A. 1976. *Thoughts on the optimum size of natural reserves bases on ecological principles*. Selection, Management and Utilization of Biosphere Reserves.

[24] Mcharg I. L. 1969 (1992 reprinted). *Design with Nature*. John Wiley &Sons, Inc.

[25] Morris, W. F. and Daniel F. D. 2002. *Quantitative Conservation Biology: Theory and Practice of Population Viability Analysis*. Sinauer Associates Inc. Networks. Landscape and Urban Planning. p. 32.

[26] Richard W. 1998. *Island Biogeography: Ecology, Evolution, and conservation*. Oxford University Press, Oxford.

[27] Sauer J. D. 1969. Ocenic Island and Biogeographic Theory: Areview. *The Geographical Review*, p. 59.

[28] Shafer, C. L. 1999. US National Park Buffer Zones: Historical, Scientific, Social, and Legal Aspects. *Environmental Management*, 23(1).

[29] Simberloff D. and Abele L. G. 1982. *Refuge Design and Island Biogeographic Theory: Effects of Fragment*. Am. Nat., p. 120.

[30] Simberloff D. 1974. *Equilibrium Theory of Island Biogeography and Ecology*. Annu. Rev. Ecol. Syst.

[31] Simonds, J. O. 1978. Earthscape : *A Manual of Environmental Planning*. New York : McGraw-Hill.

[32] Soule, M. E. and John Terborgh. 1999. *Continental Conservation*. Island Press.

[33] Soule, M. E. and Simberloff, D. 1986. *What Do Geneties and Ecology Tell Us About the Design of Nature*. Reserve Biogeography and Conservation, p. 35.

[34] Theberge J. and Theberge J. 2002. Application of Ecological Concepts to the Management of Protected Areas. In Dearden, P. Parks and Protected Areas in Canada: *Planning and Management* (second edition). Oxford University Press.

[35] Thorsell, J. and Sigaty, T. 1997. *Human Use of World Heritage Natural Sites: A Global Overview*. IUCN.

[36] Walter, K. S., and H. J. Gillett, editors. 1998. *1997 IUCN Red List of Threatened Plants. Compiled by the World Conservation Monitoring Centre*.

World Conservation Union, Gland, Switzerland, and Cambridge, United Kingdom.

[37] WCPA Australia and New Zealand Region. 2000. *Application of IUCN Protection Area Management Categories: Draft Australian handbook*.

[38] Whittaker, R. J. 1998. *Island Biogeography: Ecology, Evolution, and Conservation*. Oxford University Press.

[39] Williamson M. H. 1981. *Island populations*. Oxford University Press, Oxford.

[40] Williamson M. H. 1989. *The MacArchur-Wilson theory today: Turebut-trivial*. Biogeogr. p. 16.

[41] World Heritage Center. 2003. *Cultural Landscape: the Challenges of conservation*.

[42] World Commission on Protected Areas(WCPA). 2001. *Transboundary Protected Areas for Peace and Co-operation*. IUCN.

[43] World Heritage Center. 2003. *Cultural Landscape: the Challenges of conservation*.

[44] 北京市地方志编纂委员会:《北京志(地质矿产水利气象卷)—地质矿产志》,北京出版社,2001 年。

[45] 北京市地方志编纂委员会:《北京志(地质矿产水利气象卷)—水利志》,北京出版社,2000 年。

[46] 北京市地方志编纂委员会:《北京志(农业卷)—林业志》,北京出版社,2003 年。

[47] 北京市地方志编纂委员会:《北京志(市政卷)—园林绿化志》,北京出版社,2000 年。

[48] 毕思文:《地球系统科学与可持续发展》,地质出版社,1998 年。

[49] 车生泉:《城市绿地景观结构分析与生态规划》,东南大学出版社,2003 年。

[50] 陈传康等:《综合自然地理学》,高等教育出版社,1993 年。

[51] 陈鑫峰等:"中国森林公园和森林旅游业发展概况", 2003 年,http://www.

lunwen. org. cn/2005/3-31/3941200562000. asp。

[52] 程小林:“中国与联合国教科文组织合作的回顾与展望”,http://www. sy. e21. edu. cn/tushu2/article3868. htm。

[53] 仇保兴:“风景名胜资源保护和利用的若干问题”,《中国园林》, 2002 年第 6 期。

[54] 仇保兴:“八措施强化保护历史文化名城”,在全国文物工作会议上的讲话, 2003 年。

[55] 楚汉:“关爱风景名胜区”,《长江建设》,2002 年第 4 期。

[56] 董波:“美国国家公园空间结构研究——兼论中国自然保护区网络建设”(博士论文),华东师范大学,1996 年。

[57] 傅伯杰、陈利顶、马克明等:《景观生态学原理及应用》,科学出版社,2001 年。

[58] 傅振国、钟嘉报:“我国世界生物圈保护区增至二十一个”,《人民日报》(海外版),2001 年 12 月 6 日。

[59] 国家环保总局宣教中心:“我国已建森林公园 1658 处”,《每日环境信息》, 2004 年 11 月 17 日。http://www. chinaeol. net/bell-green/sd/xw/041117. doc。

[60] 国家环境保护局、国家技术监督局:“自然保护区类型与级别划分原则”,中华人民共和国国家标准,1993 年。

[61] 国家环境保护局、《中国生物多样性国情书》编写组:《中国生物多样性国情书》,中国环境科学出版社,1998 年。

[62] 国家环境保护局自然保护司:《自然资源的合理利用与保护》,中国环境科学出版社,1993 年。

[63] 国家环境保护总局政策法规司:《中国缔结和签署的国际环境条约集》,学苑出版社,1999 年,第 304~308 页、第 393~394 页。

[64] 国家环境保护总局自然生态保护司:“2001 年全国自然保护区统计分析报告”,2002 年,第 3~6 页、第 18~26 页。

[65] 国家文物局法制处:《国际保护文化遗产法律文件汇编》,紫禁城出版社,1993 年,第 74~87 页、第 162~165 页。

[66] 国土资源部地质环境司:“中国国家地质公园建设指南”,2002 年。
[67] 国土资源部文件:“关于印发试行《土地分类》的通知”,国土资发【2001】255 号。
[68] 韩念勇:“中国自然保护区可持续管理政策研究”,《自然资源学报》,2000 年第 3 期。
[69] 韩兴国:“岛屿生物地理学与生物多样性保护”,载:中国科学院生物多样性委员会主编:《生物多样性研究的原理和方法》,中国科学技术出版社,1994 年。
[70] 霍亚贞:《北京自然地理》,北京师范学院出版社,1989 年。
[71] 蒋志刚、马克平、韩兴国:《保护生物学・生物多样性研究丛书》,科学技术出版社,1997 年,第 1～10 页。
[72] 金鉴明、王礼嫱、薛达元:《自然保护概论》,中国环境科学出版社,1991 年。
[73] 兰辛珍:“ 中国林业发展由生产向生态建设转变”,http://www.beijingreview.com.cn/2003-46/200346-china1.htm。
[74] 黎洁:“我国自然保护区生态旅游资源价值实现方式研究”,《农村生态环境》,2002 年第 3 期。
[75] 李迪强、宋延龄、欧阳志云:《全国林业系统自然保护区体系规划研究》,中国大地出版社,2003 年。
[76] 李光中、李培芬:《台湾的自然保护区》,台北远足文化事业股份有限公司,2004 年,第 6～8 页。
[77] 李烈荣、姜建军、王文:《中国地质遗迹及其管理》,中国大地出版社,2002 年。
[78] 李守先:“北京鸟类资源”,《绿化与生活》,2002 年第 2 期。
[79] 李文华、赵献英:《中国的自然保护区》,商务印书馆,1984 年,第 15 页。
[80] 李燕、司徒尚纪:“近年来我国历史文化名城保护研究的进展”,《新华文摘》,第 189 期。
[81] 理查德・福特斯(著),大陆桥翻译社(译):《美国国家公园》,中国轻工业出版社,2003 年。
[82] 刘东来等:《中国的自然保护区》,上海科技教育出版社,1996 年。
[83] 刘江:《中国地区发展回顾与展望》(北京卷),中国物价出版社,1999 年。

[84] 刘南威、郭有立:《综合自然地理学》(第二版),科学出版社,2004 年,第 112~131 页。

[85] 刘思慧、刘季科、王应祥:“中国的生物多样性保护与自然保护区”,《世界林业研究》,2002 年第 4 期。

[86] 陆翔:“北京历史文化保护区保护方法初探”,《北京建筑工程学院学报》,2001 年第 1 期。

[87] 陆雍森:《环境评价》,同济大学出版社,1999 年。

[88] 罗宏、孟伟、冉圣宏:《生态工业园区理论与实证》,化学工业出版社,2004 年。

[89] 罗哲文:“中国历史文化名城的保护与建设发展”,1989 年在联合国教科文组织举办的“亚洲古城保护原则与方法研讨会”报告,http://www.chinamcw.com/wenku/lzw1.htm。

[90] 罗兹柏、张述林:《中国旅游地理》,南开大学出版社,2000 年,第 75~76 页。

[91] 马敬能等:《中国生物多样性保护综述》,中国林业出版社,1998 年,第 17 页。

[92] 潘江:《中国的世界文化与自然遗产》,地质出版社,1995 年。

[93] 钱易:“环境保护与可持续发展”,2003 年,http://it.sohu.com/22/78/article210357822.shtml。

[94] 全国农业区划委员会:《土地利用现状调查技术规程》,测绘出版社,1984 年。

[95] 全国人大法制工作委员会经济法室、实施手册编委会:《〈中华人民共和国环境影响评价法〉与规划、设计、建设项目实施手册》,中国环境科学出版社,2002 年,第 101 页。

[96] 山本良一(著),王天民等(译):《战略环境经验生态设计——范例 100》,化学工业出版社,2003 年。

[97] 尚玉昌:《普通生态学》,北京大学出版社,2002 年,第 83~226 页、第 237~240 页。

[98] 沈文权:“中国的世界遗产及其保护与利用研究”(博士论文),北京大学,2002 年。

[99] 水利部:“水利风景区管理办法”,2004 年。

[100] 宋朝枢、张清华、徐荣章:《自然保护区工作手册》,中国林业出版社,

1988 年。

[101] 宋永昌、由文辉、王详荣:《城市生态学》,华东师范大学出版社,2000 年。

[102] 孙保平、关文彬等:"21 世纪中国荒漠化预防及治理技术研究展望",《中国农业科技导报》, 2000 年第 1 期。

[103] 孙克南、赵小宇:"森林公园建设存在的问题及对策",《河北林业科技》,2000 年第 5 期。

[104] 陶伟:《中国世界遗产的可持续旅游发展研究》,中国旅游出版社,2001 年,第 47~51 页。

[105] 汪光焘:"全国风景名胜区保护工作会议讲话稿",建设部 2002 年全国风景名胜区保护工作会议,2002 年 9 月 5 日。

[106] 王长安:"我国森林公园建设和森林旅游业发展中存在的主要问题及对策",《林业资源管理》,1998 年第 3 期。

[107] 王礼嫱、金鉴明:《论自然保护区的建立和管理》,中国环境科学出版社,1994 年。

[108] 王连勇:《加拿大国家公园规划与管理:探索旅游地可持续发展的理想模式》,西南师范大学出版社,2003 年。

[109] 王维正:《国家公园》,中国林业出版社,2000 年,第 117 页、第 163~229 页。

[110] 王献溥、崔国发:《自然保护区建设与管理》,化学工业出版社,2003 年,第 2~4页。

[111] 王献溥、金鉴明等:《自然保护区的理论与实践 》,中国环境科学出版社,1989 年。

[112] 王兴国:"把森林公园和森林旅游推向市场", http://www. freelw. net/783/1/167881. htm。

[113] 王兴国:"我国森林公园建设方兴未艾",http://www. chinafpark. net/news/show. aspx? /id=1709。

[114] 王毅:《世界公园漫步》,同济大学出版社,1990 年。

[115] 王占礼:"中国水土流失的基本概况及其综合治理",《灾害学》, 2000 年第 3 期。

[116] 邬建国:“岛屿生物地理学理论:模型与应用”,《生态学杂志》,1989 年第 6 期。

[117] 邬建国:“自然保护区学说与麦克阿瑟—威尔逊理论”,《生态学报》,1990 年第 2 期。

[118] 邬伦:《地理信息系统》,电子工业出版社,2002 年。

[119] 吴季松:“对我国水污染防治的几点考虑”,《水资源保护》,2001 年第 2 期。

[120] 谢凝高:“保护自然文化遗产,复兴山水文明”,《中国园林》,2000 年第 2 期。

[121] 谢凝高:“国家风景名胜区功能的发展及其保护利用”,《中国园林》,2002 年第 4 期。

[122] 许学工、Eagles、张茵:《加拿大的自然保护区管理》,北京大学出版社,2000 年,第 60～61 页。

[123] 薛达元、蒋明康:《中国自然保护区建设与管理》,中国环境科学出版社,1994 年。

[124] 杨京平:《生态系统管理与技术》,化学工业出版社,2004 年。

[125] 杨锐:“建立完善中国国家公园和保护区体系的理论与实践研究”(博士论文),清华大学,2003 年。

[126] 杨锐:“美国国家公园规划体系评述”,《中国园林》,2003 年第 1 期。

[127] 杨锐:“美国国家公园体系的发展历程及其经验教训”,《中国园林》,2001 年第 1 期。

[128] 杨锐:“试论国家公园运动的发展趋势”,《中国园林》,2003 年第 7 期。

[129] 张宝杰:《城市生态与环境保护》,哈尔滨工业大学出版社,2002 年。

[130] 张成渝:“中国地质遗产研究”(博士论文),北京大学,2003 年。

[131] 张大勇、雷光春、Ilkka hanki:“集合种群动态:理论与应用”,《生物多样性》,1999 年第 2 期。

[132] 张国强、贾建中:《〈风景名胜区规划规范〉实施手册》,中国建筑工业出版社,2003 年。

[133] 张杰:《森林公园管理学》,东北林业大学出版社,2003 年。

[134] 张平、李向东、吴敏:“我国国家级风景名胜区管理体制现状和问题分析”,

《经济体制改革》,2001 年第 5 期。

[135] 张松:《历史城市保护学导论——文化遗产和历史环境保护的一种整体性方法》,上海科学技术出版社,2001 年,第 7~9 页。

[136] 张晓、郑玉歆:《中国自然文化遗产资源管理》,社会科学文献出版社,2001 年。

[137] 赵宝江:"严格保护资源强化科学管理中国风景名胜区走上可持续发展之路",《人民日报》(海外版),2002 年 12 月 20 日。

[138] 赵济:《中国自然地理》,高等教育出版社,1995 年。

[139] 郑玉歆、郑易生:《自然文化遗产管理——中外理论与实践》,社会科学文献出版社,2003 年。

[140] 中华人民共和国建设部:《城市用地分类与规划建设用地标准》,中国计划出版社,1991 年。

[141] 中华人民共和国建设部:"风景名胜区规划规范",1999 年。

[142] 周立三:《中国农业区划的理论与实践》,中国科学技术大学出版社,1993 年。

[143] 左伟等:"山区县域生态系统安全因子遥感和 GIS 分析",《长江流域资源与环境》, 2004 年第 11 期。

后　记

科学探索永无止境。写下后记两个字时，并没有丝毫的轻松。在清华大学两年来的工作，也是一个学习的过程，备感科研探索的困难和压力，其间不乏困惑，甚至想到放弃。

感谢身边诸位老师和学友的鼓励和帮助，得以一路走来。还有我的家人，特别是我的妻子，一直以来所给予的宽容、理解和支持，鼓舞着我前行。

由此想到，我在北大近 11 年来的学习，从跨入小学校门至今的 24 年求学生涯，也想到“而立”之年的这 30 年，感谢一路上的各位良师益友。这是一份长长的名单，此中感激之情，难以一一言表。

本书是两年博士后工作的一次总结，但是其中的工作和思考不仅仅停留于此，此前已经有所探索，今后也将作进一步的研究。

感谢左川教授和杨锐教授，两位合作导师对本书给予的关注、启发和指导，既给我在清华工作和学习的机会，也给了我锻炼的机会，教我逐步成长于实践中，思考于实践中。同时，也感谢我的博士导师蔡运龙教授、硕士导师王仰麟教授和吴月照研究员，一直以来对我科研和成长的关心和支持。

感谢诸位师友、学长和同事。研究所的党安荣老师、庄优波、袁南果、王萌、武磊、王彬汕、江权、阙镇清和孔松岩，以及已经毕业的刘晓东、崔宝义和罗婷婷等，他们和我在工作中的讨论，给我提供了许多思想。袁南果和庄优波在本书写作最紧张的时候，还分担了我的部分工作。北大环境学院的魏遐、陈喜波、林伟立和吴宇宁等学友，也为本书的完成提供了许多帮助。

感谢工作中和实地调研中提供帮助的相关单位和个人，本书的完成离不开他们提供的帮助和支持。

谨以此书与所有关注自然和文化保护的人共享探索的苦乐！

祁黄雄

于清华园西北小区

2006年12月28日

彩图 I　中国世界遗产与国家级风景名胜区、森林公园和自然保护区

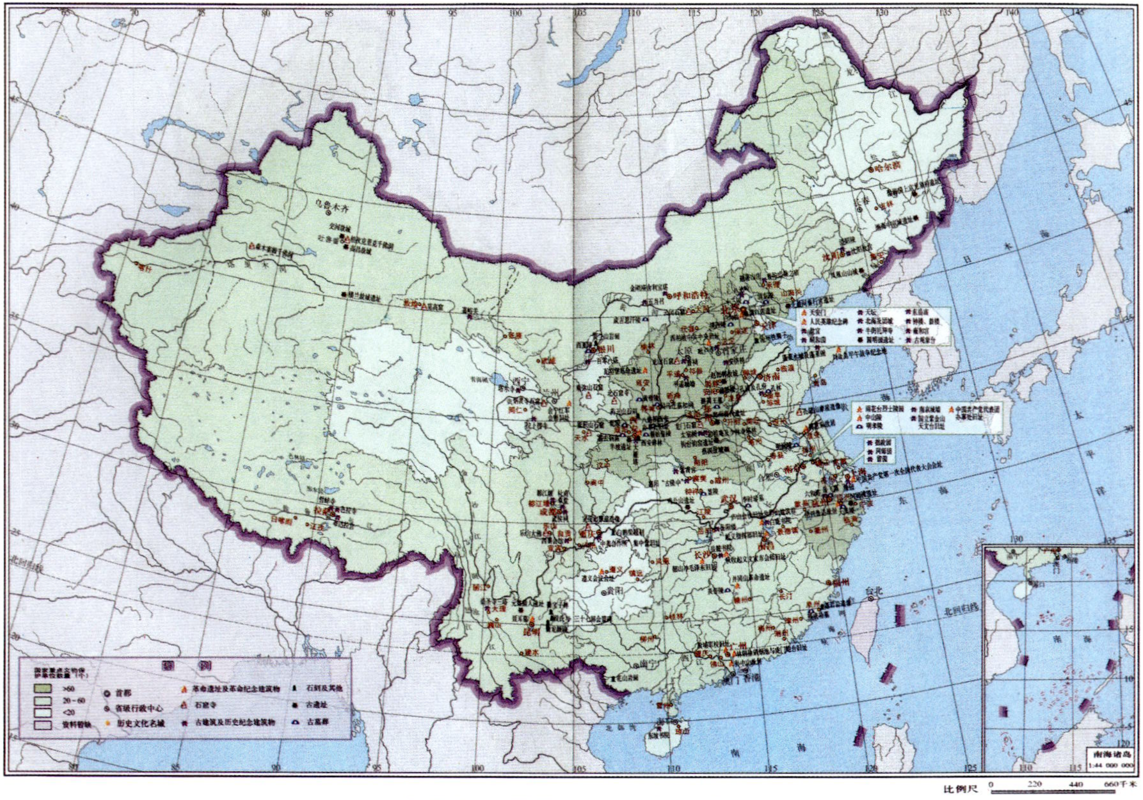

图例

国家重点文物保护单位数量（个）
>60
20～60
<20
资料暂缺

首都
省级行政中心
历史文化名城
革命遗址及革命纪念建筑物
石窟寺
古建筑及历史纪念建筑物
石刻及其他
古遗址
古墓葬

南海诸岛
1:44 000 000

比例尺 0 220 440 660千米

彩图Ⅱ　中国历史文化古迹的分布

彩图Ⅲ　中国国家地质公园的分布

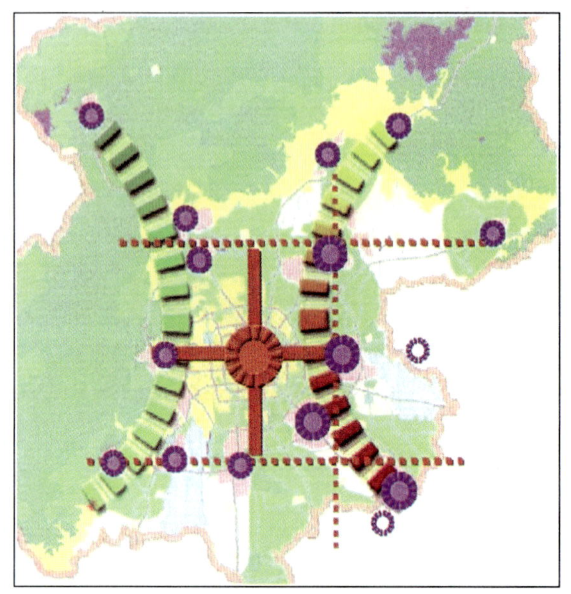

彩图Ⅳ　北京市两轴两带多中心空间结构

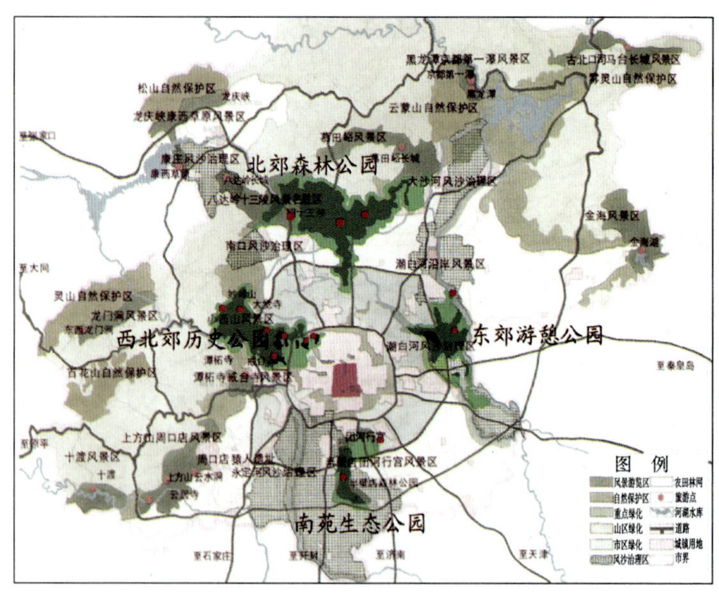

彩图Ⅴ　北京国家公园体系设想

(资料来源：清华大学《北京城市空间发展战略研究》，2003)

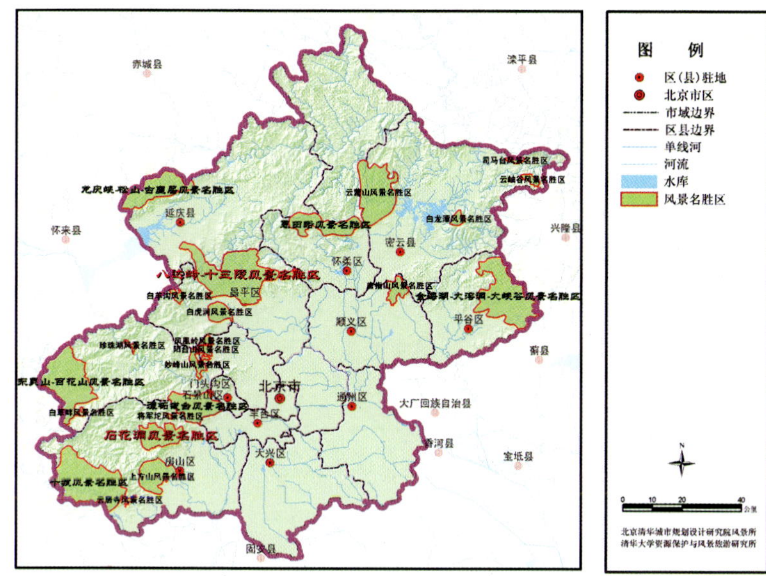

彩图Ⅵ　北京市风景名胜区与城镇体系的关系

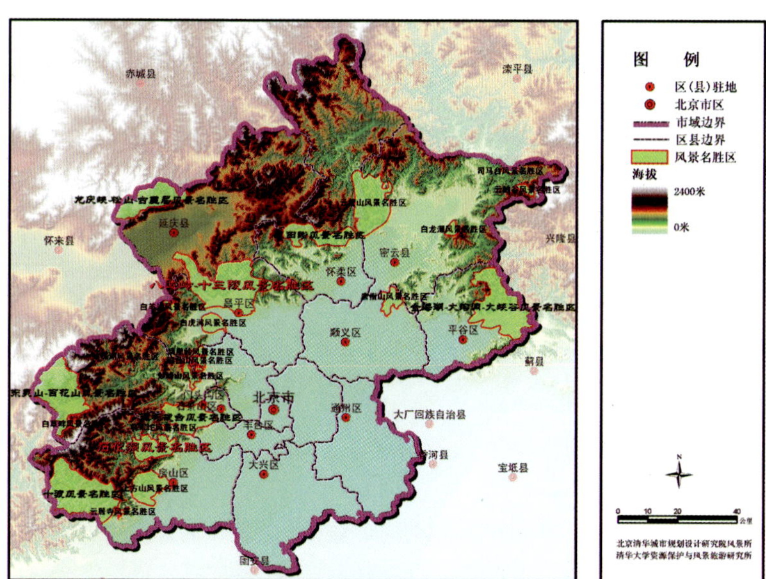

彩图Ⅶ　北京市风景名胜区高程分析

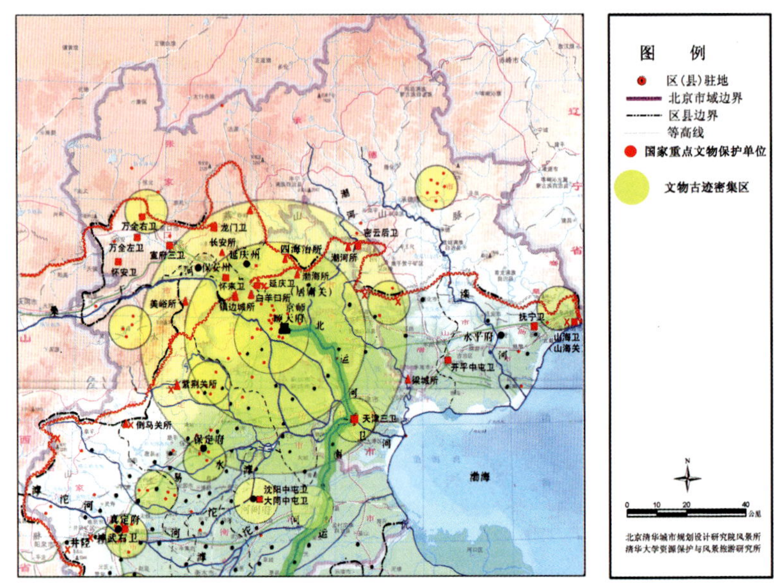

彩图Ⅷ 北京市及周边的国家重点文物保护单位

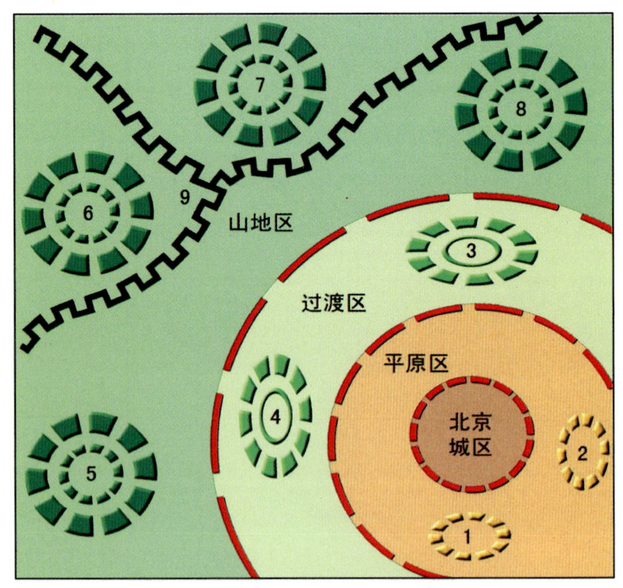

彩图Ⅸ 北京市扇状圈层结构

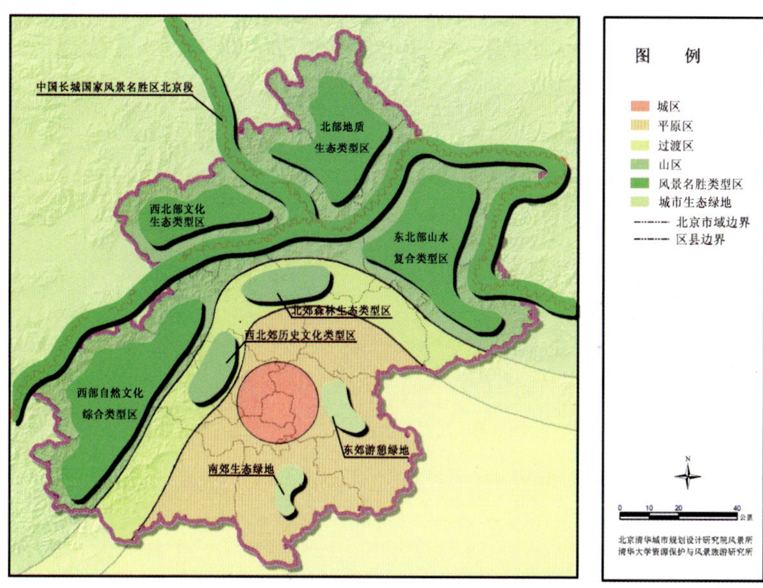

彩图X　北京市风景名胜区体系规划结构

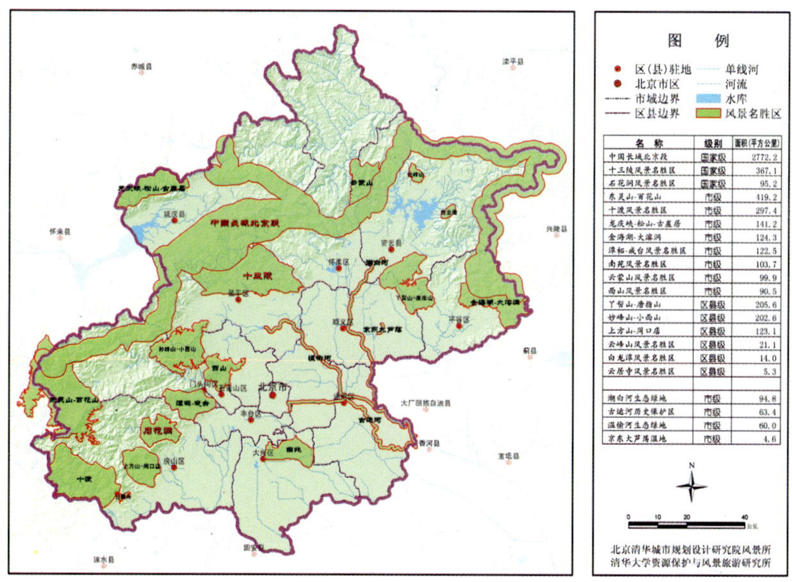

名　称	级别	面积(平方公里)
中国长城北京段	国家级	2772.2
十三陵风景名胜区	国家级	367.1
石花洞风景名胜区	国家级	95.2
东灵山-百花山	市级	419.2
十渡风景名胜区	市级	297.4
龙庆峡-松山-古崖居	市级	141.2
金海湖-大溶洞	市级	124.3
潭柘-戒台风景名胜区	市级	122.5
南苑风景名胜区	市级	103.7
云蒙山风景名胜区	市级	99.9
西山风景名胜区	市级	90.5
丫髻山-唐指山	区县级	205.6
妙峰山-小西山	区县级	202.6
上方山-周口店	区县级	123.1
云峰山风景名胜区	区县级	21.1
白龙潭风景名胜区	区县级	14.0
云居寺风景名胜区	区县级	5.3
潮白河生态绿地	市级	94.8
古运河历史保护区	市级	63.4
温榆河生态绿地	市级	60.0
京东大芦荡湿地	市级	4.6

彩图XI　北京市风景名胜区体系规划方案

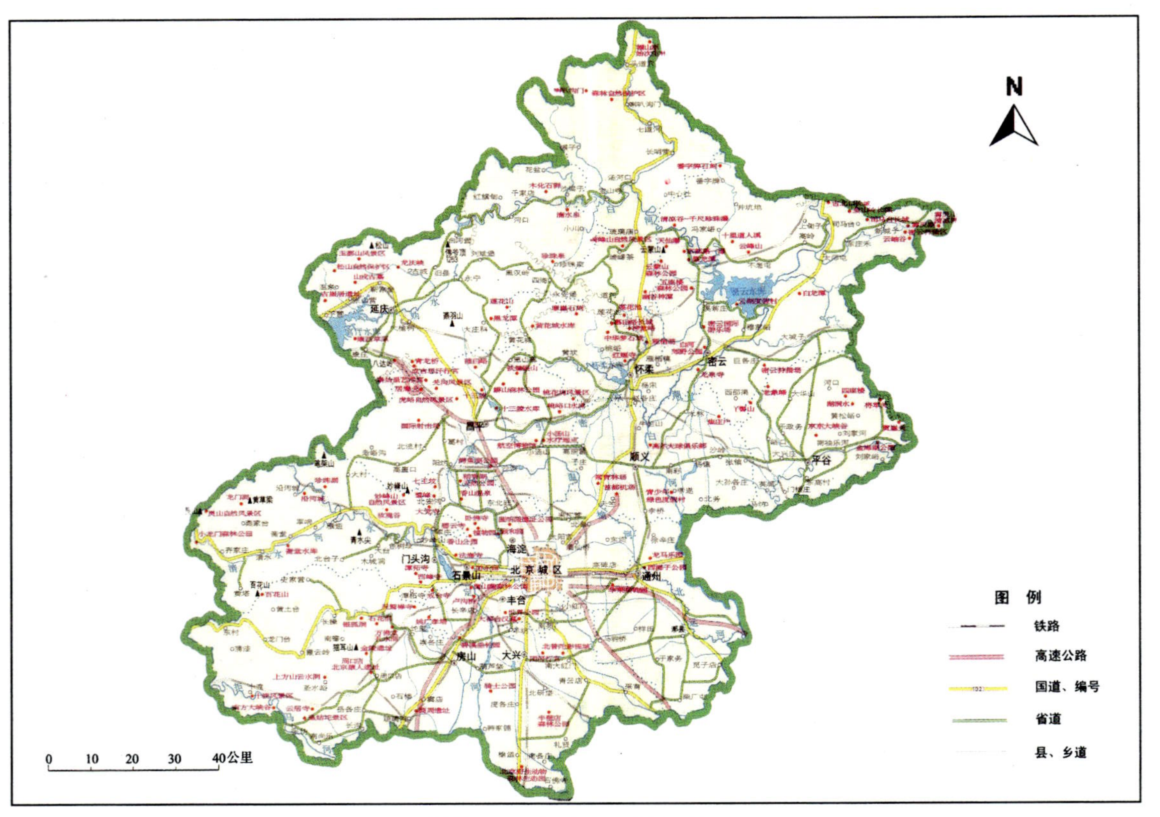

彩图XII 北京市风景名胜资源